KB145877

구로사와 아키라의
영 화 세 계

시네마총서 03

구로사와 아키라의 영화 세계

초판1쇄 인쇄 2010년 7월 20일
초판1쇄 발행 2010년 7월 30일

기　획 타임스토리 그룹
지은이 이정국
펴낸이 이영선
펴낸곳 서해문집
이　사 강영선
주　간 김선정
편집장 김문정
편　집 송수남 임경훈 김종훈 김경란 정지원
디자인 오성희 당승근 김아영
마케팅 김일신 이호석 이주리
관　리 박정래 손미경

출판등록 1989년 3월 16일 (제406-2005-000047호)
주　소 경기도 파주시 교하읍 문발리 파주출판도시 498-7
전　화 (031)955-7470 | **팩스** (031)955-7469
홈페이지 www.booksea.co.kr | **이메일** shmj21@hanmail.net

ⓒ 이정국, 2010

ISBN 978-89-7483-439-5　04680
　　　978-89-7483-425-8　(세트)

'시네마총서'는 서해문집과 타임스토리 그룹이 공동으로 기획·출간하는 시리즈입니다.

이 도서의 국립중앙도서관 출판시도서목록(CIP)은 e-CIP 홈페이지(http://www.nl.go.kr/ecip)에서
이용하실 수 있습니다.(CIP제어번호: CIP2010002553)

AKIRA KUROSAWA
구로사와 아키라의
영 화 세 계

이정국 지음

구로사와 탄생 100주년을 기념하면서

세계 영화사에서 몇 안 되는 거장으로 평가받은 구로사와 아키라 감독의 탄생 100주년을 맞아 그의 영화 세계에 관한 책을 다시 한 번 개정판으로 선보일 수 있게 되어 무척 감회가 새롭다. 초판을 낸 지 15년, 그리고 수정판을 낸 지 10년 만이다. 초판 당시만 해도 구로사와 감독이 살아 있었고 일본 영화도 정식 수입이 안 되었던 때였다. 하지만 이제는 일본 영화를 언제라도 극장에서 볼 수 있고, DVD나 인터넷을 통해 구로사와 영화 역시 언제라도 쉽게 접할 수 있게 되었다. 이 개정판이 구로사와에 대한 보다 쉬운 이해와 그의 영화에 대한 보다 밀도 있는 감상에 도움이 될 수 있길 바란다.

구로사와 감독은 재미있게도 사후 10년이 된 작년부터 전 세계 언론 매체에 자주 오르내렸다. 그의 영화들이 리메이크라는 형식으로 부활했기 때문이다. 일본 자국에선 〈숨은 요새의 세 악인〉과 〈쓰바키 산주로〉가 후배 감독들에 의해 다시 제작되었고, 〈천국과 지옥〉, 〈이키루〉, 〈스가타 산시로〉는 TV 드라마로 제작되었다. 이미 1960대부터 구로사와 영화들을 리메이크해왔던 미국에서도 최근에 〈천국과 지옥〉을 마틴 스코세이지가 기획하고 마이클 니콜스 감독이 연출한 바 있고, 〈이키루〉, 〈7인의 사무라이〉, 〈라쇼몽〉 역시 곧 리메이크될 예정이라고 한다.

이렇듯이 그의 많은 영화들이 현대에 와서도 인기를 끄는 이유는 무엇보다도 그의 영화가 시공을 초월한 보편적인 주제와 재미있는 스토리를 갖고 있기 때문인 것 같다. 하지만 지금까지 제작된 리메이크 영화들의 공통점은 구로사와의 원작 영화를 결코 극복하지 못했다는 것이다. 대부분의 작품들이 그저 구로사와 영화의 위대성을 입증해주는 역할만 했을 뿐이었다. 그만큼 구로사와 영화는 현대적 관점에서 보아도 그 주제 의식과 미학의 완성도는 뛰어나다 할 수 있겠다.

본 개정판에서는 〈요짐보〉에 관해 새로 발굴한 정보와 최근 국내에서도 개봉된 리메이크 작 〈숨은 요새의 세 악인〉에 대한 나름의 비교 평가, 구로사와의 유작 시나리오를 영화화한 〈비 그치다〉에 대한 촌평, 그리고 구로사와 영화의 마지막 결투 장면을 분석한 논문을 한 편 추가했다. 책을 새롭게 정리하는 과정에서 구로사와 영화들을 오랜만에 다시 감상하고 새삼 그의 영화 언어의 대단함을 재인식하게 되었다. 아마 대중성과 예술성을 모두 성공시키고자 하는 모든 영화감독들에겐 가장 이상적인 롤 모델이 아닐까 싶다. 마지막으로 이 책의 개정판을 내는 데 적극적으로 나서준 타임스토리의 김명은 대표와 서해문집 편집진에 감사드린다. 그리고 이 책을 나의 사랑하는 가족에게 선물하고 싶다.

2010년 7월 이정국

스티븐 스필버그 감독은 할리우드의 워너 브러더스 사를 통해 구로사와의
영화 〈꿈〉(1990)이 제작되는 데 도움을 준 뒤에 이런 글을 썼다.

> 많은 사람들이 나에게 왜 그토록 구로사와 아키라에게 애정을 갖고
> 존경을 바치느냐고 묻는다. 이유는 간단하다. 나를 비롯한 많은 영화
> 인들 중에서 그가 이 시대에 가장 위대한 영화인(filmmaker)이라고 믿
> 기 때문이다. 그의 꿈을 실현할 수 있도록 옆에서 도울 수 있다는 것은
> 영광이다. 내가 할 수 있는 일이라곤 고작해야 그의 다음 영화를 위해
> 제작비를 끌어들이는 일이지만, 그의 다음 영화를 1년 후에 볼 수 있
> 다는 생각을 하면 눈에 눈물이 고이는 것 같은 기분이다.

할리우드의 최고의 거물이라고 할 수 있는 스필버그가 그토록 인정하
고 눈물 나도록 숭배하는 구로사와 아키라는 얼마 전(1998년 9월 6일) 89
세를 일기로 세상을 떴다. 그의 죽음은 전 세계 영화인들을 애도하게 만
들었다. 구로사와 영화를 거의 보지 못했을 것 같은 우리 주요 언론들도
일제히 그의 사망 기사를 비중 있게 다루었다. 나는 구로사와의 죽음에
대한 보도를 접하면서 슬프기보다는 부러웠다. 그는 정말 행복한 사람이
라고 생각했다. 여든이 넘어서까지 자기가 하고 싶은 영화를 하면서 이키
루가 죽었고, 수많은 걸작을 남김으로써 영원히 자신의 정신세계를 사람
들 마음속에 남겼으니 말이다. 한편으로는 위안이 되기도 했다. 영화감독

이란 자신의 능력에 따라 정년이 없이 죽을 때까지 하고 싶은 일을 할 수 있다는 사실을 보았기 때문이다.

구로사와는 이미 자타가 공인하듯이 일본의 거장이 아니라 세계의 거장이다. 1950~60년대 그의 영화들은 일본보다는 오히려 유럽과 할리우드 등 세계 영화에 막대한 영향을 끼쳤다. 스필버그, 조지 루카스, 프란시스 포드 코폴라 같은 미국 감독뿐 아니라 프랑스의 뤽 베송, 홍콩의 오우삼 등도 구라사와 영화의 찬미자들이다. 할리우드에 성공적으로 진출한 오우삼은 이렇게 말한다.

구로사와로부터는 의리와 인정, 타인을 도와주는 멋진 모습을 배웠다. 그가 만든 〈7인의 사무라이〉나 〈요짐보〉의 다이내믹한 템포는 내 영화의 위대한 교과서라고 말하고 싶다. 〈영웅본색〉에 나온 주윤발의 이미지는 〈요짐보〉에 나온 미후네 도시로에게서 빌려온 것이다.

영화평을 까다롭게 하는 작가주의 감독 우디 앨런조차도 자신의 영화 〈맨해튼〉을 찍을 때 한 여자에 대한 강박관념으로 미칠 것 같은 남자의 심리를 묘사하면서 구로사와의 〈백치〉에서 영감을 얻고, 〈란〉을 보고 나서는 "셰익스피어를 찍을 수 있는 감독은 구로사와밖에 없다"고 찬사를 보냈을 정도다. 구로사와 감독은 상업 영화권이나 예술 영화권 양쪽에서 다 그의 영향력을 살펴볼 수 있다는 점이 흥미롭다. 그것은 무엇보다도 보편적인 인간의 문제를 예술성과 대중성의 적절한 조화를 통해 영화 속에 담아내고 있는 덕분이다. 그는 새로운 형식 미학의 창시자라기보다는 이미 있던 미학의 수준을 보다 완벽한 형태로 발전시킨 감독이라고 할 수 있다. 이 책은 그러한 구로사와의 영화 미학을 해부하는 데 초점을 맞추었다. 그에 대한 분석 작업이 일본 영화에 대한 극복, 더 나아가 세계 영화를 극복하는 데 작은 보탬이 됐으면 한다.

초판을 낸 지 어느새 5년 가까이 지났다. 그 사이에 안팎으로 많은 변화가 있었다. 나 개인적으로는 두 편의 영화를 더 연출하였고, 밖으로는 구로사와 아키라 감독이 세상을 떠나고 기타노 다케시의 〈하나비〉를 시작으로 일본 영화가 수입 개방되었다. 이 책을 처음에 내던 당시 나는 서문에서 일본 영화가 언젠가는 개방될 것이니 우리도 나름대로 구체적인 대안을 세우고 그들의 영화를 분석하는 틀이 필요하다고 주장한 적이 있는데, 그 순간이 오는 데 불과 5년밖에 걸리지 않았다. 하지만 이에 대비해 우리가 얼마만큼 준비를 갖추었는지는 다소 의심스럽다. 물론 그동안 일본 영화가 비공식적으로 돌면서 우리 영화인들의 관심을 많이 끌었고, 여러 영상 관련 매체에서 일본 영화를 특집으로 다루고 오즈 야스지로와 미조구치 겐지에 대한 책이 번역되어 나올 정도로 진전이 있긴 했지만 역시 구체적인 분석은 아직도 미흡하다는 생각을 떨칠 수가 없다.

그 사이에 침체되었다고 생각했던 일본 영화는 다시 부흥할 조짐을 보이기 시작했다. 칸과 베니스에서 이마무라 쇼헤이와 기타노 다케시 영화 등이 주목받기 시작했고, 미야자키 하야오, 수오 마사유키, 이와이 순지, 모리타 요시미츠 등을 통해 대중성을 획득한 일본 영화가 우리 관객들에게까지 벌써 잠재적으로 영향을 끼치고 있었다. 비록 우리나라 첫 수입 개봉작 〈하나비〉가 흥행에 실패하긴 했지만, 나는 개인적으로 기타노 다케시의 영화가 인상 깊었다. 구로사와도 그를 가장 가능성 있는 일본 감독으로 꼽았지만 나는 다케시의 작품을 보면서 구로사와 감독과는 또 다른 영화적인 힘을 느낄 수 있었다.

우리의 관심은 일본의 신세대 감독들에게 많이 쏠려 있지만, 나는 그들 영화를 부분적으로 인정하면서도 여전히 구로사와 아키라 세대에 비해 초라함을 느끼지 않을 수 없다. 나는 줄곧 1970년 이후의 일본 영화 역사를 구로사와, 오즈, 미조구치라는 세 거장을 극복하려다 실패한 역사라고 생각해왔다. 어쩌면 일본인들 자신도 그들 세 거장에 대한 막연한 존경심이나 무조건적인 반항으로만 일관해 그들 세계를 구체적으로 분석해내지 못해 그러한 퇴보를 가져온 게 아닌가 하는 생각이 들기도 했다. 구로사와가 미국 영화를 극복할 수 있었던 가장 큰 이유는 그들 영화를 확실하게 인정하고 철저히 분석했기 때문이다. 그럼으로써 그들 영화를 보다 뛰어난 미학으로 응용 발전시켜 역으로 영향을 줄 수 있었다고 본다. 일본 영화에 대해서는 우리도 그런 자세가 필요하다고 본다. 부인할 수 없는 거장들을 확실하게 인정해주고 그들을 철저히 분석해내는 작업이 필요하다. 그런 점에서 어쩌면 현실적으로 가장 우리에게 와 닿는 감독은 구로사와 아키라일지 모른다. 그와 같은 거장들을 대할 때 가장 위험한 것은 일방적인 찬미와 존경심, 또한 막연한 거부감과 냉소이다. 스필버그, 루카스가 뛰어난 것은 자신이 영향을 받은 감독을 확실하게 인정한다는 데 있다. 그들은 여유 있는 찬미와 존경심을 보이며 구체적으로 자신들의 작품을 통해서 구로사와의 영향을 발전시켜왔다.

이번 개정판은 기존의 내용을 크게 바꾸지 않고 일부 작품들만을 수정하고 보충하였다. 여전히 구로사와에 대한 자료는 한정되어 있고, 큰 수정을 가할 만큼 시간적인 여유를 가질 수 없어서이다. 가장 큰 변화는 구로사와의 범죄 영화 걸작인 〈천국과 지옥〉의 내용을 대폭 정리해서 다시 쓴 점이다. 초판에서는 자료 부실로 대강 언급만 하고 넘어간 작품이었는데, 최근에 그 작품을 비디오로나마 직접 볼 수 있어서 좀 더 디테일하게 접근할 수 있었다. 마지막으로 이 책의 개정판이 나오도록 배려해주신 모든 분들께 감사드린다.

1999년 2월 이정국

1.

일본에는 두 명의 왕이 있다. 진짜 왕인 아키히토(明仁)와 일본인의 정
신세계를 지배하는 왕인 구로사와 아키라. 구로사와는 지난 40년간
일본 영화계뿐 아니라 서구 영화계를 지배해왔다.

이 글은 1993년 국내 모 일간지가 프랑스의 석학 기 소르망이 구로사
와 아키라와 인터뷰한 내용을 1면 톱기사로 실은 내용이다. 다소 과장된
감이 있지만, 구로사와의 모든 작품을 철저히 분석해본 사람이라면 어느
정도 이 말에 수긍할 것이다. 구로사와 영화를 보면 일본을 알 수 있다. 그
의 영화 정신은 곧 일본 정신이다. 평소에 구로사와를 서구적인 감독으로
만 이해해왔던 사람들은 나의 이러한 견해에 다소 반발할지 모른다. 실제
로 많은 서구 평론가들이나 우리 영화 식자들은 구로사와를 서구적인 감
독으로 인식하고 있지만, 그것은 어디까지나 나무만 보고 숲을 보지 못한
피상적인 관찰이다.

나는 그러한 인식이 잘못되었다는 것을 이 책을 통해 밝히고 싶다. 구
로사와야말로 가장 일본적인 감독이다.

2.

최근 몇 년 동안 한국 영화계는 일본 영화 수입 문제로 잦은 논쟁을 벌
여왔다. 미국을 비롯한 세계 거의 모든 나라의 영화를 수입하고 있으면서

도 가장 가까운 거리에 있는 일본 영화만 수입할 수 없는 사태에는 문화 식민지화에 대한 우려, 한국 영화의 경쟁력 결여에 대한 우려라는, 매우 자존심 상하는 본질이 자리 잡고 있다. 하지만 돌아가는 사정을 보면 일본 영화도 언젠가는 수입이 될 것 같은데, 정작 우리 영화계는 그에 대해 막연한 불안감과 거부감만 갖고 있지 그때를 위해 일본 영화를 구체적으로 분석하거나 어떤 대안을 준비하려는 움직임은 거의 보이지 않고 있어 답답하다. 이런 식으로 가다간 미국 영화 직배 당시에 그랬듯이 들어온 후에야 뒷북치고 허탈감에 빠지지 않을까 싶은 우려마저 든다.

일본 영화에 대한 정보가 너무나 부족하고 또 그에 대해 무관심해왔다는 것을 우리는 인정해야 한다. 일본은 1950년 발표된 구로사와의 〈라쇼몽〉 이래 이미 국제적인 무대에서 인정받았고 세계적인 거장들도 많이 배출해냈다. 일본 영화에 대한 우리 영화인들의 인식은 대개 몇몇 감독들에 대한 막연한 존경이나 의식적인 무관심이 고작이었다. 일본 영화에 대한 근본적인 이해나 본질적 접근을 시도하려는 노력이 거의 없었다는 것은 지금까지 국내에 소개된 일본 영화에 관한 빈약한 자료를 보면 쉽게 알 수 있다.

무엇보다 일본의 대표적인 감독이자 세계적인 감독인 구로사와 아키라에 대한 연구는 일본 영화의 정점이 어디까지 와 있는가를 알 수 있게 해주는 지름길이라는 확신으로 이 글을 쓴다. 또 이 글이 뒤늦게나마 일본 영화를 분석하고 이해할 수 있는 틀을 제공함으로써, 그들을 극복할 수 있는 풍부한 대안이 나온다면 더 이상 바랄 것이 없다.

3.

나는 어디까지나 감독이지 평론가나 이론가는 아니다. 그래서 이 글을 학문적인 시각에서보다는 창작자의 시각에서 쉽고 실용적으로 쓰고자 했다. 솔직히 아직 공부하는 입장에 있는 나로선 평소에 관심이 많았던 감독 중 한 사람인 구로사와를 나름대로 정리해본다는 기분으로 이 작업에 임했다. 구로사와에 대한 자료 수집과 작품 연구는 이미 대학 시절부터 끊임없이 해오면서 틈틈이 써둔 게 있었기에 특별한 준비 없이 이 글을 청탁받은 지 꼭 한 달 만에 초고를 완성했다. 그 초고를 기초로 많은 수정과 보충을 하였지만, 워낙 글재주가 없어 여러 가지로 부족함이 많을 것이다.

쓰기 전에 염두에 둔 것은 단순히 외국 평론가의 글들을 편역하거나 짜깁기하는 것을 되도록 배제하고 나 자신의 시각에서 구로사와를 분석, 평가하려고 애쓴 점이다. 그래서 과거엔 그에 관한 많은 자료를 보긴 했지만, 막상 이 글을 쓸 때엔 가장 중요한 텍스트인 영화 그 자체를 여러 번 반복해서 보는 것 외에는 다른 자료를 참고하는 것은 되도록 피했다. 그런 의도가 최소한이나마 가능했던 것은 구로사와의 중요한 작품 대부분을 비디오로나마 구해서 볼 수 있었기 때문이다. 나는 그가 만든 작품 총 29편 중 22편을 보았다. 특히 그의 대표작이라 할 수 있는 작품들(〈라쇼몽〉, 〈이키루〉, 〈7인의 사무라이〉, 〈요짐보〉, 〈카게무샤〉 등)은 평소에 적어도 다섯 번, 어떤 작품은 열 번 이상씩 감상하고 분석을 시도해왔다. 물론 그 렇다고 다른 평자들의 글이나 기타 자료를 전혀 참고하지 않은 것은 아니 다. 논지의 객관성을 유지하기 위해 필요에 따라 다른 평자들의 관점을 언급했고, 그 근거는 주를 달아 밝혔다.

그러나 몇 가지 한계를 인정하지 않을 수 없다. 비중이 높은 작품일수 록 많은 지면을 할애해서 썼지만, 자료의 미비로 인해 일부 작품은 소홀히 다룰 수밖에 없었다. 현재까지 완성된 구로사와 작품 중 내가 볼 수 없 었던 작품은 〈호랑이 꼬리를 밟은 사나이들〉, 〈멋진 일요일〉, 〈백치〉, 〈생 존의 기록〉 등 일곱 편 정도가 된다. 그들 중 어떤 작품은 비디오 자료를 구할 수는 있었지만 자막이 없어 아예 보지 않았다. 내러티브를 정확히 이해하지 못하고서 작품을 논할 수는 없었기 때문이다. 다행히 그런 작품 들은 구로사와 작품 목록에서 비교적 비중이 낮은 작품들이라 간단한 줄 거리를 소개하는 정도로 끝냈다.

4.

이 책이 나오기까지 도와주시고 수고해주신 분들이 많다. 일본판 감독 연보를 번역해준 은희, 은영 씨, 영상 자료를 구해주신 정재형 교수님, 그 리고 원고가 나오기까지 교정과 조언 등 많은 도움을 주신 김용범 씨, 이 하영 씨, 서선영 씨 등 모든 분에게 감사드린다. 끝으로 영화를 하는 나를 믿고 항상 후원을 아끼지 않은 나의 가족, 특히 돌아가신 어머님 영전에 이 책을 바치고 싶다.

1994년 4월 이정국

차례

제1부 구로사와 아키라를 만나다

01

구로사와 아키라를
만나다

KIRA KUROSAWA

구로사와 아키라에 대한
나의 생각

영화감독이 되기 위해 시나리오를 열
심히 준비하던 1986년 여름 어느 날 나는 구로사와 아키라黑澤明를 만
났다. 엄청난 거구의 그는 트레이드마크인 선글라스와 모자를 쓴 채
나타났다. 마치〈요짐보用心棒(호위병)〉(1961)에서 떠돌이 사무라이 미후
네 도시로三船敏郎가 먼지를 일으키며 홀연히 등장하듯이, 그는 위엄을
부리며 내 앞에 버티고 섰다. 그의 손에는 군인들이 사용하는 지휘봉
이 들려 있었다. 나는 그의 손에서 지휘봉을 얼른 빼앗아 들고는 도망
가기 시작했다. 마치 위대한 영화를 만들어내는 요술 지팡이라도 되는
양, 나는 지휘봉을 빼앗기지 않으려고 이리저리 도망 다녔다. 그런데
갑자기 초등학교 시절 우리 반에서 늘 1등을 하던 동복이라는 녀석이
나타나더니 그 지휘봉을 구로사와에게 돌려주라고 날 설득했다. 결국
버티다 못한 나는 지휘봉을 구로사와에게 돌려주고 말았다. 그리고 못

내 아쉬워하던 찰나, 깨어보니 꿈이었다.

당시 나는 대학 졸업과 동시에 그동안 해오던 단편 영화 작업을 중단하고 장편 극영화 시나리오를 준비하면서, 대학 시절부터 공부해온 세계 영화감독들을 연구하고 고전과 현대의 많은 걸작을 비디오를 통해 복습하고 있었다. 영화 공부를 시작하던 1980년대 초만 해도 나는 프랑스 문화원과 독일 문화원을 드나들며 장 뤽 고다르Jean-Luc Godard 프랑수아 트뤼포Francois Truffaut, 클로드 샤브롤Claude Chabrol 같은 누벨바그 Nouvelle Vague 감독들의 작품과 베르너 헤르초크Werner Herzog, 라이너 베르너 파스빈더Rainer Werner Fassbinder, 폴커 슐렌도르프Volker Schloendorff 등의 뉴 저먼 시네마New German Cinema 감독들의 작품을 즐겨 보았다. 하지만 나중에 보다 다양하게 영화를 접하고 실제로 영화 제작을 하면서, 그들 영화에 점차 싫증을 느끼기 시작했다. 특히 미국 영화와 일본 영화의 진수를 깨달은 후엔 유럽 영화가 그렇게 지루할 수 없었다. 물론 모든 유럽 영화가 다 그런 것은 아니지만, 대개의 유럽 영화들은 별다른 감흥을 보여주지 못했다. 당시 대부분의 젊은

영화인들이 그랬듯이, 나도 처음엔 고다르를 비롯한 누벨바그 감독들을 좋아했다. 하지만 시간이 흐르면서 점차 유럽 영화는 신선한 감각과 기존 영화의 문법을 파괴하는 데서 오는 통쾌함은 줄지언정, 마음을 울리는 특별한 감동은 느낄 수 없었다. 신선하긴 하되 어딘가 모르게 완성도가 부족하고 감동의 깊이가 결여되었다고 판단되어 자연스럽게 멀어졌던 것이다.

세계 영화에 대한 시각이 어느 정도 서게 되자, 나는 기존 지료에 의

지하지 않고 감독이나 걸작들을 스스로 평가하고 점수를 매기게 되었다. 그때 위대한 감독이라고 생각하고 집중적으로 공부했던 이들이 구로사와 아키라, 우디 앨런Woody Allen, 마틴 스코세이지Martin Scorsese, 베르나르도 베르톨루치Bernardo Bertolucci, 프란시스 포드 코폴라Francis Ford Coppola, 스티븐 스필버그Steven Spielberg, 스탠리 큐브릭Stanley Kubrick 등이었다. 당시 좋은 영화에 대한 내 기준은 영상 미학적인 완성도와 작가적인 개성, 이야기를 이끌어가는 테크닉의 기량이 우선이었고, 주제의 진지함이나 메시지는 다음이었다. 특히 예술성과 대중성을 겸비한 작품을 최우선으로 여겼다.

그런 기준에서 볼 때 가장 뛰어난 감독은 역시 구로사와 아키라였다. 그동안 그의 작품을 많이 보고 다른 감독의 작품과 비교하고 난 뒤 내린 결론이었다. 그렇다고 막연히 그의 모든 것을 일방적으로 찬미하거나 숭배한 것은 결코 아니었다. 나중에 차차 언급하겠지만, 구로사와의 일부 영화에서 나타나는, 휴머니즘 아래 숨겨져 있는 교묘한 군국주의적 주제 의식은 거부감을 불러일으키기도 했다. 그런 주제 의식은 다분히 일본적인 것으로, 감독 자신이 직접 의도하진 않았어도 그의 작품 밑바닥에 흐르는 정서라고 볼 수 있었다. 내가 구로사와를 높이 평가하는 건 주제 의식이나 내용보다는 정교한 형식미와 영화적인 테크닉의 완성도에 있었다.

아무튼 당시에는 구로사와만 세계 영화를 극복할 수 있다는 생각에 빠져 그의 대표적 걸작인 〈라쇼몽羅生門〉(1951), 〈이키루生きる〉(1952), 〈7인의 사무라이七人の侍〉(1954) 등을 비디오로 수없이 반복해 보면서 분석하던 때라, 꿈에서조차 구로사와가 오르지 못할 산처럼 위압적으로 나타났던 것 같다.

구로사와, 일본 영화, 한국 영화

구로사와 아키라 영화를 공부하다 보면 유럽 영화나 미국 영화를 공부할 때와는 달리 미묘한 콤플렉스에 사로잡히곤 한다. 내가 극복해야 할 위대한 감독이 왜 하필이면 일본인인가 하는 점이 특히 그렇다. 그러한 기분은 고교 시절 광적으로 좋아했던 이소룡 영화를 보고 나서 느낀 감정과 유사했다. 그때도 이소룡의 무술 영화를 무척 좋아하면서도 왜 하필이면 그가 중국인일까, 왜 우리 한국에는 그런 배우가 없을까, 왜 우리는 이소룡이나 왕우가 나오는 영화처럼 리얼하고 재미있는 영화를 만들지 못할까 하는 생각이 떠나지 않았다. 하지만 당시만 해도 어떤 열등감에 빠지기보다는 무의식적으로 우리 영화는 으레 완성도가 떨어지고 홍콩 영화는 뭐가 달라도 확실히 다르다는 생각을 막연히 했던 것 같다.

훗날 고등학교 시절의 피상적인 영화 보기에서 벗어나 본격적으로 영화를 전공하게 되면서부터 우리 영화의 상대적 빈약함에 대한 의문은 더욱 구체적으로 다가왔다. 프랑스의 누벨바그 영화를 중심으로 한 유럽 영화, 스탠리 큐브릭, 우디 앨런 등으로 대변되는 영국 영화, 할리우드의 미국 영화들을 접하고 나서는 홍콩 영화들은 한낱 유치한 오락 영화 이상의 의미가 없다고 단정하고 관심을 갖지 않았지만, 나중에 말로만 듣던 일본 영화, 특히 구로사와 아키라, 미조구치 겐지講口健二, 오즈 야스지로小津安二郎의 걸작들을 대하고서는 큰 충격을 받고 한국 영화의 위상을 다시 한 번 돌아보게 되었다.

1980년대 초 아직 영화 관련 전문 서적들이 거의 번역 조차되지 않았던 시절, 영화 소모임에서 영문판 원서를 어렵사리 구해 무심코 공부해가던 어느 날, 나는 소스라치게 놀랄 수밖에 없었다. 그 어떤 영화사^{film history} 책에도 한국 영화에 대한 언급이 없었던 것이다. 일본, 중국, 남미 심지어 아프리카 영화까지 언급이 되는데도 한국 영화는 마치 존재조차 없는 듯이 취급되고 있었다. 공부를 시작하던 초기만 해도 세계 영화사에 한국 영화가 언급되지 않는 것을 당연한 듯이 여기고 지나쳤다가 뒤늦게야 자각하게 된 것이다. '이상하다. 우리나라엔 거장도 많고 우수 영화나 문제작도 많은 걸로 아는데 뭔가 잘못된 건 아닐까.' 이런 의구심을 품고 아무리 많은 외국의 영화 관계 잡지와 책을 검토해보아도 '한국^{Korea}' 이라는 단어는 '한국전쟁^{Korea War}'을 소재로 만든 미국 영화를 소개할 때 외에는 찾아볼 수 없었다.

그때 비로소 나는 한국 영화가 얼마나 우물 안의 개구리처럼 외부와 단절된 채 고립되어왔나를 깨달았고, 우리에게 진정 필요한 것은 세계 영화에 대한 막연한 추종이나 숭배가 아니라 우리 시각에서 그 영화들을 재해석하고 재평가하는 일임을 알게 되었다. 외국 영화사를 검토하여 받아들일 것은 받아들이고, 우리가 독자적으로 되살려야 할 감각은 우리가 직접 개발하고 창안해야 한다는 생각을 마음속 깊이 다지게 되었다.

일본 영화는 1951년 구로사와 아키라가 〈라쇼몽〉으로 베니스 영화제에서 황금사자상(최우수작품상)을 수상하면서 국제무대에 화려하게 등장했다. 그리고 이어서 미조구치 겐지의 〈우게쓰 이야기^{雨月物語}〉(1954), 오즈 야스지로의 〈동경 이야기^{東京物語}〉(1952), 1954년 칸 영화제 황금종려상을 수상한 기누가사 데이노스케^{衣笠貞之助}의 〈지옥문^{地獄門}〉 등으로 단숨에 세계 영화의 정점에 올라서게 되었다.

1950년대가 일본 영화의 황금기로서 세계 영화와 어깨를 나란히 견주는 작품들이 양산되는 시기였다면 한국 영화는 광복과 6.25전쟁을 거치면서 이제 겨우 영화 산업이 틀을 잡아가는 시기였다. 당시 만들어진 작품 중에는 신상옥 감독의 〈악야惡夜〉(1952), 〈꿈〉(1957), 이강천의 〈피아골〉(1957), 이규환의 〈춘향전〉(1957), 한영모의 〈자유부인〉(1958), 유현목의 〈잃어버린 청춘〉(1958), 김기영의 〈십대의 반항〉(1959) 등이 중요한 영화들로 꼽힌다. 실제로 나는 대학 시절 영화진흥공사에 가서 우리의 고전이라 여겼던 〈꿈〉과 〈피아골〉 등 1950년대의 작품을 보고 크게 실망한 적이 있다. 물론 당시 우리 영화의 열악한 현실을 감안할 때 나름대로 의미 있는 역작임에 분명하지만, 나로서는 절대적인 시각에서 평가하던 시절이었기에 자연스럽게 동 시대에 만들어진 세계적인 작품들과 비교하게 되었던 것이다. 그런 시각에서 볼 때, 당시 우리 영화는 주제 의식은 차치하고라도 미학이나 극적인 기교 등에서도 걸음마 수준이었음을 확인했을 뿐이었다. 나의 견해로는 1960년에 만들어진 김기영 감독의 〈하녀〉나 1961년에 제작된 유현목 감독의 〈오발탄〉 정도만이 거의 유일하게 당대의 국제적인 영화들과 어깨를 나란히 할 수 있는 작품이라고 여겨진다.

이러저러한 이유가 있었지만, 그래도 나는 일본 영화가 1950년대부터 국제무대에서 확고하게 인정받고 있는 것과 달리 한국 영화가 세계 영화사에서 언급조차 안 될 정도로 뒤처져 있다는 게 당시로선 무척 자존심 상했다. 그런 계기로 인해 가장 가까운 나라면서도 너무 모르고 있었던 일본 영화, 특히 구로사와 영화에 관심을 갖고 세밀한 분석 작업에 들어가기 시작했다.

구로사와 작품은 왜 분석할 만한 가치가 있는가?

〈카게무샤影武者〉, 〈하나비花火〉의

국내 개봉 등 본격적인 일본 문화 개방이 실현되고 있다고는 하지만, 대부분의 사람들에게 구로사와의 작품을 제대로 감상하고 이해할 수 있는 기회는 매우 드물다. 대다수는 구로사와 감독을 막연히 전설적인 존재로서 피상적으로 인식하고 있을 뿐이다. 어떻게 보면 우리는 영화 뿐 아니라 대부분의 예술 분야에서 일본을 제대로 모르고 있다고 해야 할 것이다. 때로는 우리 모두가 은연중에 그들에 대해 아는 것 자체를 두려워하지 않나 하는 느낌이 들 때도 있다.

나 자신도 사실 잭 엘리스Jack C. Ellis의 《세계 영화사A History of Film》[1]를 보고서야 비로소 일본 영화를 알았고, 구로사와 아키라를 알았다. 그 전까지만 해도 일본 영화에 대한 정보가 전혀 없었고 그들의 영화 수 준이 어느 정도인지 상상도 못했다. 1980년대 초까지만 해도 영문판 원서를 빼놓고는 일본 영화에 관련된 책이나 자료는 전무한 실정이었 다. 내가 처음 접한 일본 영화는 구로사와 감독의 영화였고, 그것도 그 의 대표작들인 〈라쇼몽〉, 〈7인의 사무라이〉, 〈이키루〉였으니, 애초부 터 내겐 일본 영화가 엄청난 그 무엇으로 다가왔던 것 같다. 나중에야 일본 문화원 등을 통하여 다양한 작품을 보면서 일본 영화도 대개는 평범하고 진부한 것들이고, 구로사와는 특별히 예외적인 존재라는 걸 알았다. 〈라쇼몽〉을 위시한 구로사와의 영화를 보고 처음 느낀 심정 은, 당시 내가 열광하며 보았던 프랑스 누벨바그 영화나 독일의 뉴 저 먼 시네마 영화들보다도 미학적인 완성도가 뛰어나고 주제가 분명하 다는 점 그리고 훨씬 감동적이라는 점이었다. 무엇보다도 그런 작품들 이 1950년대 초에 만들어졌다는 데 놀랐다. 그런 계기로 나의 관심은 유럽 영화에서 서서히 일본 영화로 옮겨갔던 것이다. 특히 구로사와에 대해서는 그가 일본인이어서가 아니라, 영화를 잘 만든다고 생각했으므로 더욱 관심을 갖게 되었다.

앞에도 말했듯이, 나는 일부 영화광들처럼 구로사와에 대한 맹목적인 숭배자나 예찬자가 결코 아니다. 내게 그는 찬미의 대상이 아니라 분석의 대상일 뿐이다. 지금까지 그의 작품을 끊임없이 반복해서 보고 그에 관한 자료를 수집했던 것은 그의 객관적인 명성이나 무조건적인 숭배 때문이라기보다는, 어떻게 해서 그가 그토록 완성도 있는 걸작을 만들 수 있었는지, 또 그 작품들이 갖는 미학적 본질은 무엇인지를 탐구하기 위해서였다. 사실 완성도 있는 걸작을 만드는 감독을 꼽자면 구로사와보다는 〈시민 케인Citizen Kane〉(1940)을 만든 오손 웰스Orson Wells나 〈산딸기Wild Strawberries〉(1957)를 만든 잉그마르 베르히만Ingmar Bergman을 먼저 꼽을 수 있을 것이다. 그런데도 내가 유독 구로사와에게 관심을 가지고 분석의 대상으로 삼았던 데는 몇 가지 이유가 있다.

첫째, 그는 세계적인 거장들 축에 드는 극소수의 동양 감독 중 한 사람이라는 사실이다. 인도의 사티아지트 레이Satyajit Ray, 일본의 또 다른 거장 미조구치 겐지, 오즈 야스지로 등이 그들 몇 안 되는 동양의 거장들이지만 구로사와에 비해서는 지명도가 약하다. 1982년 영국의 유명한 영화 계간지인 《사이트 앤 사운드Sight and Sound》가 전 세계 평론가들을 대상으로 한 설문 조사에서 구로사와는 오손 웰스, 존 포드, 잉그마르 베르히만, 그리고 페데리코 펠리니Federico Fellini 등과 함께 동양 감독 중에서 유일하게 세계 영화사상 가장 위대한 열 명의 감독 중 한 사람으로 선정되었다.[2] 특히 그가 우리와 문화권이 유사한 일본인이면서도 서구 영화의 영향을 매우 효과적으로 토착화시켜 오히려 나중에 서구 영화에 영향을 주고 있다는 점이 관심을 끌었다. 그래서 같은 동양인으로서 그가 어떻게 서구인들을 극복할 수 있었는가에 대한 의문이 그에 대한 분석을 시도하게 만들었다.

둘째, 이 점이 중요한 핵심인데, 그의 작품 대부분이 뛰어난 미학적 완성도 아래 대중성과 예술성을 절묘하게 조화시키고 있다는 것이다. 대중성과 예술성의 조화, 이것이 구로사와가 갖고 있는 가장 큰 강점이다. 실제로 데뷔작 〈스가타 산시로燒三四郎〉(1943)에서부터 〈7인의 사무라이〉, 〈요짐보〉 그리고 〈카게무샤〉(1980), 〈란亂〉(1985)에 이르기까지 대부분의 작품들을 보면 그가 예술성과 대중성을 동시에 확보하고 있다는 말이 공치사가 아님을 알 수 있다. 이러한 사실은 일본의 유명 영화 잡지《키네마 순보》에 실린 〈일본 내 걸작 및 흥행 톱 텐〉 목록과 구로사와 아키라의 국제영화제 수상 경력을 봐도 쉽게 알 수 있다. 아래의 표는 1945년 이후의 자료를 근거로 작성된 것이다.

구로사와 영화의 〈일본 내 걸작 및 흥행 톱 텐〉(《키네마 순보》 조사)[3]

연도	작품	걸작 순위	흥행 순위
1945	호랑이 꼬리를 밟은 사나이들	23위	
1946	우리 청춘 후회 없다	2위	
1947	멋진 일요일	6위	
1948	주정뱅이 천사	1위	
1949	조용한 결투	7위	
1949	들개	3위	
1950	추문	6위	
1951	라쇼몽	5위	
1951	백치	18위	
1952	이키루	1위	
1954	7인의 사무라이	3위	
1955	생존의 기록	4위	
1957	거미집의 성	4위	

1958	숨은 요새의 세 악인	2위	5위
1959	밑바닥	10위	
1960	나쁜 놈일수록 잘 잔다	3위	
1961	요짐보	2위	4위
1962	쓰바키 산주로	5위	1위
1963	천국과 지옥	2위	1위
1965	붉음 수염	1위	1위
1970	도데스카덴	3위	
1980	카게무샤(일본 영화 역대 흥행기록 5위)	2위	1위
1985	란	2위	3위

　　일본 영화가 미국, 인도와 함께 세계적인 제작 편수를 기록하고 있는 것을 감안할 때(1960년대에 연 평균 547편, 1980년도엔 320여 편 제작) 제아무리 대가라 해도 만든 작품마다 걸작과 흥행 순위 상위에 올라간다는 것은 결코 쉬운 일이 아니다. 그런데 구로사와는 거의 모든 작품이 걸작이나 흥행 면에서 상위에 기록되어 있다.

〈일본 내 걸작 및 흥행 톱 텐〉의 걸작 순위 중 구로사와 작품보다 상위에 랭크된 작품

연도	걸작 순위	작품	감독
1958	1위	나라야마 부시코	기노시타 케이스케
1960	1위	동생	이치가와 곤
	2위	검은 화집	호리카와 히로미치
1961	1위	불량소년	하니 스스무
1962	1위	나는 두 살	이치가와 곤
	2위	큐폴라가 있는 거리	우라야마 키리오
1963	1위	일본 곤충기	이마무라 쇼헤이
1965	2위	동경 올림픽	이치가와 곤
1970	1위	가족	야마다 요지
	2위	전쟁과 인간	야마모토 사쓰오
1980	1위	지고이네르바이젠	스즈키 세이준
1985	1위	그리고	모리타 요시미쓰

그렇다면 국제무대에서의 그의 작품에 대한 평가는 어땠을까? 아래의 표로 알 수 있듯이, 구로사와는 한국 영화 70년 사상 단 한 번도 수상해보지 못한 세계 5대 영화제의 그랑프리를 비롯한 주요 상을 혼자서 두루 석권한 경험이 있을 정도로 수상 경력이 화려하다. 이는 그의 작품이 세계적으로 평가받고 있음을 보여준다.

구로사와 영화의 세계 5대 영화제 수상 내역

영화제	작품	연도	수상 내역
베니스 영화제	라쇼몽	1951	황금사자상
	7인의 사무라이	1954	은사자상
	요짐보	1961	남우주연상(미후네 도시로)
	붉은 수염	1965	남우주연상(미후네 도시로)
베를린 영화제	이키루	1952	은곰상
	숨은 요새의 세 악인	1958	은곰상
칸 영화제	카게무샤	1980	황금종려상
모스크바 영화제	붉은 수염	1965	소련노동자동맹상
	도데스카덴	1970	소련노동자동맹상
	데루스 우잘라	1975	대상
아카데미 영화제	라쇼몽	1951	최우수외국어영화상
	도데스카덴	1975	최우수외국어영화상
	란	1985	의상디자인상
	(그의 모든 작품으로)	1990	특별공로상

(위의 수상 목록은 세계 5대 영화제에만 한한 자료이다)

영화는 근본적으로 산업과 예술로서의 양면성을 갖고 있지만 두 가지를 모두 공존시키기는 무척 어렵다. 그 두 가지를 조화시키고자 하는 게 수많은 영화인들의 꿈이지만 실제로 둘 중의 하나는 포기해야 하거나 시도했을지라도 실패하는 경우가 허다하다. 구로사와 예찬자인 스필버그를 보라! 그는 천재적인 영상 감각을 지닌 감독으로서 상업 영화를 만들어 관객을 끌어들이는 데는 영화 역사상 그를 따를 자가 없지만 동시에 예술성을 지닌 작품은 결코 만들어내지 못하는 한계를 지니고 있다. 〈컬러퍼플The Color Purple〉 같은 영화를 통해 자신의 한계를 극복하려고 시도한 적이 있지만 결과는 실패였다(〈쉰들러 리스트〉로 상업성과 예술성을 동시에 인정받음으로써 한계를 극복하긴 했지만, 이를 위해 얼마나 긴 시간과 각고의 노력을 기울였던가). 또한 25세 때 데뷔작으로 영화 역사상 불후의 걸작인 〈시민 케인〉(1940)을 만든 오손 웰스를 보라! 그의 작품들은 영화 예술의 극치를 보여주며 온갖 영상 미학의 진수를 집대성하고 있지만, 대부분의 작품이 상업적인 실패를 거듭하는 바람에 말년엔 제작자를 구하지 못해 고전하다가 외롭게 세상을 떠났다.

구로사와가 여든이 넘었을 때도 〈꿈夢〉(1990) 〈8월의 광시곡八月の狂詩曲〉(1991), 〈마다다요まだだよ〉(1993)를 만들 수 있었던 이유는 역시 대중성과 예술성을 조화시킬 수 있는 그의 영화적 능력에 있다. 그가 사용하는 영상 언어는 결코 안드레이 타르코프스키Andrei Tarkovsky나 미켈란젤로 안토니오니Michelangelo Antonioni, 장 뤽 고다르처럼 난해하거나 지나치게 실험적이지 않으며, 홍콩 영화나 할리우드 상업 영화처럼 지나치게 경박하거나 황당무계하지도 않다. 그는 〈라쇼몽〉, 〈이키루〉와 같이 삶이나 인간에 대한 심각한 문제를 탐구하는 작품조차도 잉그마르 베르히만처럼 고통스럽게 풀어가는 것이 아니라 프랭크 카프라Frank Capra 나 존 포드John Ford처럼 풍자나 유머를 통해 부드럽게 풀어나간다. 작품의 질을 떨어뜨리지 않으면서 진지하고 무거운 주제를 쉬운 영상 언어로 그려내기 위해선 그야말로 고도의 미학적 테크닉이 교묘하게 사용된다. 평론가들은 그래서 그의 영상 언어를 동·서양 모든 사람들에게 쉽게 이해되는 영화적인 '혼합어lingua franca'*라고 부르곤 한다. 외국

인들에게는 생소한 일본의 특정한 역사를 배경으로 만든 작품임에도 구로사와 영화는 쉽게 이해되기 때문이다. 그는 진부한 감독들이 흔히 그렇듯이 자막이나 목에 힘주는 해설로 시대 배경을 일일이 설명하려고 발버둥치지 않는다. 대신 현대적인 감각으로 철저히 재해석하여 시각적인 이미지를 통해 충분히 이해할 수 있게 만든다.

이 글은 무엇보다도 구로사와의 그러한 영상 언어를 하나하나 규명해보는 데에 초점을 맞췄다. 그는 소위 영화적인 '혼합어'를 어떤 방식으로 사용해 폭넓은 대중을 공감시키고 미학적인 완성도를 이뤄내는가? 과연 그런 그의 재능은 어디로부터 나온 것인가? 형식과 내용의 조화는 어떻게 이루어지는가? 그에게 한계는 없는가? 이런 모든 의문들을 그의 삶을 추적하는 것으로부터 차례차례 풀어나가고자 한다.

*프랑스 레방Lavant 지방에서 쓰는 프랑스, 이탈리아, 그리스, 스페인어의 혼합어.

구로사와 아키라의
삶과 배경

백인들의 축제에 초대받은 황색 거인

때는 1990년 3월, 전 세계 수억의 시청자들이 지켜보는 가운데 할리우드에선 그해의 가장 호화로운 축제가 열리고 있었다. 바로 아카데미 영화제 시상식. 낯익은 얼굴의 미국인 두 사람이 시상대 앞에 섰다. 할리우드 영화계의 황제라 불러도 손색이 없는 감독 겸 제작자 스필버그와 조지 루카스 George Lucas. 그들은 자신들이 상을 받기 위해서가 아니라 누군가를 소개하는 영광을 누리기 위해 거기에 선 것이다. 마치 스승의 날에, 성공한 제자들이 옛 스승의 업적을 기리고 그 은혜에 보답이라도 하기 위해 모시는 자리처럼 보였다. 그들은 마침내 옛 스승의 이름을 불렀다.

"구로사와 아키라!"

거대한 몸집의 사나이가 주름진 얼굴에 선글라스를 쓴 채 나타나자 두 사람은 예의를 갖춰 그를 안내했다. 실제로 스필버그와 루카스는

구로사와의 영향을 많이 받았고, 나중에 〈카게무샤〉, 〈꿈〉을 만들 때 제작 과정에 직접 도움을 줄 정도로 그들 서로의 관계는 스승과 제자처럼 가깝다. 한때 미국의 대가 존 포드를 영화에 대한 스승으로 섬기다시피 한 구로사와가 이젠 오히려 미국의 젊은 대가들에게서 스승의 대접을 받고 있는 상황이 매우 아이러니했다.

영화는 진정 놀라운 표현 수단이지만, 본질을 꿰뚫어 핵심에 도달하기는 어려운 것 같다. 지금까지 50년 가까이 영화를 만들어왔지만 나는 아직도 영화를 잘 모르겠다.

세계 영화에 공헌해온 노장에게 주는 특별공로상을 받고 난 구로사와가 도통한 사람처럼 소감을 말하고 나자 화면은 즉시 일본에 있는 구로사와의 자택으로 연결되었다. 거기에선 구로사와 아키라의 여든 번째 생일잔치가 벌어지고 있었다. 그의 가족들이 '해피 버스데이 투 유Happy Birthday to You'를 합창하는 가운데, 수억의 시청자가 보는 앞에서 구로사와는 생일 축하 박수를 받았다.

이 시상식 광경이야말로 세계 영화계에서 구로사와가 차지하는 위치와 그의 영화가 남긴 성과의 폭과 무게를 단적으로 보여주는 장면이다. 실제로 그 화면이 일본에 생중계되어 TV로 방영되었을 때 일본인들은 엄청난 자긍심을 느꼈다고 한다. 특히 왜소한 체구로 늘 미국인들에 대해 열등감을 느껴온 바 있던 그들은 187센티미터에 90킬로그램 가까운 구로사와의 위엄 있는 덩치가 미국 영화를 상징하는 스필버그와 루카스의 작은 체구를 압도하고 있는 모습을 보고는 더욱 그런 느낌을 강하게 받았던 모양이다.

미조구치 겐지, 오즈 야스지로가 죽은 이후, 살아 있는 유일한 거장으로 영화계의 천황처럼 대우를 받고 있는 구로사와 아키라가 일본인의 자존심을 지켜준 셈이다.

나는 그 시상식 장면을 보고 문득 1941년 미후네 도시로가 이끄는 일본군 잠수함이 할리우드를 침공한다는 내용의 코미디 영화 〈1941〉(1978)이 생각났다. 스필버그가 만든 것으로는 최대의 졸작이자 흥행 실패작으로 기록된 그 작품에서는 구로사와의 분신인 미후네가 할리우드 상륙에 실패했지만, 1990년 현실에선 구로사와가 직접 할리우드 실력자들의 기립 박수를 받으며 당당하게 입성한 것이다. 그것은 동양인에 대해 배타적인 할리우드가 일본인의 영화적인 재능을 공식적으로 인정하는 자리이기에 의미가 깊어 보였다. 나에겐 그 상황이 하나의 상징처럼 느껴졌다. 과거엔 일본이 진주만 기습으로 시작된 미국과의 전쟁에서 패배했지만, 현재는 경제 전쟁에서 이미 우위를 점하고 이젠 문화 전쟁에서도 미국을 극복하려고 안간힘을 쓰고 있다. 소니를 비롯한 일본의 대기업이 할리우드의 메이저 영화사들을 하나씩 인수해가고 있는 데서도 볼 수 있듯이, 현재 일본은 미국 문화의 대변자 역할을 하는 할리우드에 대한 집착이 강하다. 그런 면에서 구로사와는 일본이 할리우드를 점령하도록 앞장서는 첨병의 상징적인 존재처럼 보였다.

성장 배경과 영화계 입문 동기

우리나라가 한일합방의 치욕을 겪던 해인 1910년, 구로사와 아키라는 도쿄에서 4남 4녀의 여덟 남매 중 막내로 태어났다. 그의 어머니는 성격이 부드러운 반면 아버지는 군인 출신으로 매우 활동적이고 엄격했다고 한다.

베르톨루치나 스필버그 같은 현대 감독들 대부분이 어린 시절부터 영화에 대한 꿈을 꾸었던 데 반해, 구로사와는 청년 시절에 화가가 될 꿈을 갖고 있어서, 18세 되던 해인 1927년에 도슈사同舟社 서양화학교에 등록했다. 그 무렵 그는 친구와 함께 일본 프롤레타리아 예술동맹에 가입, 좌익 활동을 하였다. 그러한 활동은 나중에 그가 〈우리 청춘 후회 없다わが靑春に後悔なし〉(1946)나 〈나쁜 놈일수록 잘 잔다悪い奴ほどよく眠る〉(1960) 같은 사회 비판적인 영화를 만들게 된 동기가 되었다.

그러나 당시는 마르크시즘 이론 자체에 심취하기보다는 예술에 대한 새로운 움직임을 공부하는 데 더 관심을 기울였던 것 같다. 그는 주로 톨스토이Lev Nikolaevich Tolstoi, 투르게네프Ivan Sergeyevich Turgenev, 도스토옙스키Fyodor Mikhailovich Dostoevski 등 19세기 러시아 문학에 빠졌는데, 특히 도스토옙스키를 좋아했다. 나중에 그가 영화를 하게 되었을 때 그의 작품 전반에 도스토옙스키 문학의 영향은 매우 중요하게 스며든다.

그가 처음으로 영화에 눈을 뜨도록 만든 사람은 그의 셋째 형 헤이고丙牛였다. 구로사와 바로 위인 헤이고는 당시 외국 무성 영화의 변사로 활동하였는데, 예술 전반에 대해 무척 조예가 깊었다고 한다. 구로사와는 형 덕분에 영화관에 공짜로 들어가 수시로 영화 구경을 할 수 있었다. 그는 헤이고 형에게서 영화뿐만 아니라 문학에 대해서도 많은 것을 배웠다. 헤이고 형은 자기 애인과 같이 살고 싶어 했는데 봉건적인 아버지의 분노를 사 집에서 쫓겨난 뒤, 어느 날 유가시마 산에서 자살했다. 그 사건은 청년 구로사와에겐 무척 충격이었던 것 같다. 수십 년 후 그도 몇 번 자살을 시도하게 되는데 아마 형의 영향을 받았기 때문인 듯하다.

구로사와가 처음 영화 현장에 뛰어든 계기는 27세 때인 1936년, 우연히 조감독을 모집한다는 신문광고를 보고 나서였다. 토키(발성) 영화 전문회사였던 PCL 사진화학연구소寫眞化學硏究所(영화제작소 도호東寶 영화사의 전신)가 처음 실시한 그 모집에는 500여 명의 인재가 응모했는데, 구로사와를 비롯해 다섯 명만이 채용되었다. 합격자는 대부분 도쿄 대학 등 명문대 출신이었지만 구로사와만 유일하게 5년제 중학교인 교카 상업학교京華商業學校 출신으로 당시엔 프롤레타리아 예술동맹에서 그림을 그리고 있었다.

그러나 구로사와는 영화를 좋아하기는 했지만, 당시만 해도 영화에 모든 것을 걸 생각은 없었다. 그보다는 우선 부모에게 의존할 수 없어서 생계유지를 위한 임시 직업으로 택한 것이었다. 처음엔 야마모토 카지로山本嘉次郎 감독 밑에서 연출부원으로서 영화 수업을 받았다. 그 당시 이미 예술 전반에 대한 지식이 풍부하였기 때문에 종합 예술인 영화를 하는 데에는 어려움이 없었고, 오히려 영화에 관한 기초를 터득하고 나자 타고난 영상 언어의 감각을 발휘하기 시작하였다. 야마모토 감독도 "구로사와는 타고난 재능이 있었다"고 인정하였다. 조감독 시절 그가 두각을 나타낸 분야는 시나리오와 편집이었다. 특히 시나리오에 대한 재능은 뛰어나서 조감독 시절에 이미 여러 편을 써서 팔았고, 데뷔한 이후 연출한 작품들은 항상 자신이 직접 시나리오를 쓰거나 공동으로 각본 작업을 하였다.

그는 약 7년간의 조감독 생활 끝에 데뷔 작품으로 당시 유도 소재 베스트셀러를 각색한 〈스가타 산시로〉(1943)를 연출했는데, 그 작품은 2년 후 속편을 만들 정도로 흥행에 성공하고 작품성도 인정받았다. 1945년 일본이 패망하던 해에, 서른여섯 살의 그는 야구치 요코矢口陽子와 결혼을 했다.

야구치 요코는 본명이 가토 기요코加藤喜代子로 구로사와의 두 번째 작품 〈가장 아름답게─番美し〈〉(1944)에서 소녀 자원봉사대 대장 역을 맡은 여배우였다. 당시 그녀는 여배우들의 대표였는데 구로사와와 자주 대립했다고 한다. 도호 제작부 책임자인 모리타 노부요시의 권유로 그녀에게 접근했는데, 자서전에 의하면 그의 구혼 신청은 이러했다. "아무래도 우리 일본은 전쟁에서 져. '1억 인의 명예로운 죽음'에까지 이르면 우리는 어쨌든 모두 죽어야 해. 그런 일이 일어나기 전에 결혼 생활이 어떤지 한번 확인해보는 것도 나쁜 생각은 아닌 것 같은데…." 1945년 초 둘이 결혼한 직후 일본은 전쟁에서 졌으나 '1억 인의 명예로운 죽음'은 흐지부지되었고 덕분에 두 사람은 살아남아 평생을 같이 살았다.

작품 활동, 성공과 좌절의 기록

그는 1943년 〈스가타 산시로〉로 데뷔해서 〈마다다요〉(1993)를 완성하기까지 약 51년 동안 모두 30편의 영화를 만들었다. 그의 스승인 야마모토 카지로와 공동 연출한 1946년 작 〈내일을 만드는 사람들〉까지 포함시키면 모두 31편이지만, 일반적으로 그것은 그의 작품 목록에서 제외된다.

1951년 베니스에서 첫 국제영화제 수상을 한 〈라쇼몽〉을 만들기 전까지는 그는 모두 10편의 작품을 연출했다. 그중 데뷔작인 〈스가타 산시로〉, 〈우리 청춘 후회 없다〉(1946) 〈주정뱅이 천사醉いどれ天使〉(1948), 〈들개野郎犬〉(1949) 같은 작품은 당시 서구 영화에 비교해도 손색없을 정도로 뛰어난 수준을 보이지만, 나머지 작품들은 단지 가능성만 보일 뿐 그저 범작 수준에 머무른다.

모든 영상 미학을 집대성해서 만든 작품 〈라쇼몽〉이 최초로 국제무대에서 인정을 받으면서부터 그의 진가가 발휘되고, 이후 〈이키루〉(1952), 〈7인의 사무라이〉(1954)에서 절정을 이룬다. 이 당시의 작품은 서구의 영화 수준을 훨씬 뛰어넘고 있었으며 나중에 그가 세계적인 거장으로 자리를 굳히는 근거가 되었다. 특히 산적의 침입으로부터 농민을 돕는 〈7인의 사무라이〉는 세계 영화 역사상 오손 웰스의 〈시민 케인〉(1940), 장 르누아르Jean Renoir의 〈게임의 규칙La Regledu Jue〉(1939) 등과 함께 가장 위대한 걸작으로 평가받고 있다.

그는 〈7인의 사무라이〉 이후 원폭 피해에 대한 두려움을 다룬 〈생존의 기록〉(1955), 셰익스피어William Shakespeare의 《맥베스Macbeth》를 각색한 〈거미집의 성蜘蛛巣城〉(1957)을 거쳐 서부 영화의 영향을 받아 만든 〈요짐보〉(1961), 〈쓰바키 산주로椿三十郎〉(1962)에서는 매우 대중적인 사무라이 장르를 완성시킨다.

이 무렵 구로사와의 작품들이 미국판으로 번안되기도 하는데 〈라쇼몽〉이 마틴 리트Martin Ritt에 의해 〈폭행The Outrage〉(1964)으로, 〈7인의 사무라이〉가 존 스터지스John Sturges에 의해 〈황야의 7인The Magnificent Seven〉(1960)으로, 〈요짐보〉가 이탈리아 감독 세르지오 레오네Sergio Leone에 의해 클린트 이스트우드Clint Eastwood 주연의 이탈리아판 서부 영화

〈황야의 무법자 A Fistfull of Dollars〉(1964)로 제작된다. 아이러니하게도 구로사와의 사무라이 영화는 존 포드의 서부 영화에 영향을 받아 만들어졌는데, 나중엔 오히려 서부 영화가 구로사와의 사무라이 영화를 모방해 상업적인 성공을 거두었다. 그런데 존 포드의 영향을 받은 구로사와가 오히려 서부 영화를 일본적인 틀 속에서 재해석을 가해 좀 더 뛰어난 영화로 승화시킨 데 반해, 구로사와 작품을 번안한 서부 영화들은 단지 칼을 총으로 대체한 것에 불과한 수준을 보여주었다. 대중성 면에서 성공은 했으나 〈황야의 무법자〉를 제외하고는 대부분 작품성이 떨어졌다. 대부분의 사람들은 구로사와가 〈천국과 지옥天國と地獄〉(1963), 〈붉은 수염赤ひげ〉(1965)을 끝낼 때까지만 해도, 이미 국제적인 명성과 대중적인 성공을 거둔 그의 영화 작업이 계속 순탄하리라 생각하고 있었다. 데뷔 이후 23년간 평균 1년에 한 편씩 연출하여 매 작품마다 비평가들과 대중들의 특별한 관심을 불러일으키지 않았던가? 그러나 그에게도 슬럼프가 찾아왔다.

〈붉은 수염〉을 끝낸 구로사와는 어느 날 우연히 미국 뉴욕 주 근처에서 있었던 열차 사고에 관한 기사가 실린 《라이프》지 기사를 보고 아이디어를 얻어 〈폭주 기관차The Runaway Train〉*란 제목의 시나리오를 썼다. 그는 그것을 미국 현지에서 로케로 촬영하려 했으나 날씨 문제로 연기했다. 그때 할리우드의 메이저 영화사인 20세기 폭스 사에서 2차 대전 당시 일본의 진주만 습격을 소재로 한 영화 〈도라! 도라! 도라!Tora! Tora! Tora!〉의 일본 측 감독을 맡아달라고 제의해왔다. 그때가 1968년 말이었다. 계약까지 하고 촬영에 들어갔으나, 중간에 20세기

---

*그때 무산된 〈폭주 기관차〉 시나리오는 러시아 출신 감독인 안드레이 콘찰로프스키Andrey Konchalovskiy가 1986년 같은 제목으로 영화화하였고, 국내 극장에서 개봉된 바 있다.

폭스 사와의 불화로 그만 도중하차하고 말았다. 결국 그 작품은 미국의 리처드 플레이셔Richard Fleicher와 일본의 마스다 토시오增田俊郎, 후카사쿠 긴지深作欣二 공동 감독으로 1970년에 완성되었고, 같은 해에 구로사와는 〈폭주 기관차〉 기획 대신 일본의 빈민 계층을 다큐멘터리 기법의 코미디로 그린 〈도데스카덴ビですかでん〉을 완성시켰다.

첫 컬러 작품인 〈도데스카덴〉(1970)은 작품성을 인정받았음에도 상업적으로 실패하는 바람에 구로사와에게 큰 좌절감을 안겨주었다. 더구나 〈도라! 도라! 도라!〉 사건으로 인한 후유증에다 당시 설립했던 프로덕션의 적자 문제, TV 영화의 부조리 사건이 겹쳐 그는 1971년 12월 어느 날 자택에서 면도칼로 자살을 시도하였다. 다행히 일찍 발견되어 목숨은 건졌지만 그 자살 사건은 그동안 그가 이루어놓은 영화에 대한 업적을 놓고 볼 때 너무나 충격적인 일이었다. 그 이후 구로사와의 성격은 많이 변하기 시작했다. 평소에 그렇게 싫어하던 TV 출연도 하고, 인터뷰도 쉽게 응하고, 나중엔 놀랍게도 오손 웰스가 노년에 그랬듯이 TV의 술 광고에도 출연할 정도였다.

어쨌든 구로사와는 〈도데스카덴〉 이후 주로 외국 자본으로 영화 제작을 하게 되었다. 일본 제작자들이 엄청난 제작비를 쓰고도 도저히 간섭하기 힘들고 까다로운 그와 작업하기를 꺼렸기 때문이다. 5년 만에 만든 〈데루스 우잘라デルス ウザラ〉는 러시아에서 투자했고, 일본 영화사상 최고의 제작비를 들인 대작 〈카게무샤〉(1980)는 미국의 20세기 폭스사와 도호가 공동 출자해서 만들었다.

〈카게무샤〉로 칸 영화제를 석권하고 상업적인 대성공까지 이루면서 구로사와는 그동안의 침체를 벗고 완벽하게 재기했다. 그리고 1985년 셰익스피어의 《리어 왕King Lear》을 각색한 〈란〉을 프랑스 제작

자의 도움으로 완성하고, 1990년엔 미국의 워너 브라더스 제작 지원
으로 〈꿈〉을 만들었다. 여든이 넘은 고령임에도 그의 작품 활동은 계
속되어 다음 해엔 바로 원폭 피해 문제를 다룬 〈8월의 광시곡〉(1991)
을 내놓았다. 1993년 5월 칸 영화제에선 〈마다다요〉란 작품이 특별 초
대 영화로 상영되기도 했다.

하지만 왠지 그는 후기 작품으로 갈수록 내용, 형식 모두가 너무 일
본적인 것에 집착하는 경향을 보인다. 그 점에 대해선 뒤의 작품론에
서 구체적으로 언급하겠지만, 양식화된 구도와 연기, 일본 역사에 대
한 미화와 자기 합리화, 시각적인 화려함으로 가득 찬 그의 후기 작품
을 보노라면 휴머니즘이 물씬 풍기던 1950년대 초의 작품들이 그리워
지는 건 어쩔 수 없다.

구로사와 아키라
감독론

■■■■■■ 구로사와는 과연 서구적인 감독인가?—미조구치 겐지,
오즈 야스지로와 비교

일반적으로 서구의

비평가들은 미조구치 겐지*와 오즈 야스지로**를 일본적인 감독으로,

구로사와 아키라는 서구적인 감독으로 분류하곤 한다. 또한 영국의 리

---

*미조구치 겐지(1898~1956)는 빈민가 태생으로, 기생인 누나의 도움으로 자라 소학교만 나왔다. 1920년 닛카츠무코지마日活向島 촬영소에 입문한 뒤 1923년 감독으로 데뷔하였다. 당시는 '새로운 것을 좋아하고 독일 표현파를 모방' 했다고 한다. 감독으로 처음 인정받은 것은 〈종이인형의 하루의 속삭임〉(1926)이라는 작품인데 '빈민가 정서와 불행한 여인의 비극' 을 묘사하고 있다. 주로 여성의 삶을 많이 다뤄온 그는 구로사와처럼 영화계에서 천황처럼 군림했고, 평생 90편의 영화를 연출하였다.

**오즈 야스지로(1903~1963)는 1923년 쇼치쿠松竹의 가마다蒲田 촬영소 촬영 조수로 입문했다. 1927년 감독으로 전환한 오즈는 소시민 가족 영화를 많이 만들었다. 완벽주의자라는 별칭을 지닌 그가 부각된 것은 1932년 〈태어나긴 했지만生れてはみたけれど〉으로 《키네마 순보》에서 비평가 텐 베스트 투표 1위를 한 이후였다. 그는 평생 54편의 영화를 만들었다. 그의 카메라는 마치 다도 의식茶道儀式의 일부처럼 서로 반응을 나타내고 있는 두 명의 등장인물들을 무시하지 않고 관찰하는, 앉은 상태의 눈높이를 위치하는 게 상례다. 오즈의 스타일은 〈만춘晩春〉(1949), 〈동경 이야기〉, 〈부초浮草〉(1959) 등에서 최고의 경지에 이른다. 이러한 형식은 당시 세계 어느 나라에도 없었고 일본에서도 오즈 외에는 누구도 하지 않았던 것인데, 그 조용함, 세밀함, 확고한 형식을 통해서만이 가능한 것이었다. 즉 이심전심으로 통화는 커뮤니케이션의 모습들이 오즈를 '일본적' 이라고 불리게 한 것이다.

처드 터커Richard N. Tucker와 같은 영화 평론가는 구로사와를 좌익, 오즈를 우익으로 비교하기도 한다. 이런 시각들은 일본이나 우리 한국의 대부분 평자들도 당연한 듯이 받아들이고 있는 것 같다. 하지만 이제 그런 관점은 수정되어야 한다고 나는 생각한다. 구로사와야말로 일본적이고 우익적인 감독이기 때문이다.

오즈나 미조구치에 비해 구로사와가 서구적인 감독이라 불리는 이유는 그 형식이 매우 동적이고 화려한 테크닉과 현대적인 구성 방식을 사용하기 때문으로 보인다. 오즈나 미조구치가 제한된 영화 기법—롱 테이크나 다다미 숏(일본인들이 다다미방에 앉아서 보는 시점에서 촬영하는 숏)—만을 가지고 최대한 단순화·양식화시켜 그 형식에 내용을 담아내는 것과 달리, 구로사와는 하나의 이야기를 묘사하기 위해 거기에 적합한 최상의 영화 기법들을 총동원한다. 그러다 보니 자연히 구로사와 작품엔 서구 감독들이 사용한 기법이 많이 응용된다.

주로 일본의 과거 역사나 설화를 소재로 극단적인 롱 테이크와 절제된 카메라를 사용, 탐미적인 사실주의를 창조한 미조구치와 동 시대

|구로사와 아키라 |오즈 야스지로 |미조구치 겐지

를 배경으로 고정된 카메라와 일정한 시점—일명 다다미 숏—을 사용, 매우 양식화되고 단순화된 형식미를 갖춘 영화를 만드는 오즈가 일본적인 감독이라는 데 큰 이견은 없다. 특히 오즈의 〈동경 이야기〉에 나타난 일본적인 단순성과 절제의 미학은 빔 벤더스Wim Wenders나 폴 슈라더Paul Schrader 같은 서구의 현대 감독들에게도 큰 영향을 끼칠 만큼 그 진가를 인정받았다.

미조구치 역시 1923년 감독으로 데뷔한 이후, 예도芸道 삼부작 〈잔국 이야기残菊物語〉(1939), 〈여자광대浪花女〉(1940), 〈예도일대남芸道一代男〉(1941)에서 예능계의 엄격함과 풍속의 극명한 묘사에 '원 신 원 숏One Scence One Shot' 이라는 독자적인 스타일을 개발해낸 뒤, 〈오하루의 일생西鶴一代女〉(1952)·〈우게쓰 이야기〉(1953)·〈산초대부山椒大夫〉(1954)—세 편은 베니스 영화제에서 3년 연속 은상 수상을 한 걸작들이다—같은 작품에서 일본인 특유의 탐미적 리얼리즘의 완성된 경지를 보여줌으로써 서구 영화에 상당한 영향을 끼쳤다.

구로사와가 미국 영화의 영향을 상당히 받았고, 특히 초기 작품에 그러한 면이 나타난 것은 사실이다. 그러나 그러한 과도기는 오즈나 미조구치도 겪은 바 있다. 미국 평론가 잭 엘리스는 《세계 영화사》에서 "일본 영화의 구로사와, 미조구치, 오즈 세 거장들 중에서 오즈는 의심할 바 없이 가장 '일본적' 이다"라고 쓰고 있지만, 오즈가 처음부터 일본적인 스타일을 지니고 있었던 것은 아니다. 유복한 가정의 아들이었던 그는, 중학교 시절 미국 영화에 열광하다가 공부를 게을리해 상급학교 진학에 실패하고 연줄로 쇼치쿠 촬영소에 들어가면서 영화를 처음 시작하게 되었다. 입사 때 쇼치쿠 영화를 본 적이 있느냐는 질문에 오즈는 일본 영화는 그때까지 세 편밖에 본 적이 없다고 대답했다고 한다. 당시 중학생 이상은 인텔리였고, 또래 아이들처럼 인텔리는 일본 영화를 보지 않는다는 의식에 젖어 있던 그는 미국 영화와 같은 일본 영화를 만들고 싶다는 꿈을 꾸면서 영화에 입문한 것이다. 오즈가 일본적인 스타일을 갖게 된 것은 구로사와처럼 미국 영화에 대한 찬미와 모방을 거친 재해석 과정을 통해서였다. 그것을 알 수 있는 몇 가지 실례로, 그가 일급 감독으로 일본 내에서 처음으로 인정받게

되는 계기가 된 작품인 〈우연히 떠오른 생각出来ごころ〉(1933)과 〈부초 이야기浮草物語〉(1934)—당시 《키네마 순보》 걸작 텐 베스트 연속 1위 작품들—를 들 수 있다. 〈우연히 떠오른 생각〉은 1931년 발표된 킹 비더King Vidor의 〈챔프Champ〉에서 힌트를 얻었고, 〈부초 이야기〉는 1928년의 조지 피츠모리스George Fitzmaurice(1885~1940) 감독의 멜로 영화 〈번뇌The Barker〉의 대부분을 재탕했다고 해도 좋을 스토리다. 이 작품들은 모두 부친과 자식의 애정을 주된 모티브로 한 것이다. 한편 참고한 그 영화들에서, 아버지는 완력이 세고 큰소리를 쳐대는 야만적인 성격의 소유자였지만, 오즈는 그것을 사카모토 다케시坂本武라는 서민적이고 애교 있는 배우를 통해 권위적이지 않으면서도 인정미 많은 아버지 모습으로 바꿨다. 오즈는 이들 작품의 시나리오를 쓸 때 미국 영화처럼 세련된 모습을 보이기 위해 호텔에 묵고 세면도구까지 미국의 수입품을 쓰는 등 열성을 보였다 한다. 그러나 최종적으로 나온 그 작품들은 더할 나위 없이 일본적이라는 평가를 받게 되었다.[4]

미조구치를 비롯한 대부분의 일본 감독들도 오즈 같은 초기 시절을 거쳤다고 할 수 있다. 구로사와의 서구적인 초기 작품들 역시 오즈처럼 모방을 통한 재해석 과정에 있는 과도기적 작품들이다. 미조구치, 오즈, 구로사와의 공통점은 각자가 서구 영화, 특히 미국 영화의 영향을 받았으면서도 토착적인 언어를 개발해내고, 점차 자신들의 독자적인 영화 세계와 미학을 구축하면서 자기 방식으로 일본 문화를 최대한 미화시킨다는 것과 그 예술적 완성도가 높다는 데 있다. 그들 영화의 차이점은 단지 각자가 표현하는 방식에 있다. 즉 오즈, 미조구치가 형식에 내용을 종속시켰던 것과 달리 구로사와는 내용에 형식을 담아냈던 것이다.

▮▮▮▮▮▮▮▮▮ 구로사와야말로 가장 일본적인 감독이다

적어도 구로사와의 초기 작품을 보면 그에게 얼마나 서구, 특히 미국 영화의 영향이 컸는가를 알 수 있다. 그래서 비평가들의 서구적이라는 평가가 당연한 듯이 보인다. 그러나 그의 초기 작품부터 최근까지 모든 작품들을 진지하게 보고 나면 구로사와가 서구적인 감독이라는 관점은 단지 피상적인 견해요, 나무만 보고 숲을 보지 못하는 것과 같다는 것을 알 수 있다. 구로사와야말로 진정한 의미에서 가장 일본적인 감독이다.

좀 더 정확하게 표현하자면 오즈나 미조구치가 고전적인 일본 의식을 대변하는 감독인 데 반해, 그는 현대적인 일본 의식을 가장 잘 대변하고 있는 감독인 것이다. 그것은 작품뿐 아니라 구로사와라는 감독 그 자신의 행로에서도 잘 나타난다. 일본 특유의 장점인 창조적 모방이 그에게서 전형적으로 보이는데, 그는 초기에 서구 영화의 영향을 받지만 그것을 그대로 받아들이는 게 아니라 토착화시킨 후 보다 뛰어난 형태로 발전시켜 나중에 오히려 서구인들이 자신의 영화를 추종하게끔 만들었다. 한때 일본이 패전으로 인해 미군정 치하에서 어렵게 전후 복구를 했으나 이제는 엄청난 경제 대국이 되어 오히려 미국을 위협하고 있듯이 구로사와는 존 포드, 프랭크 카프라, 하워드 호크스Howard Hawks 같은 미국 감독들 영향을 받고 영화를 시작했으나 나중에 보다 뛰어난 작품을 만들어 미국의 코폴라, 스필버그, 루카스 같은 감독들의 존경을 한 몸에 받았던 것이다.

그의 작품에서 보이는 일본적인 의식성은 철저한 모방, 주체적인 변형, 일본적인 미학의 완성, 그 미학의 세계화라는 과정을 통해 형성된 것이다. 미국 영화의 기법을 모방한 〈라쇼몽〉 이전의 초창기 작품만 하더라도 자기 색깔이 부족했다. 그러나 〈라쇼몽〉 때부터 그는 일본적인 이미지에 서구적인 기법을 교묘하게 배합시킨다. 특히 양식화된 화면 구도와 인물 배치(법정 장면)는 이후 구로사와 영화에서 중요한 형식미 중 하나로 자리 잡는다. 그러한 테크닉의 근원은 서구 영화가 아니라 일본의 전통적인 노能나 가부키歌舞伎에서 응용한 것이다. 특히 구로사와는 선불교에서 영향을 받아 암시, 단순성, 섬세함 및 절제의 아름다움이 깃든 노能 극에 심취했기에 거기서 더 많은 미학적 아이디어를 추출해냈다. 〈라쇼몽〉 이후 작품들의 형식을 자세히 보면 동적인 현란한 테크닉이 항상 일정하게 반복되는 정적인(다소 양식화된) 이미지를 중심으로 구사되고 있음을 알 수 있다.

대중적인 성공을 한 사무라이 영화 〈쓰바키 산주로〉(1962)나 시대영화의 대작인 〈카게무샤〉(1980), 〈란〉(1985) 같은 작품에선 특히 그러한 양식화된 미의식이 강조되고 있다. 구로사와는 후기로 갈수록 서구적인 기법 대신 자신들의 전통적인 미학을 바탕으로 한 영상 기법을 창조해서 대치시킨다. 그는 비록 오즈나 미조구치처럼 극단으로 가지는 않지만, 적어도 그들 못지않은 일본적인 보수성에 빠진다. 사실 현재의 구로사와는 주제나 형식 면에서 지나치게 일본적인 의식을 강조함으로써 미학적 한계를 보이는 것 같다. 그러한 면은 최근작 〈꿈〉(1990)과 자기 합리화조로 원폭 피해를 다룬 〈8월의 광시곡〉(1991)을 통해 드러난다.

"나는 일본을 향해서가 아니라 전 세계를 향해서 영화를 만든다"고 말하곤 하는 구로사와는 마치 일본 문화를 세계에 알리는 영상 선교사와 같다. 그의 영화에서 보이는 일본 역사나 문화는 사실상 굉장히 미화되어 있다. 가령 16세기 일본 내란 시기를 배경으로 제작된 대작

〈카게무샤〉나 〈란〉을 보는 외국 사람들은 그 엄청난 스케일과 시각적인 화려함에 압도당해 일본이라는 나라의 문화나 역사가 대단히 대국적이라고 생각하게 될 것이다. 실제로 나도 우리 영화에선 상상할 수 없는 구로사와의 대작 영화를 보면서 자신도 모르게 위압감에 사로잡힐 때가 많다. 그럴 때마다 '그건 어디까지나 영상의 힘 덕분에 얻어진 결과야. 겁먹을 필요 없어'라고 스스로를 위안하곤 하지만 사실 씁쓸한 마음을 금할 수 없다. 구로사와 영화를 보고 있노라면 아무리 역사나 문화가 보잘 것 없는 국가라도 위대한 감독 한 사람만 있으면 그 나라의 문화, 역사는 순식간에 찬란하게 빛날 수 있을 거란 생각이 드는 건 지나친 억측일까?

주제 의식─휴머니즘, 인간 본질 탐구, 사회 비판, 교훈

나의 모든 영화에는 공통된 테마가 있다고 생각한다. 즉 하나의 의문이다. 왜 사람들은 서로 좀 더 행복해질 수 없는가 하는 의문. 그들은 인간이기에 그렇다.[5]

구로사와의 이 같은 말은 그의 영화가 항상 인간이 중심이 되는 휴머니즘을 기조로 하고 있음을 암시한다. 존 포드의 서부 영화가 그렇듯이 그는 사무라이 영화를 통해 정의와 휴머니즘을 실천한다. 그래서 그의 작품은 주로 암울한 결말이나 인간에 대한 불신으로 인한 절망보다는 밝은 희망과 인간적인 믿음으로 끝맺곤 한다.

휴머니즘에 입각한 그의 주제 의식은 원작 소설을 각색할 때 잘 드

러난다. 가령 〈라쇼몽〉의 경우 아쿠타가와 류노스케芥川龍之介 원작에서는 인간에 대한 불신과 허무주의, 냉소주의로 가득 차 있으나, 구로사와는 영화로 각색하는 과정에서 일부 장면을 첨가해 인간에 대한 최종적인 믿음, 희망 그리고 휴머니즘으로 발전시켰다.

그는 또한 인간에 대해 묘사할 때 선과 악을 확연히 구분하기보다는 그들의 연약함과 본질적인 성격을 탐구하는 데 중점을 두었다. 그의 인간 그 자체에 대한 진지한 관심은 항상 인간의 본성을 치열하게 파헤쳐나가는 작가 도스토옙스키의 영향이 크다. 〈7인의 사무라이〉, 〈붉은 수염〉, 〈천국과 지옥〉 등이 여기에 속한다.

한때 좌파 이념에 심취한 적이 있는 그는 정치, 사회의 모순과 부조리에 대한 비판적인 견해를 영화의 주제로 끌어들이기도 한다. 군국주의 상황에서 학문의 자유를 부르짖는 젊은이들의 얘기를 그린 〈우리 청춘 후회 없다〉(1946) 상업적인 언론의 부패를 고발한 〈추문醜聞〉(1950), 공직자의 독직과 부패를 비판한 〈나쁜 놈일수록 잘 잔다〉(1960), 가난한 청년이 부잣집 아이를 유괴함으로써 일어나는 극단적인 대립을 그린 〈천국과 지옥〉(1963) 같은 작품이 그것이다.

또 구로사와는 일관되게 영화를 통해 젊은 세대에게 교훈을 주고자 애쓴다. 그의 많은 영화의 주인공들이 스승과 제자의 관계로 설정되어 있는 데서 그러한 의도를 쉽게 알 수 있다. 그는 영화 속 스승의 성격에 자신의 메시지를 침투시켜 제자가 진실, 인간성, 정의 등을 올바로 깨닫고 실천할 수 있도록 유도한다. 그의 중요한 관객인 젊은 사람들을 겨냥해 창조한 제자 이미지는 스승을 통해 점차 세상의 이치에 눈뜨고 성숙해가도록 그려진다. 이를테면, 그의 많은 작품들은 일종의 성장 영화 형식을 띤다. 데뷔작 〈스가타 산시로〉에서는 유도에 입문한 한 청년이 스승의 가르침 속에서 참된 도를 깨닫고 사랑에 눈 떠가는 것을 그리고 있고, 〈7인의 사무라이〉, 〈쓰바키 산주로〉, 〈붉은 수염〉 같은 작품도 경험 많은 사무라이와 풋내기 사무라이와의 관계, 지조 있는 의사와 수습 중인 젊은 인턴의 관계를 통해 젊은 사람들이 어떻게 사물의 실상과 허상을 구별하고 약자와 진실을 위해 어떤 행동을 해야 하는지 보여준다. 〈마다다요〉 역시 스승과 제자의 관계를 다루고 있다.

구로사와의 주제적 모티브 중 중요한 것은 실상reality과 허상illusion의 문제다. 즉 인간이든 어떤 상황이든 겉으로 보이는 것과 실제의 본질은 큰 차이가 있다는 것이다. 〈라쇼몽〉에서는 명백한 살인 사건(실상)에 대해 여러 용의자들이 엇갈린 증언(허상)을 하면서 진실의 상대성을 말하고 있고, 〈쓰바키 산주로〉에서는 주인공의 남루한 차림새(허상)를 보고 무시하던 젊은 사무라이들이 나중에 그의 충고와 도움을 받고 나서야 그의 힘과 진면목(실상)을 깨닫는 과정을 그려 본질은 겉으로 드러난 모습으로 판단해서는 안 된다는 것을 보여준다. 그러한 모티브는 16세기, 전국 시대의 혼란한 와중에 3대 혈족이 싸우는 얘기를 다룬 〈카게무샤〉에서도 중요하게 적용된다. 그 작품은 전쟁 중 저격수에게 중상을 입은 영주 다케다 신겐(실상)이 자신의 죽음을 3년간 비밀로 하라는 유언을 남기고 죽자 신겐의 동생이 영주와 꼭 닮은 하찮은 도둑을 대역(허상)으로 내세워 영주 노릇을 하게 한다는 내용이 근간을 이루고 있다. 이른바 그림자 무사影武者가 된 신겐의 대역은 자신이 진짜 실상(다케다 신겐)인 듯이 착각하고 행동하다가 죽어간다.

정통적인 극작법, 시나리오의 중요성

구로사와 영화의 대본
은 대개 셰익스피어 희곡처럼 정통적인 극작법에 따른다. 가끔 〈라쇼
몽〉이나 〈이키루〉처럼 회상을 통한 복합적인 서술 구조를 이용하기도
하지만, 근본적으로 정통적인 극작법을 넘지는 않는다. 그는 프랑스의
누벨바그 감독들처럼 원인·결과를 무시한 파격적인 내러티브를 사용
하거나, 현대 미국 감독 데이비드 린치David Lynch나 코엔 형제Joel and Ethan
Coen처럼 이미지나 감각에 내러티브를 종속시키지도 않는다.

1991년 〈바톤 핑크Baton Pink〉로 칸 영화제 그랑프리를 수상한 신세
대 감독인 코엔 형제는, 성장하면서 어떤 감독을 좋아했는가라는 물음
에 대해 "많았다. 그러나 독창성은 별로였다. 구로사와, 히치콕, 펠리
니, 세르지오 레오네…"라고 대답한 적이 있다. 그가 좋아하는 감독으
로 구로사와를 맨 먼저 언급했으면서도 독창성이 없다고 한 것은 무의
식적으로 구로사와의 정통적인 극작법에 반발했기 때문이었던 것 같
다. 고다르, 트뤼포 같은 프랑스 누벨바그 감독들도 1960년대 당시 구
로사와 영화를 그다지 평가하지 않았던 것 같은데 그 이유는 실험성과
새로움이 부족했기 때문으로 보인다. 젊은 감독들은 항상 진부함과 고
전적인 양식을 깨뜨리고 새롭고 독창적인 방식으로 앞서 나가고 싶어
한다. 그런 점에서 코엔의 코멘트나 누벨바그 세대들의 구로사와에 대
한 무관심은 이해가 간다. 그러나 냉정하게 고다르, 트뤼포, 코엔 형제
들의 작품을 구로사와 작품과 비교해보면, 재기발랄하지만 다소 유치
해 보이는 젊은이들과 신선함은 부족하지만 중후한 기풍이 서린 어른
을 같이 세워놓은 듯한 느낌이 든다.

정통적인 극작법을 바탕으로 인간의 심리와 역사를 묘사한 셰익스

피어의 희곡이, 비록 그에게 반발하는 브레히트^{Bertolt Brecht} 같은 작가들이 등장함에도 불구하고 시대를 초월해 끊임없이 사랑을 받은 것처럼, 구로사와는 신세대들의 도전에도 불구하고 영화 작가로서의 명성을 잃지 않고 있다. 고다르가 브레히트에 가까운 감독이라면 구로사와는 셰익스피어에 가까운 감독이다. 그건 형식이나 내용 양면 모두가 해당된다. 고다르가 기존의 정형화된 영화 문법을 철저히 해체해서 과감하게 재구성하는 식의 '혁명적인 시도'를 하여 진보적인 일부 영화광들의 찬사를 받는 반면, 구로사와는 기존의 문법을 근간으로 하되 보다 완벽한 미학을 개발해내는 이른바 '안정 속의 개혁' 노선을 택해 폭넓은 대중의 지지를 받고 있다고 할 수 있다. 무엇보다도 그의 작품은 새로움이 부족한데도 완벽하게 짜인 대본을 바탕으로 정통 미학을 잘 구현해내고 있다. 마치 그는 〈7인의 사무라이〉에 나오는 뛰어난 칼잡이 규조가 완벽한 칼솜씨를 향해 끊임없이 연마하듯이 최선의 미학과 완성도를 지향한다. 대신 그는 어설픈 실험과 예술을 빙자한 객기를 부리지는 않는다. 그래서 그런지 요즘 일부 영화광들에 의해 분류되곤 하는 컬트 무비^{Cult movie} 목록에 구로사와 작품은 보이지 않는다.

영화에서 가장 중요한 것은 시나리오다. 훌륭한 시나리오로는 삼류 감독이라도 좋은 영화를 만들 수 있지만, 나쁜 시나리오는 일류 감독일지라도 훌륭한 영화를 만들 수 없기 때문이다. 구로사와는 특히 시나리오를 강조하면서 항상 자신이 직접 시나리오 작업에 참여한다. 그가 뛰어난 테크니션이면서도 세르게이 에이젠슈테인^{Sergei Eisenstein}이 한때 그랬던 것처럼 한 번도 형식주의자라고 비판받지 않았던 이유는 시나리오 단계에서 확실한 내용을 갖추고 출발했기 때문이다. 지나치게 분명한 주제와 치밀한 구성이 오히려 흠이 될 정도로 그의 시나리오는 탄탄하다.

그는 초기 몇몇 작품을 제외하고는 항상 전문 시나리오 작가와 공동 작업을 하였다. 초기 작품인 〈멋진 일요일〉(1947)과 〈주정뱅이 천사〉(1948)에선 주로 우에구사 게이노스케植草圭之助와 작업했고, 그 이후로 〈들개〉(1949)·〈거미집의 성〉(1957)·〈천국과 지옥〉(1963)에서 기쿠시마 류죠菊島隆三, 〈라쇼몽〉·〈이키루〉·〈7인의 사무라이〉·〈도데스카덴〉에서 하시모토 시노부橋本忍와, 〈이키루〉·〈7인의 사무라이〉·〈생존의 기록〉·〈붉은 수염〉에서 히데오 오구니英雄小國와 작업했다. 또 그는 이들 작가들과 공동 작업을 하는 경우도 많았다. 이처럼 한 편의 시나리오를 위한 철저한 공동 작업으로 인해 구로사와 영화는 극단으로 빠지지 않고, 항상 객관성을 유지하면서 대중에 친근하게 다가설 수 있었던 것이다.

중요한 것은 구로사와가 그와 같은 공동 작업을 하면서도 자기 목소리를 항상 낼 수 있었다는 점이다. 그가 작가적인 능력 없이 단지 감독으로만 머물렀다면 그건 불가능했을 것이다. 채플린, 웰스, 펠리니, 코폴라도 그랬듯이 진정한 영화감독이 되고자 한다면 적어도 대본을 자기 손으로 쓸 수 있는 능력이 있어야 한다. 구로사와는 이미 감독이 되기 전에 시나리오 작가—〈말〉(1941), 〈젊음의 조류〉(1942) 등—로 인정받았다는 점에 유의할 필요가 있다. 감독이 된 후에도 그는 〈초상〉(1948), 〈사랑과 지옥을 넘어〉(1951), 〈폭주 기관차〉(1968) 등을 비롯하여 10여 편의 시나리오를 써서 다른 감독들에게 주기도 했다.

구성—추적, 탐구, 신화, 복합적 서술

아무리 좋은 주제나 그럴 듯한 소재를 가지고 있어도 그것을 제대로 포장하지 않으면 감독의 의도가 관객들에게 제대로 전달되기 어렵다. 관객의 시선을 붙들기 위해 포장하는 것, 즉 이야기를 구성하는 것은 영화에서 중요한 테크닉이다. 구로사와는 어느 감독보다도 그러한 구성을 중요하게 여겼다.

그가 시나리오 단계에서 철저히 작업하는 이유도 주로 탄탄한 구성을 위해서인데, 이는 그의 작품을 보면 쉽게 알 수 있다. 그에게 구성의 역할은 주제를 강렬하고 효율적으로 드러내고, 내용을 쉽고 재미있게 전달하는 것이다. 그의 작품의 구성, 즉 이야기 서술 방식은 크게 세 가지 유형으로 나눌 수 있다.

첫째, 한 사건이나 인물을 집중적으로 추적하거나 탐구해가는 형식을 취한다. 그는 누구인가, 누가 왜 그랬는가, 또는 그는 어떻게 할 것인가 하는 식의 추리나 심리 스릴러적인 장르를 이용해 이야기를 풀어나가고 있다. 〈들개〉, 〈라쇼몽〉, 〈나쁜 놈일수록 잘 잔다〉, 〈천국과 지옥〉의 경우 권총 분실, 살인, 독직, 유괴 사건 같은 하나의 극적인 범죄 사건을 추적하며 해결해나가는 과정에서 당대의 사회문제나 그러한 사회 속의 인간의 모습을 분석하고 있다.

구로사와는 특히 사건보다는 인물을 집중적으로 추적해나가는 경우가 더 많다. 가령 〈이키루〉에서는 암에 걸려 시한부 인생을 앞둔 평범한 시청 공무원을 등장시켰고, 〈주정뱅이 천사〉에서는 폐결핵에 걸려 죽음을 앞둔 건달을, 《맥베스》를 각색한 〈거미집의 성〉에서는 무한 권력을 추구하다 파멸하는 영주를 그렸다. 〈붉은 수염〉에는 하층민을 위해 일생을 봉사하는 헌신적인 의사가 등장하고 《리어 왕》을 각색한

〈란〉에는 늙은 뒤 자식들에게 소외당하면서 과거에 자신이 저지른 죄악에 대한 업보를 깨닫게 되는 봉건 영주가 나온다. 또 러시아에서 촬영한 〈데루스 우잘라〉에서는 시베리아에서 자연과 더불어 살던 사나이가 문명 세계와 접하면서 적응하지 못한 채 죽어가는 모습을 그리고 있다. 이처럼 구로사와는 그 인물들을 통해 인간의 다양한 본성을 보여줌과 동시에 그들이 점차 진실이나 삶의 이치, 또는 모순된 인생의 의미를 하나씩 깨닫고 변화해가는 모습을 그리고 있다.

두 번째로 구로사와가 사용하는 서술 방식은 신화적인 구성이다. 이런 형식은 서부 영화에서 자주 이용되는 구성으로, 기본 뼈대는 주로 불의와 무법이 판치는 어떤 마을에 신적인 이미지를 지닌 주인공이 나타나 악당들과 싸워 이기고, 그곳에 정의를 실현시킨 다음 홀연히 떠난다는 설정이다. 그러한 구성은 사람들이 매우 좋아하는 이야기들 중 하나로, 그 전형적인 서부 영화의 실례가 조지 스티븐스^{George Stevens}의 작품 〈셰인^{Shane}〉(1953)*이다. 구로사와의 시대 영화 가운데 〈7인의 사무라이〉, 〈요짐보〉, 〈쓰바키 산주로〉가 그런 신화적인 구성을 토대로 한 작품에 속한다. 〈7인의 사무라이〉는 산적들의 약탈로 고통을 겪는 농촌 마을에 정의의 사무라이들이 등장해 산적들을 물리친 다음 그 마을을 떠난다는 이야기다. 〈요짐보〉는 뛰어난 칼솜씨를 지닌 한 떠돌이 사무라이가 살인, 싸움 등의 무법으로 혼란이 극에 달한 어느 마을에 나타나 그곳의 악당 세력을 제거해 평화를 실현한 뒤 떠나는 이야

---

*〈셰인〉은 서부 개척 시대를 배경으로 정착민들과 무법자들이 대립하고 있는 한 마을의 이야기를 어린 소년의 시점에서 다루고 있다. 첫 장면은 무법자들의 불의로 인해 위기에 빠진 그 마을에 말을 탄 사나이가 등장하는 데서 시작된다. 알렌 라드Alan Ladd가 분한 셰인이라는 이름의 사내는 마치 그리스 신화에 나오는 청년처럼 윤곽이 뚜렷한 미남이다. 그는 그 마을의 무법자들을 물리치고 정의와 평화를 이루어놓은 뒤, 마지막 장면에서 그를 동경하는 어린 소년이 "셰인! 돌아와요!" 하고 외치는데도 자신의 의무가 끝났다는 듯 조용히 마을을 떠난다.

기고, 또 〈쓰바키 산주로〉는 〈요짐보〉의 주인공과 똑같은 사무라이가 등장하는데 그는 부정과 독직의 음모가 진행 중인 어느 고을에 나타나, 혈기와 정의감은 있지만 순박하고 경험이 없는 젊은 사무라이들을 이끌고 그 음모를 캐서 부패 관리들을 처단한 후, 어떤 보상도 거절한 채 떠난다는 내용이다. 이들 중 특히 〈요짐보〉와 같은 작품의 경우는 조지 스티븐스의 〈셰인〉과 프레드 진네만Fred Zinneman의 걸작 서부 영화 〈하이 눈High noon〉(1952)—게리 쿠퍼Gary Cooper, 그레이스 켈리Grace Kelly 주연—의 영향을 강하게 받고 있다. 신화적인 구조를 이용한 대부분의 서부 영화들이 비록 단순하고 지나치게 도식적이라는 단점이 있는데도 대중의 사랑을 받았듯이, 구로사와의 사무라이 영화들도 그의 작품들 중 가장 대중적인 성공을 거두었다. 외계인이 현대의 시골 소도시에 나타났다가 어린이들과 따뜻한 애정을 나누고 다시 사라지는 스필버그의 히트작〈이티ET〉(1982)도 근본적으로 그와 같은 신화적인 구조를 이용했음에 유의할 필요가 있다. 신화적 구성은 인간이 이 세상에 태어났다가 온갖 슬픔과 기쁨을 겪고 결국 세상을 떠나가게 되는 이치의 원리에서 따온 것이기에 누구나 무의식적으로 쉽게 공감하며 받아들이는 것 같다.

신화적인 구조를 이용한 작품은 위에서 언급한 작품 외에도 많다. 밀로스 포먼Milos Forman의 〈뻐꾸기 둥지 위로 날아간 새One Flew Over the Cuckoo' s Nest〉(1975), 피터 웨어Peter Weir의 〈죽은 시인의 사회Dead Poet' s Society〉, 피에르 파올로 파솔리니Pier Paolo Pasolini의 〈테오레마Teorema〉 같은 작품이 그런 구조를 이용한 작품에 속한다. 정신병동에 잡혀왔다가 정신병자들의 의식을 깨우쳐주고 (죽음으로) 떠나는 '맥머피', 전통과 규율이 강한 사립학교에 부임해 와서는 학생들에게 자유의지를 심어주었다가 해직되어 떠나는 '키팅 선생'은 아홉 명의 젊은 사무라이들에게 현상을 제대로 파악하고 행동하는 법을 가르쳐준 뒤 떠나가는 '쓰바키 산주로'라는 사무라이와 근본적으로 같은 역할을 하는 인물이다.

세 번째로 그가 사용하는 서술 형태는 복합적 구성이다. 즉 한 가지 사건이나 한 인물을 다양한 시점에서 보여주는 구성인데, 〈멋진 일요일〉, 〈라쇼몽〉, 〈이키루〉라는 작품이 거기에 해당된다. 복합적 구성은 당시 일본 영화로서는 무척 새로운 것이었지만, 미국 영화에서는 이미 웰스의 〈시민 케인〉에서 사용된 바 있다. 백만장자이자 신문사 사장인 케인이 죽으면서 '로즈버드'라는 말을 남긴다. 한 기자가 이 의미를 캐기 위해 생전에 케인과 가까웠던 사람들을 차례로 만난다. 여러 사람들이 케인에 대해 각자 다른 관점에서 얘기하는 것이 회상 장면을 통해 보인다. 케인이라는 인물에 대해 회고하는 과거 그의 친구, 부인, 부하 직원, 후견인 등의 입장과 시각은 각각 다르다.

특히 일본 영화로서는 최초로 국제영화제 그랑프리를 수상한 〈라쇼몽〉의 경우 그 복합적 구성은 주제를 전달하는 데 매우 효과적인 역할을 하였다. 즉 진리의 상대성이라는 주제가 하나의 살인 사건을 얘기하는 여러 사람―나무꾼, 산적, 무사의 부인, 무사 혼령―의 각각 다른 진술(회상)을 통해 강조되고 있는 것이다.

만약에 그 구성이 회상을 통한 복합적인 방식이 아닌 일직선적인 형태로 이뤄졌다면 의도한 주제는 매우 약화되었을 것이다. 결국 주제에 맞게 구성이 갖춰진 셈이다. 〈이키루〉의 경우도 유사한 동기로 복합적인 구성을 택했다. 〈라쇼몽〉이야 그 구성의 아이디어가 원작자인 아쿠타가와에게서 나온 것이지만, 오리지널 시나리오인 〈이키루〉는 구로사와 자신이 직접 인물의 성격 묘사를 위해 재인용한 것이다.

구로사와의 시나리오가 갖는 또 하나의 장점은 성격 창조에 있다. 그의 작품의 주제 의식이 대부분 휴머니즘, 인간의 본질 탐구인 데서도 알 수 있듯이 그는 인물의 성격을 매우 중요시한다. 그의 영화의 주요 성격은 주로 미후네 도시로와 시무라 다카시라는 극단적인 성격의 두 배우에 의해 구현된다. 존 포드 감독이 헨리 폰다Henry Jaynes Fonda와 존 웨인John Wayne을 내세워 미국인의 상징적인 영웅을 제시하듯이, 구로사와는 미후네와 시무라를 통해 일본적인 영웅의 양면을 보여주고 있는 것이다. 시무라는 첫 작품인 〈스가타 산시로〉에서부터 시작해 〈이키루〉에서 그 연기의 절정을 이루고, 미후네는 〈주정뱅이 천사〉 때부터 구로사와 군단에 주연급 배우로 참여해 시무라와 콤비를 이룬 이후 〈라쇼몽〉, 〈7인의 사무라이〉로 국제적인 배우로 성장한다.

구로사와는 두 배우를 항상 대립하는 성격으로 설정한다. 〈주정뱅이 천사〉에 선 폐병에 걸린 건달(미후네)과 그의 병을 고치려는 의사(시무라)로, 〈라쇼몽〉에선 산적(미후네)과 나무꾼(시무라)으로, 〈7인

|시무라 다카시　|미후네 도시로

의 사무라이〉에선 사무라이 리더(시무라)와 농부 출신의 인간적인 사무라이(미후네)로…. 두 사람의 실제 이미지도 매우 대조적이다. 미후네는 윤곽이 뚜렷한 미남이고, 시무라는 평범하고 소시민적인 이미지를 풍긴다. 그래서 미후네는 주로 귀족적이고 강하고 열정적인 역할을 맡고, 시무라는 소시민적이고 내성적이고 나약한 감성을 지닌 역할을 맡는다. 단, 〈7인의 사무라이〉만은 예외다. 여기서 시무라는 강한 사무

라이로 등장하는 반면, 미후네는 열정적이긴 하지만, 지극히 인간적이고 여린 인물로 나온다. 특히 미후네는 구로사와의 후기 작품으로 갈수록 초인간적인 인물로 등장하는데, 무적의 사무라이로 나오는 〈요짐보〉, 〈쓰바키 산주로〉가 거기에 속한다. 두 배우는 결국 구로사와의 양면적인 성격을 대변한다. 그들 배우에 의해 구현되는 성격은 어쨌든 감독이 창조한 것이니까. 그는 두 인물의 변증법적인 대립 과정을 통해 하나의 주제를 이끌어낸다. 그 두 배우가 노년에 이르자, 구로사와 후기 작품 〈카게무샤〉, 〈란〉에는 젊은 시절 〈요짐보〉 등에서 미후네 도시로의 상대역을 맡았던 나카다이 다쓰야仲代達矢라는 배우가 주인공을 맡았다. 나카다이 다쓰야는 구로사와 후반기 작품의 분신이나 다름없다.

뛰어난 유머 감각—코미디

구로사와는 아무리 진지한 이야기를 다룰지라도 뛰어난 유머 감각으로 긴장감을 해소시키곤 한다. 그의 작품이 대중적인 이유 중 하나는 그러한 재능 때문이다. 오손 웰스, 윌리엄 와일러William Wyler, 존 포드 같은 대가들이 항상 코미디적 요소를 이용해 작품에 활기를 집어넣듯이 구로사와도 코미디를 스토리 진행의 중요한 수단으로 활용한다.

셰익스피어 희곡에서도 그렇듯이 코미디는 어떤 장르를 불문하고 약방의 감초처럼 빠질 수 없는 것이다. 아무리 고달픈 삶일지라도 항상 웃음은 필요하듯이, 구로사와는 〈이키루〉처럼 시한부 인생을 앞둔 주인공을 통해 실존적인 의미를 드러내고자 하는 무거운 작품에서까지도 풍자적인 코미디를 자연스럽게 사용한다. 특히 목에 힘이 잔뜩 들어갈 것 같은 그의 사무라이 영화 〈7인의 사무라이〉나 〈요짐보〉, 〈쓰바키 산주로〉 같은 작품들은 오히려 코미디가 전반적인 주류를 이루고 있을 정도다. 그래서 〈요짐보〉나 〈쓰바키 산주로〉를 코믹 사무라이 영화라고 부르기도 한다. 그렇다고 그의 유머가 찰리 채플린 영화처럼 엎치락뒤치락하는 코미디는 아니다. 홍콩 영화처럼 황당무계한 과장과 유치한 액션으로 만들어내는 코미디는 더욱 아니다. 그의 코미디는 존 포드나 프랭크 카프라* 스타일에 가깝다. 즉 자연스런 리얼리티 속에 스며들어 있는 유머다. 특히 구로사와의 초기 영화는 작품 전반에 넘치는 활기, 굳건한 희망 등의 분위기를 갖고 있는 카프라에게 큰 영향을 받았다. 〈멋진 일요일〉(1947)과 같은 작품의 경우는 카프라의 〈멋진 인생It' s a wonderful life〉(1946)의 영향이 절대적이다.

▰▰▰▰▰▰▰ 자연 조건을 이용한 상징 효과

　　　　　　　　　　　　마지막으로 구로사와의 개성이 가장 잘 드러나는 미학적 특성 중 하나는 셰익스피어 희곡에서도 중요하게 다뤄지고 있는 기후 조건을 이용한 상징 효과다. 즉 구로사와는 주인공의 심리를 강화시키고 극적인 상황을 효과적으로 표현하기 위해 일관되게 더위, 비, 폭풍, 바람 같은 날씨를 의도적으로 이용한다. 지나치게 자주 사용하여 나중에는 작위적인 느낌이 들 때도 있지만 미

---

*프랭크 카프라(1897~1990)는 지극히 미국적인 감독으로 정의, 양심, 자유에 대한 주제를 정치적 코미디로 재치 있게 다룬 〈스미스 씨, 워싱턴에 가다〉(1939)에서 그의 스타일이 잘 드러난다. 그 작품은 비록 정치적 비리에 대해 고발하는 모티브를 이요하고 있지만 전반에 풍기는 분위기는 온통 풍자와 재치 그리고 활기로 가득 차 있다. 1930년대에 만들어진 작품임에도 매우 뛰어난 수준을 갖추고 있다.

학적인 효과는 크다.

예를 들면 〈들개〉·〈라쇼몽〉은 더위와 비, 〈7인의 사무라이〉는 바람과 폭우, 〈거미집의 성〉은 안개, 〈요짐보〉는 바람과 먼지가 중요한 극적 모티브 역할을 하고 있다. 이처럼 날씨를 작품 전반의 중요 모티브로 사용해 성공한 예는 미국 영화에서도 가끔 볼 수 있다. 로렌스 캐스단Lawrens Kasdan의 에로틱 스릴러인 〈보디 히트Body Heat〉(1981), 흑인 감독 스파이크 리Spike Lee의 인종 문제를 다룬 작품인 〈똑바로 해라Do the Right Thing〉(1989)의 경우 더위라는 모티브를 사용해 주제적 상황을 극적 이미지로 전환시키는 데 성공하고 있다. 그러한 기후 모티브는 내용과는 전혀 관련이 없는 듯이 보이면서도 상징적인 효과로 인해 극중 성격이나 극적인 상황 묘사를 강화시켜준다. 구로사와는 자신의 거의 모든 영화에서 그 같은 기후 모티브를 마치 트레이드마크처럼 이용하고 있다.

02

구로사와 아키라

작품론

모색 및 가능성의 시기
— 〈스가타 산시로〉에서 〈추문〉까지

구로사와는 1943년 감독으로 데뷔한 이래 처음으로 국제적인 명성을 얻게 해준 작품인 〈라쇼몽〉을 만든 1950년 이전까지 약 8년간 10편의 작품을 연출하였다. 당시의 상황이 일본의 패전을 전후한 혼란스런 시기임을 감안할 때 다작인 셈이다. 그 시기는 구로사와가 자신의 스타일을 구축하기 위해 다양하게 미학적인 시도를 했던 기간이라고 할 수 있다. 비록 〈라쇼몽〉에 와서야 그의 미학적 스타일이 완성된 경지에 이르지만, 거기에 이르기까지는 그 이전 작품들에서 시도한 많은 경험과 실험이 있었던 것이다.

이때 만든 작품으로는 〈스가타 산시로〉(1943), 〈가장 아름답게〉(1944), 〈속 스가타 산시로〉(1945), 〈호랑이 꼬리를 밟은 사나이들〉(1945), 〈우리 청춘 후회 없다〉(1946), 〈멋진 일요일〉(1947), 〈주정뱅이 천사〉(1948), 〈조용한 결투静ゕる決闘〉(1949), 〈들개〉(1949), 〈추문〉(1950) 등 10편이다. 그의 스승인 야마모토 가지로山本嘉次郎, 세키가와 히데오

關川秀雄와 공동 연출한 〈내일을 만드는 사람들〉(1946)이라는 작품이 있으나 순수한 그의 작품이 아니기에 제외했다.

　이들 작품은 주로 미국 영화의 영향을 받고 있으면서도, 끊임없이 그 자신의 독특한 미학이 시도되고 있음을 알 수 있다. 그러나 그 당시의 존 포드, 프랭크 카프라, 오손 웰스 같은 미국의 대가들의 작품에 비하면 다소 떨어지는 감이 있다. 이 시기의 영화들 중 그래도 미래의 대가로서의 가능성을 보여주었던 작품으로는 〈스가타 산시로〉, 〈우리 청춘 후회 없다〉, 〈주정뱅이 천사〉, 〈들개〉를 들 수 있을 것이다. 이 작품들에선 부분적이나마 뛰어난 미학적 테크닉들이 시도되고 있다. 〈라쇼몽〉 이후 작품들의 미학적 성과는 대부분 위와 같은 영화들에서 한 번쯤은 시도되었던 것들이라 해도 과언이 아니다. 또한 패전 이후 만들어진 작품들은 당시 이탈리아를 중심으로 커다란 경향을 이루었던 네오리얼리즘 스타일의 색채를 띠면서 패망으로 인한 일본인들의 좌절감과 반성, 그리고 악착같이 재기하고자 하는 몸부림과 희망을 담고 있다. 〈우리 청춘 후회 없다〉, 〈멋진 일요일〉, 〈주정뱅이 천사〉, 〈조용한 결투〉, 〈들개〉 같은 작품들이 모두 거기에 해당한다.

〈스가타 산시로〉(1943)—유도 영화였던 성공적인 데뷔작

　　　　　　　　나는 구로사와의 데뷔작인 〈스가타 산시로〉를 〈라쇼몽〉, 〈7인의 사무라이〉 등 대표작들을 본 뒤 한참 후에야 볼 수 있었다. 보기 전에는, 그의 데뷔작은 과연 어떠했을까 무척 궁금했고 칼싸움에 비해 시각적인 액션이 단조로울 것 같은 유도 영화를 어떻게 보여줄 것인가가 기대되기도 했다. 뒤늦게 보고 나서, 구로

 사와는 스물다섯 살에 〈시민 케인〉으로 충격적인 데뷔를 한 오손 웰스와 달리 초기엔 비교적 범작으로 출발한 것을 목격하고는 '아, 구로사와도 처음부터 대가는 아니었구나' 하며 다소 안도감을 느꼈다. 그럴 정도로 〈스가타 산시로〉는 〈라쇼몽〉, 〈이키루〉 등의 걸작에 비교하면 내용과 형식 면에서 부족함을 느낄 수 있는 영화였다. 그러나 그건 어디까지나 절대적인 관점에서 본 느낌이고, 상대적으로 볼 때 데뷔작인 데다 당시의 상황을 감안하면 비교적 성공적인 작품이라는 생각도 들었다. 한마디로 '잘 만든 오락 영화'였다고 할 수 있고, 부분적으로 미래의 대가로서의 가능성을 엿볼 수 있는 장면이 많은 작품이었다. 특히, 유도 시합 장면의 연출은 뛰어나다고 생각했다. 그가 이후 작품들에서 자주 보여준, 결투 장면을 뛰어나게 묘사할 수 있는 근원을 비로소 알 수 있었다.

1943년 당시는 한창 일본이 전쟁에서 열을 올릴 때라 영화 검열도 까다로웠고 조감독 생활을 청산하고 데뷔를 꿈꾸던 구로사와에게는 첫 기획 작품 선정이 무척 어려웠다. 이때 그는 마침 19세기 말을 배경으로 한 토미타 츠네오富田常雄의 일본 전통 무술인 유도柔道 얘기를 다룬 소설을 발견하고 즉시 각색 작업에 들어갔다. 지극히 일본적인 메이지明治 시대의 이야기여서 큰 무리는 없었던 것이다.

때는 1882년(메이지 15년) 무렵, 스가타 산시로라는 청년이 유도를 배우기 위해 야노라는 관장의 제자가 된다. 그는 뛰어난 실력을 갖게 되지만 가끔 거리에서 싸움을 하면서 자기 실력을 과시하다가 스승에게 진정한 유도를 모른다고 질책을 받는다. 스승의 꾸지람과 애정으로 실력을 연마하던 스가타는, 어느 날 라이벌 도장의 유도 명인과 시합을 벌이다 상대가 죽자 괴로워한다. 그 후 경시청에서 주관하는 유도 시합에서 무라이라는 유도 명인과의 시합을 앞두고 그의 딸 사요를 우연히 알게 되어 사랑에 빠진다. 그로 인해 잠시 무라이와의 대결에 갈등을 느끼지만, 주위의 충고로 시합에 나가 결국 무라이(시무라 다카시)를 이긴다.

노장인 무라이는 패배를 인정하고 스가타를 집으로 초대해 딸과 만나도록 한다. 그런데 무라이의 수제자인 히가키라는 사내가 중간에 끼어들어 사요를 놓고 경쟁을 벌이다가 스가타에게 도전장을 낸다. 어느 날 밤, 그들은 산등성이에서 죽음을 건 결투를 벌인다. 스가타는 그 결투에서 승리하고 사요도 차지하게 된다. 이제 스가타는 유도 명인으로 인정받고 사랑도 이룸으로써 어른이 된 것이다.

이 작품은 아직 철없고 어린 한 청년이 유도에 입문하여 고수가 되면서 진정한 유도의 의미를 깨닫고 어른이 된다는 내용이다. 기본 줄거리에서 알 수 있듯이, 일종의 성장 영화라고도 할 수 있다. 구로사와는 이 작품을 지극히 영화적인 시각으로 보여주기 위해 설명에 치우치는 대사를 생략하고 시각적인 화면을 중심으로 이야기를 끌어가고 있다. 그 덕분에 뛰어난 장면들—특히 마지막 산등성이에서 벌이는 유도 시합 장면—이 많긴 하지만, 지나친 생략으로 인해 극적인 동기가 부족하고 이야기 전개에 무리가 있는 장면도 다소 보인다. 특히 히가키라는 인물에 대해서는 단지 악의 전형처럼 묘사될 뿐 구체적인 성격 묘사가 되어 있지 않다. 그리고 주인공 스가타가 새로 태어나는 계기가 된 연못 속의 꽃의 이미지가 중요한 극적 모티브로서 종종 회상 방식에 의해 인서트되곤 하는데, 그것은 주제를 드러내는 작위적인 이미지로 보인다. 그러나 구로사와는 이후 작품에선—〈라쇼몽〉이나 〈이키루〉 같은 특별한 영화를 제외하고—그런 회상 방식을 거의 쓰지 않는다. 거기에 대한 이유로 구로사와는 다음과 같이 말한다.

최근 시나리오 작가들은 설명하기 간단하다는 이유로 회상 장면을 주로 쓰고 싶어 하지요. 하지만 설명으로 회상 장면을 사용하지 않아도 그 장면에서 제대로 나타낼 수 있어요. 〈라쇼몽〉에서처럼 회상 장면이 어떤 하나의 의미를 갖지 못하는 한 회상 장면을 써서는 안 됩니다. 원래 영화라는 것은 설명하기에는 적당하지 않은 예술이기 때문이지요. 안드레이 타르코프스키 같은 감독도 설명은 전혀 하지도 않고, 회상 장면도 사용하지 않아요. 타르코프스키도 작품에 따라서는 조금씩 설명해도 좋았을 것이라고 생각되는 경우도 있지만. (웃음)[6]

〈스가타 산시로〉는 서구 영향을 많이 받았다는 그의 첫 작품 치곤 정적인 편이다. 특히 액션이 많은 유도 시합 장면을 정적인 리듬으로 긴박감을 유지하면서 처리한 것은 무척 뛰어나다. 스토리는 멜로가 적절히 가미된 단순한 유도 영화나 다름없다. 구로사와는 그것을 의식한 듯 편집, 카메라 움직임 등의 형식에 의해 다른 차원의 그 무언가를 만들어내고자 한 것 같다. 실제로 그의 의도는 부분적이나마 큰 성공을 거두고 있다. 특히 마지막 결투 장면에서 구로사와는 그의 미학적 특기인 정교한 편집, 바람을 이용한 분위기 묘사, 미세한 사운드 효과, 롱숏에 의한 화면 구성 등으로 단순할 것 같은 유도 대결을 매우 역동적이고 감각적으로 그려냈다.

그가 나중에 〈7인의 사무라이〉, 〈요짐보〉, 〈쓰바키 산주로〉 같은 작품에서도 결투 장면을 마지막 절정으로 설정했듯이, 이 작품에서도 주인공 스가타와 그의 적수 히가키의 마지막 결투에 매우 심혈을 기울인 듯하다. 구로사와는 초반부터 히가키를 서서히 등장시켜 두 사람의 결투를 조장해 관객들로 하여금 그들이 싸우면 누가 이길까 하는 식의 궁금증이 일어나게 만들지만, 교묘하게 그 결투를 뒤로 미룬다. 그리고 각자가 다른 사람과 싸워 이기는 모습만 보여준다. 몇 가지 복선을 통해 관객들이 두 사람의 결투에 대한 호기심이 극에 달했을 즈음(관객들은 스가타가 히가키를 이기길 바란다) 그들의 결투가 이뤄진다. 실내 도장이 아닌 산등성이의 들판에서 각자가 비장한 각오로 승부에 임한 것이다.

이렇게 두 맞수가 마지막 결투를 향해 치달아 가는 설정은 일본 작가 요시카와 에이지吉川英治의 유명한 소설 《미야모토 무사시宮本武藏》*와 유사하다. 여러 번 영화화된 적이 있는 그 소설은 떠돌이 사무라이 미야모토 무사시와 천재적인 칼잡이 사사키 고지로가 숙명적인 대결을 벌이게 되는 이야기다. 우리나라의 《임꺽정》처럼 실제 역사 속의 사건과 인물을 모델로 극화한 장편 소설이지만 이야기는 훨씬 단순하다. 《미야모토 무사시》의 중반부까지는 마치 마지막에 나오는 두 사람의 숨 막히는 결투 장면을 위해 설정된 것처럼 보일 정도로 치밀하게 구성되어 있다. 원작자 도미타 쓰네오가 의도적으로 응용했는지는 몰라도 〈스가타 산시로〉는 《미야모토 무사시》와 무술(유도, 칼) 수행에 의한 품격 형성이라는 도식과 인물 유형 및 그 구성이 매우 비슷하다. 젊

---

*미야모토 무사시(1584~1645)는 일본 에도 시대 초기의 유명한 검객이자 화가로 일본의 유명한 작가 요시카와 에이지吉川英治(1892~1962)가 그의 일대기를 소설로 아사히신문에 연재(1935~1939)하여 큰 인기를 얻었다. 미조구치 겐지를 비롯한 많은 감독들이 영화화한 바 있다.

고 순정적이면서 뛰어난 유도 솜씨를 지닌 주인공 '스가타 산시로'는 바로 떠돌이 사무라이 '미야모토 무사시'의 이미지고, 스가타에게 인격 수행을 강조하는 스승 야노 쇼고로 관장과 절의 주지는 《미야모토 무사시》에서 같은 역할을 하는 '다쿠앙沪庵' 스님과 같다. 또한 스가타가 좋아하게 된 유술가柔術家 무라이의 딸 사요의 아름다운 이미지는 미야모토 무사시를 짝사랑하며 따라다니는 '오쓰우'라는 여인에게서, 뛰어난 맞수인 히가키는 사사키 고지로에게서 따온 성격처럼 보인다.

아무튼 이 작품은 당시 흥행에 성공하고 작품성도 인정을 받아 나중에 제작자의 요청으로 속편(1945)을 만들 정도였다. 이 속편은 구로사와가 유일하게 만든 속편 영화로 그에게 흔치 않은 졸작으로, 구로사와 스스로도 진부하다고 인정하고 있다.

이후로 그는 아무리 상업적으로 성공을 해도 속편은 만들지 않았다. 또 이 작품은 나중에 다른 감독이 리메이크했는데, 구로사와는 그 작품에 대해 다음과 같이 평가하고 있다.

좋지 않습니다. 그 작품에서 중요한 것을 잊고 있어요. 제일 중요한 것은 메이지 시대가 묘사되지 않으면 산시로나 그 밖의 캐릭터도 묘사되지 않는 것과 마찬가지입니다. 메이지 시대의 분위기가 뭐라고 생각합니까? 바로 밝음입니다. 메이지 시대는 밝았어요. 시바 료타토司馬遼太郎가 쓴 《언덕 위의 구름》에도 나오지만 그런 언덕의 밝은 시대였어요. 그러니 시원했지요. 스가타에게는 무엇이라고 말 할 수 없는 순진한 부분이 있습니다. 성격도 밝고 뭔가 지금과는 다르지요. 그것을 요즘의 분위기로 묘사해버렸기 때문에 스가타의 느낌이 나오지 않는 거예요. 메이지 시대의 그런 느낌을 포착하지 못했다면 스가타 산

시로의 상큼한 캐릭터는 존재하지 않았을 겁니다.[7]

〈가장 아름답게〉(1944)—전쟁에 협력한 정책 영화

〈스가타 산시로〉의 성공 이후 구로사와에게는 돈이 되는 동시에 국가 정책에 맞는 영화 제작 의뢰가 들어왔다. 태평양 전쟁이 격화되고 패색이 짙어지면서 일본은 군민 간의 협력을 부르짖고 모든 것이 국가 관리 통제하에 들어갔는데 영화라고 예외는 아니었다. 그래서 구로사와는 오리지널 시나리오를 써서 이 작품을 만들었다.

〈가장 아름답게〉에서 소녀들은 렌즈·안경 등을 만드는 정밀 광학 기구 공장에서 일한다. 전쟁이 일어난 뒤로 맞닥뜨린 국가적인 군사 상황에서 소녀들 스스로 자원한 것이다. 그곳 공장장(시무라 다카시)은 관심을 갖고 소녀들을 돌보지만 동시에 정해진 생산량을 맞추려고 애쓴다. 이 영화는 소녀들 각각의 슬픔과 행복을 에피소드 방식으로 그리고 있다. 한 소녀는 몸이 아파 고향에 가지만 그것이 자신의 의지와는 다른 것임을 느끼고 다시 돌아와 더 열심히 일한다. 다른 소녀는 지붕에서 떨어지고도 계속 일하겠다고 고집한다. 그런 한편 한 소녀는 두통 때문에 쉬려고 조장 소녀에게 도움을 청하지만 오히려 비판만 당한다. 마지막으로 조장 소녀는 어머니가 위독하다는 걸 알고 고향에 가려다가 결국에는 공장에 머무를 결심을 한다. 이상의 내용만 봐도 더 이상 이 작품에 대한 설명이 필요 없다는 걸 알 수 있다. 한마디로 전쟁 협력 영화라고 이름 붙일 수 있다. 구로사와는 독일 여성 감독 레니 리펜슈탈Leni Riefenstahl의 〈의지의 승리Triump of will〉(1936)—나치 선전 영화지만 미학적인 가치가 뛰어난 작품이다—같은 다큐멘터리를 만들려고 시도했던 것 같다. 구로사와는 이 영화의 여주인공과 1년 뒤에 결혼했다.

〈호랑이 꼬리를 밟은 사나이들〉(1945)—첫 시대 영화

이 작품은 구로사와의 첫 시대 영화라고 할 수 있다. 그는 봉건 시대 고전으로 유명한 노能 드라마 '아타카安宅'와 가부키歌舞技 드라마 '간진쵸勸進帳'를 재구성하여 이 작품을 만들었다. 상영 시간이 58분밖에 안 되기에 장편이라기보단 중편에 가까운 작품이다.

유명한 군주의 한 사람인 요시추네가 수도승으로 변장한 벤케이를 비롯한 자기 가신家臣들과 함께 동생이자 적인 요리토모로부터 도망친다. 아타카安宅엔 그들이 통과하지 않으면 안 될 동생 요리토모 지역의 검문소가 있다. 검문소에 도착한 가짜 수도승들은 절의 예약자 명부인 간진쵸를 거짓으로 읽는 체하면서 검문소장 도카시를 속인다. 그런데 짐꾼 복장을 한 채 가짜 수도승들 뒤를 따라 검문소를 통과하려던 요시추네를 도카시가 알아보는 바람에 들킬 뻔한다. 그때 부하 벤케이가 짐꾼 차림의 요시추네를 늦게 간다고 때림으로써 위기를 모면한다. 일본 봉건제의 윤리에서 볼 때 가신이 군주를 때린다는 것은 있을 수 없는 일이다. 검문소장은 의심하면서도 그 상황에 감명받아 그냥 보내고 오히려 부하를 시켜 술까지 보낸다. 나중에 벤케이는 요시추네에게 용서를 구하고 요시추네는 그 용서를 받아들인다.

구로사와는 다분히 일본판 로빈후드적인 냄새가 풍기는 이 작품을 처음에는 만들고 싶어 하지 않았으나 군부가 원해 어쩔 수 없었다. 그래서 그는 거의 하룻밤 만에 그 대본을 썼다. 그런데 이 작품을 촬영하던 중 일본이 패전했고, 잠시 촬영은 중단되었다. 곧 재개되어 완성은 했지만, 미군정 당국과 검열 시비로 인하여 묻혀 있다가 52년 미군정이 끝났을 때야 뒤늦게 개봉했던 작품이다. 구로사와의 첫 시대 영화라는 점에서만 의미 있을 뿐이다.

〈우리 청춘 후회 없다〉(1946)—강한 자아를 지닌 한 여자 이야기

구로사와는 가끔 사회나 정치 문제에 관심을 갖고 영화를 만들기도 했지만, 그의 진정한 관심은 역시 인간에게 있는 것 같다. 이 작품은 1993년 일본 교토京都 대학에서 실제 있었던 사건, 즉 다기가와 교수 해직 사건을 모티브로 해서 시나리오를 썼다. 다가가와 사건은 학문의 자유를 주장한 다가가와 교수를 공산주의 사상을 가졌다는 이유로 해직하여, 당시 지식인들 사이에 큰 물의를 일으키고 학생들의 시위를 촉발시킨 원인이 된 사건이었다.

각본을 쓴 히사이타 에이지로久板榮二郎는 1930년대 좌익 연극 운동에서 가장 유력한 극작가 중 하나인데 그 사건으로 체포된 적이 있다.

구로사와에게 이데올로기나 정치적인 주장은 단순한 모티브일 뿐이고, 다기가와 교수의 극중 인물로 하라 세츠코原節子가 연기한 유키에, 야기하라 교수의 제자인 노게, 이토가와 세 사람을 중심으로 한 멜로적인 삼각관계가 그 기본 틀이 된다. 특히 구로사와 교수의 딸 유키에라는 여성에게 초점을 맞춰 그녀가 어떻게 전쟁과 사회 혼돈의 와중에서 사랑의 시련을 극복하고 자기 힘으로 일어서는가를 그리고 있다.

야기하라 교수가 해직되자 교토 대학에선 파시즘 군부 반대, 자유민주 수호 등을 내건 학생 시위가 일어난다. 그 교수의 두 제자가 거기에 동참한다. 노게라는 학생은 투쟁에 적극 참여하는 데 반해 이토가와는 집안 형편을 이유로 기회주의적인 태도를 보인다. 이토가와는 교수의 아름다운 외동딸 유키에를 좋아하지만, 막상 그녀는 적극적이고 솔직한 성격의 노게를 더 좋아한다.

두 친구의 대립된 성격은 초반부 소풍 가는 장면에서 잘 표현되고 있다. 개울가에서 유키에가 물에 빠질까봐 건너지 못하고 망설이자 이토가와는 개울가 건너편에서 손을 내민다. 그러나 거리가 멀어 닿지 않는다. 옆에서 보고 있던 노게는 발이 물에 빠지는 것도 상관 않고 성큼성큼 걸어가 유키에를 덥석 안고 건넌다. 이토가와는 항상 소극적이고 기회주의적이지만, 노게는 매사에 적극적이고 일단 옳다고 생각하면 굽히지 않고 행동하는 소신파다. 결국 노게는 학생운동에서 적극 가담하게 되는데, 유키에는 그런 그를 보고 왜 보다 즐겁게 살 수 있는데 그런 골치 아픈 일에 뛰어드느냐고 만류한다. 노게는 자신의 신조를 굽히지 않다가 감옥살이를 하게 된다.

몇 년 후, 유키에는 점차 그를 이해하게 되고, 그가 말한 진정한 자유의 의미를 되새기면서 집을 나와 도쿄에서 혼자 직장에 다니며 노게를 수소문해 찾는다. 우연히 만난 이토가와를 통해 노게의 소식을 알게 된 그녀는 마침내 지하운동을 하고 있는 노게를 만나 같이 살게 되지만, 이내 노게는 스파이 혐의로 경찰에 붙잡혀 간다. 그녀는 노게가 붙잡힌 후 노게의 부모를 찾아가 농사일을 돕는다. 그러던 중 노게가 감옥에서 죽었다는 소식을 듣는다. 전쟁이 끝나자 유키에의 아버지는 교수직에 복직되고, 노게의 명예도 회복된다. 그러나 유키에는 부모의 만류에도 불구하고 노게의 부모가 있는 시골로 다시 돌아간다.

구로사와는 노게의 부당한 죽음에도 불구하고 끝까지 유키에를 농촌으로 가게 함으로써 그녀의 강인한 성격을 강조한다. 그러나 그녀가 후반부에서 갑자기 노게의 고향인 시골로 가서 농사일을 하는 설정은 다소 무리가 있어 보인다. 평소에 피아노를 치며 낭만을 즐기던 그녀가 단지 한 남자에 대한 사랑 때문에 그렇게 급변하는 것에 대한 설득력이 부족하다. 구로사와는 무리가 있는 걸 알면서도 한 인물의 성격 변화에 대한 강한 집착으로 인해 상황 전개를 위한 동기 부여에 다소 소홀히 했던 것으로 보인다.

패전 후 일본 사상가들 사이에 심각하게 논의된 것 중의 하나는, 일본인들은 자기주장이 약하고 전체를 따르는 경향이 지나치게 강하기 때문에 군국주의에 쉽게 빠진 것이 아닌가라는 반성이다. 또 이를 극복하기 위해서는 각 개인이 강한 자아와 자기주장을 갖도록 하지 않으면 안 된다는 논의도 있었다. 구로사와는 이 작품을 만들 때의 의도를 후에 다음과 같이 말했다.

일본이 다시 새롭게 태어나기 위해서는 여성도 자아를 갖게 하지 않으면 안 된다고 생각하고, 자아를 일관되게 가지고 살아온 여자를 주인공으로 했던 것이다.[8]

이 말은 구로사와도 군국주의의 반성으로 일본 사상가들과 같은 생각을 하고 있었다는 점을 나타내고 있다. 이 같은 의도에서 구로사와는 노게라는 운동권 학생보다는 그의 애인 유키를 중심으로 이야기를 끌어갔다. 한 여자(일본의 상징)가 자기 부모가 강제 퇴직당하고 사랑하는 애인이 감옥에 갇혀 죽게 되는(일본의 패전) 시련을 겪고도 굴하지 않고 희망을 갖고 일하는(후에 일본이 경제 부흥을 하게 되는 원동력처럼) 모습을 보여준 것이다.

〈스가타 산시로〉가 한 순박한 청년이 여러 사건을 겪어가며 점차 진정한 유도인으로 성장해가는 것을 보여준 작품이라면, 이 작품은 한 순진한 여성이 여러 고난을 겪으면서도 혼자 꿋꿋하게 성장해가는 과정을 그렸다고 할 수 있다. 두 작품 모두 성장 영화의 형식을 취하고 있다. 구로사와의 작품 대부분에서 여성은 특히 강하게 그려지고 중요한 역할을 한다. 〈라쇼몽〉에 나오는 사무라이 부인, 〈거미집의 성〉에 나오는 영주의 부인, 〈란〉에 나오는 복수심에 불타는 가에데 부인 등이 대표적이다.

이 작품은 시나리오도 탄탄하지만 형식이 더 돋보이는 느낌을 준다. 〈라쇼몽〉의 숲 속 장면에서, 산적이 사무라이 부인의 손을 잡고 달릴 때 카메라의 스위시 팬Swish Pan에 의해 보여주는 부분은 산적의 환희에 찬 심리를 너무나 잘 표현하고 있는데, 그건 이미 이 작품에서 한 번 사용되었던 테크닉이다. 봄 소풍을 간 유키와 노게 등의 학생들이

웃으며 숲 속을 달리는 장면에서 사용된 바 있다. 구로사와는 학생들의 모습을 빠른 팬으로 반복하여 보여줌으로써 불행이 오기 직전의 기쁨과 행복이 절정에 달한 모습을 강조하고 있다. 그 효과는 〈라쇼몽〉에서처럼 매우 크다. 그런 장면 외에도 시간 경과를 영화적으로 보여주는 편집, 반복적으로 들려오는 주제 음악, 적절한 인물 배치 및 화면 구성 등 뛰어난 장면이 많다.

〈멋진 일요일〉(1947)—전후 일본인의 좌절과 희망을 노래하다

이 영화는 구로사와가 데이비드 워크 그리피스David Wark Griffith의 작품 중 1차 대전 직후 한 부부가 감자를 심는 이야기, 즉 첫 수확은 실패하고 두 번째 수확은 도둑맞지만 결코 포기하지 않고 다시 시작한다는 내용을 보고 아이디어를 떠올린 작품이라고 한다.

한 젊은 공장 노동자와 그의 약혼녀가 함께 주말 휴일을 보내게 된다. 봄날 일요일인데 돈은 35엔밖에 없다. 그들은 약속한 역에서 만나 모델하우스를 구경하고 소년들과 야구를 하고 논다. 그러다 근처 빵 가게에 공이 떨어져 진열장이 부서지자 그들은 어쩔 수 없이 뭉개진 빵 두 개를 산다. 카바레에 갔으나 돈이 없어 동물원으로 발길을 돌리고 거기서 전쟁고아를 만나기도 한다. 비가 내리고 그들은 콘서트에 가지만 값싼 표는 암표상들이 사버린 뒤였다. 그들은 남자의 집으로 간다. 남자가 그녀를 원하자 여자는 무서워 도망친다. 다시 그녀가 돌아와 같이 다방에 갔으나 돈이 없어 비옷을 저당잡히고 나온다. 둘은 폐허 속을 거닐다가 자신들이 다방을 소유한 것처럼 상상하고 행동하기도 한다. 노래하고, 그네를 타고, 나중에 그들은 텅 빈 야외 음악당에 가서 콘서트를 하는 시늉을 한다. 그러고 나서 남자는 애인을 역까지 바래다주고 그녀는 떠난다. 다음 주 일요일에 다시 만나기로 약속하고….

이 작품은 기차가 도착하는 데서 시작하여 기차가 떠나는 데서 끝난다. 이른바 원형적 구조를 이룬다. 에피소드 형식으로 전개되면서 그들이 갖고 있는 35엔이 점점 떨어져가는 것을 보여준다. 일요일 하루의 이야기인 것이다.

이 영화가 이야기하고자 하는 것은 가난하고 어려운 생활이지만 좌절하지 않고 꿋꿋하게 살아가는 젊은이들의 희망과 낙관이다. 그런 주제 의식은 주로 여주인공(약혼녀)의 관대하고 너그러운 성격에 담겨 있는데, 당시 매우 활발하게 작품 활동을 하고 있던 프랭크 카프라의 영향이 컸던 것 같다. 그의 작품의 주인공들은 고난 속에서도 항상 희망과 낙관으로 가득 차 있다.

구로사와는 이 작품으로 당시 일본에서 최우수 감독상을 받았지만, 그는 이 영화에서 자신의 의도를 충분히 표현하지 못했다고 자평했다. 이 영화는 일본인들이 패망으로 인한 좌절감을 극복하도록 격려하는 면이 엿보인다는 점에서 〈우리 청춘 후회 없다〉와 맥을 같이한다. 두 작품의 스타일은 다르지만, 똑같이 전후 일본의 황폐함과 고통 속에서도 용기와 희망을 잃지 않고 살아가는 젊은이들을 그리고 있다.

▓▓▓▓▓▓▓▓▓ 〈주정뱅이 천사〉(1948)―최초의 걸작인 의사와 건달 이야기

구로사와도 스스로 자부하듯이, 이 작품
은 구로사와 최초의 걸작으로 손꼽히고 있다. 일본 비평가들도 이 작
품을 이탈리아의 비토리오 데 시카Vittorio De Sica의 〈자전거 도둑The Bicyle
Thief〉(1948) 유의 리얼리즘 영화로서 당대의 시대상을 잘 나타냄과 동
시에 그 시기의 희망과 두려움을 뛰어나게 그려냈다고 평가하고 있다.
이 작품 이전에는 전쟁 및 패전으로 인한 표현의 제약 때문에 자유롭
게 만들 수 없었으나, 이 영화에선 구로사와 자신이 만족할 정도로 충
분히 묘사할 수 있었던 것 같다.

영화는 전쟁의 상흔이 아직 남아
있는 더러운 연못을 보여주며 시작한
다. 연못에는 온갖 쓰레기가 떠 있다.
반쯤 타다 남은 나무, 신발 한 짝, 꼬
질꼬질한 인형…. 그 연못은 이 영화

의 중심이자 핵심이다. 연못 근처의 거리를 중심으로 사건이 전개되는
것이다. 연못은 살아서 숨 쉬는 거대함 암癌과 같다. 마치 병든 사회의
징후와 암울한 현실의 상상처럼, 그곳을 중심으로 한 거리는 전쟁이 일
어난 직후부터 깡패들이 장악하고 있다. 그들은 협박과 강탈로 살아간
다. 그런 깡패들 중 한 사람(미후네 도시로)이 상처를 입고 손에 박힌 총
알을 빼기 위해 의사(시무라 다카시)를 찾아간다. 그 의사는 총알을 빼
준 후 그가 폐병에 걸렸음을 알고 그에게 치료를 하라고 권한다. 이때
부터 두 사람의 관계가 시작되고 그들 둘의 갈등과 대립이 이 영화의
주요 내용을 이룬다. 후반부에 가서 건달 미후네는 감옥에서 나온 지
얼마 되지 않은 두목과 싸우다 그의 칼에 죽는다. 그의 장례비용은 그

를 오랫동안 사랑해온 술집 여자가 지불한다. 변함없이 온갖 쓰레기로 뒤덮인 연못이 보이며 영화는 끝난다. 반복해서 보여주고 있는 쓰레기로 가득 찬 연못은 당시 전후 일본 사회의 현실을 상징한다. 여기서 주정뱅이 천사란 의사를 가리키고, 건달 역시 이 천사에 포함된다. 구로사와는 이 작품의 의도를 "나는 깡패들의 삶이 얼마나 인간으로서 어리석은 삶인가를 보여주기 위해 이 영화를 만들었다"는 말로 표현하지만, 결국 그것은 하나의 작은 주제일 뿐 그의 근본 의도는 전후 일본인들의 왜곡된 인간상 가운데 하나를 전형적으로 탐구하고자 하는 데 있다. 이 작품에서 주제적 모티브로 사용된 더러운 연못의 상징성은 뛰어나지만, 영화 내내 지나치게 자주 보여줌으로써 다소 설명적이고 작위적인 느낌이 든다.

나는 이 작품을 보면서 구로사와의 최초의 걸작이라고 하기엔 부족한 작품이고 부분적으로 거칠지 않나 생각했지만, 충분히 그럴 만한 가치가 있다고 생각하게 만드는 몇몇 뛰어난 장면도 있었다. 주인공 미후네 도시로의 꿈 장면과 그가 후반부에서 두목과 싸우다 죽는 장면이 바로 그것이다. 이 두 장면은 영화 역사상 매우 훌륭한 장면 가운데 하나로 기록돼도 좋을 만큼 그 묘사가 탁월해 보인다.

뒷골목에서 건달 생활을 하던 미후네는 폐병에 걸려 시한부 삶을 살게 되면서 비로소 자신을 돌아보게 된다. 그는 어느 날 마치 자신의 모습을 상징하는 듯한 인형이 더러운 연못 속에 버려져 떠다니는 것을 보게 되는데, 이 장면 직후 그의 꿈 장면이 나타난다. 계속되는 디졸브에 의해 처리되는 그 꿈 장면은 어느새 바닷가가 배경이 된다. 미후네는 바닷가에서 파도에 부딪쳐 널브러진 관을 향해 달려가 도끼로 내리친다. 그 관을 쪼개고 보니 그 안에는 또 다른 그가 누워 있다. 관 속의 미후네

(죽음)는 일어나더니 도끼를 든 미후네를 쫓아온다. 살아 있는 미후네는 죽은 미후네에게 잡히지 않으려고 필사적으로 도망간다. 이 극적인 상황에서 미후네는 꿈에서 깨어난다. 악몽이었던 것이다. 그의 죽음에 대한 불안감, 그리고 악착같이 살고자 하는 욕망이 꿈으로 나타난 것이다.

그러한 모티브는 잉그마르 베르히만이 베를린 영화제 그랑프리 수상작인 〈산딸기〉(1957)에서 다시 응용하고 있다. 그 영화 도입부에서 주인공인 76세의 노 교수 이삭 보그는 꿈을 꾼다. 어느 텅 빈 거리를 걷다가 마차에서 떨어진 관을 발견하고 다가서는데, 관 속에서 손이 불쑥 나와 그의 손을 잡아당긴다. 자세히 보니 또 다른 그 자신의 모습이다. 그는 관 속의 자기로부터 손을 빼내려고 애쓰다가 꿈에서 깨어난다. 죽음을 앞둔 노 교수가 과거를 되돌아보며 자기 성찰을 하게 된다는 이 작품에서 꿈의 모티브는 주제와 관련해 매우 중요한 역할을 하고 있다.

〈주정뱅이 천사〉의 꿈 장면이 높은 평가를 받는 이유는 영화적인 테크닉 때문일 것이다. 그 장면의 몽타주는 모두 디졸브에 의해 이루어진다. 그 디졸브에 의한 몽타주 기법은 단순한 커팅으로 보여주는 것보다 훨씬 더 꿈의 이미지를 효과적으로 전달할 수 있는 매우 감각적인 테크닉이다. 프란시스 코폴라 감독도 칸 영화제 그랑프리 수상작인 〈대화Conversation〉(1974)에서 그 모티브와 테크닉을 효과적으로 재응용하고 있을 정도다.

〈대화〉에서 주인공 해리 콜은 자신의 도청 때문에 사람이 죽을지도 모른다는 불안감에 사로잡혀 있는데, 그게 꿈으로 나타난다. 코폴라는 그 꿈 장면을 디졸브에 의한 몽타주 테크닉을 응용하여 이미지화하는 데 성공하고 있다. 그것은 전적으로 구로사와의 영화의 응용인 것 같다.

특히 살아 있는 미후네가 죽은 미후네로부터 도망가는 장면이 이중 노출로 보이는데, 도망가는 미후네가 슬로모션으로 보이는 반면 쫓아가는 미후네는 정상 속도로 보이는 설정은 매우 뛰어나다. 프레임 조작과 이중노출이라는 테크닉을 사용하여 죽음의 공포로부터 벗어나고자 발버둥치지만(슬로모션의 미후네), 죽음은 보다 빠른 속도로 다가오는(정상 속도의 미후네) 장면을 보여줌으로써 미후네의 불안한 심리 상태가 적절히 시각화되고 있는 것이다.

후반부에서 미후네가 과거의 건달 두목에게 찾아가 싸우는 장면 역시 시각적으로 매우 잘 표현된 부분이다. 방에서 싸울 때 미후네의 이미지가 거울을 통해 여러 개로 보인 장면은 채플린의 〈서커스The Circus〉(1928)의 한 장면에서 인용한 듯하다. 두 사람이 방에서 싸우다 복도로 나와 흰 페인트 엎질러진 바닥에서 서로 뒤엉킬 때까지의 모습이 롱테이크로 보인다. 그리고 엎치락뒤치락하던 끝에 미후네가 사투를 벌이던 미후네는 밝은 햇살이 비치는 문밖으로 비틀거리며 나가다 쓰러진다. 빨래가 널려 바람에 휘날리는 난간에 그가 쓰러져 죽는 장면은 이상한 슬픔과 감동을 자아낸다. 어둡고 폐쇄된 공간이 그의 죽음과 함께 갑자기 밝아질 때(이때 사용된 음악의 효과도 무척 크다) 특히 그렇다. 마치 더러운 연못 속에 버려진 인형같이 살아온 그가 어두운 뒷골목 인생을 청산하려는 순간 죽음을 맞게 되고, 그래도 죽기 직전 한순간이나마 비로소 밝은 햇살을 느끼는 그의 감격적인(한편으로 가슴 아픈) 심정이 찡하게 와 닿는 것 같다. 어두운 구석에 몰려 칼에 찔린 미후네가 복도 문을 여는 순간 쏟아져 들어오는 밝은 빛은 마치 오랫동안 답답한 감옥에 갇혀 있던 사람이 모처럼 풀려나 바깥세상에 나올 때 느낄 수 있는 빛처럼 느껴진다. 필사적인 싸움, 어둠, 칼에 찔림, 열린 문, 밝은 햇살, 바람에 휘날리는 빨래, 쓰러져 죽은 미후네…. 실제로 영상을 보지 않고는 결코 감동을 느낄 수 없는 장면이다.

〈조용한 결투〉(1949)—희곡을 각색한 의사 이야기

존 포드가 〈역마차Stagecoach〉(1939)를 비롯한 여러 작품에서 의사를 중요한 등장인물로 내세우듯이, 구로사와도 작품에서 의사를 주인공으로 하는 경우가 많다. 당시의 희곡을 각색한 이 작품은 〈주정뱅이 천사〉에서처럼 의사가 주인공이다. 구로사와는 그동안 모든 작품을 도호 영화사에서 해왔으나, 이 작품을 통해 처음으로 젊은 멤버들을 중심으로 다이에大映에서 독립 제작을 하였다. 구로사와가 우연히 연극을 보고 미후네 도시로가 주인공인 의사 역을 맡으면 좋겠다고 생각하는 데서 작품이 기획되었다고 한다. 배우를 먼저 생각하고 영화를 만들게 된 유일한 작품이라고 할 수 있다.

전쟁 중인 남태평양 어느 섬에서 군의관으로 근무하던 젊은 의사(미후네 도시로)가 한 군인을 치료하다가 실수로 매독을 옮긴다. 종전과 함께 귀국한 그 의사는 아버지(시무라 다카시)의 개인 병원에서 일하게 되는데, 전쟁에 나가 있던 6년 동안 자기를 기다려준 애인을 만나지만 그녀에게 일부러 차갑게 대하고 결혼하기를 꺼린다. 그런데 간호사 한 명이 그 젊은 의사가 매독에 걸린 사실을 우연히 알게 된다.

어느 날 그는 경찰서에서 과거에 자기에게 매독을 감염시킨 군인을 만나게 된다. 그는 그 사내가 결혼했고 아내가 임신했다는 사실을 알게 된다. 의사는 그 사내의 아내를 검진해야 한다고 고집하고 가까스로 허락을 얻는다. 그러나 때는 이미 늦어 그 아내는 기형아를 사산하고 만다. 그 사내는 자기가 매독에 걸린 사실을 의사가 아내에게 얘기하는 바람에 이혼당하게 되었다고 항의하지만, 죽은 아기를 보는 순간 쓰러진다.

그 의사의 애인은 다른 남자와 결혼하게 되지만, 그와 달리 간호사에게는 의사를 존중하는 마음이 싹트게 된다. 그 젊은 의사가 새로운 각오로 훌륭한 의사가 되기 위해 아버지와 함께 수술에 열중하는 것으로 영화가 끝난다. 이 작품은 희곡을 각색한 탓인지, 거의 모든 얘기가 병원이라는 한정된 공간에서 이루어진다. 결말이 다소 진부하게 맺어지는데, 거기에는 사연이 있다. 당시에는 모든 영화 대본이 미 점령군의 사전 심의를 받았는데, 봉건적인 내용은 가차 없이 잘렸다. 이 시나리오는 그런 내용이 없어 보여 검열관이 의학부에 넘겼는데, 의학부의 의사가 결말 부분을 바꾸라고 지시하였다. 의학부의 검열에서 걸린 오리지널 시나리오는 주인공 의사가 미쳐 발광하는 것으로 끝이 난다. 그러나 그런 내용이 일반인에게 진료에 대한 불안감을 준다는 이유에서 삭제되고, 해피엔딩으로 바뀐 것이다. 어쨌든 이 작품은 여러 면에서 결함이 많아, 구로사와의 범작으로 평가된다.

〈들개〉(1949)—네오리얼리즘의 영향을 받은 형사 이야기
구로사와는 권총을 잃어버리고 고생한 어떤 형사의 이야기를 듣고 이 작품의 아이디어를 떠올렸다. 처음에는 소설로

썼다가 출판하지 않고 바로 시나리오
화한 것이다. 소설 첫머리가 "그해 가
장 무더운 여름날이었다"라고 시작되
듯이, 이 영화에서도 '더위'는 중요
한 모티브 역할을 한다. 비토리오 데
시카가 〈자전거 도둑〉으로 전후 이탈리아의 궁핍한 현실을 네오리얼
리즘 스타일로 보여주었듯이, 구로사와는 이 작품에서 잃어버린 권총
을 찾아다니는 한 형사를 통해 2차 대전 후의 일본 사회를 리얼하게
그렸다.

무더운 여름 어느 날 무라카미(미후네 도시로)라는 젊은 형사가 만
원 버스 속에서 권총을 도둑맞는다. 1949년 당시에는 총이 귀했기 때
문에 직업을 잃을까 두려워한 나머지, 그는 권총을 찾아 나선다. 도쿄
라는 대도시에서 소매치기를 잡는다는 건 불가능에 가깝다. 그런데 운
좋게도 그는 버스에서 그의 옆에 기댄 적이 있는 수상한 여인을 발견
한다. 단순한 바람잡이에 지나지 않는 그녀에게서 완벽한 증거를 찾을
수 없었지만, 암시장에 가면 총을 찾을 수 있을 거라는 말을 듣는다.
전후 귀향 군인으로 변장한 그는 지옥 같은 어둠의 세계인 우에노와
아사쿠사 뒷골목을 헤매면서 물어물어 가까스로 권총 암시장 상인에
게 접근한다. 그에게 정보를 입수한 무라카미는 그의 직속상관인 과장
(시무라 다카시)과 범인의 집을 찾아간다. 범인이 집에 없자 그들은 쇼
클럽에서 일하는 범인의 애인을 찾아가 추궁한다. 그러나 그녀에게서
도 아무 단서를 얻지 못한 채 다시 범인을 찾아 헤매던 그들은 우연히
강도 사건과 살인 사건을 접한다. 무라카미는 그 사건의 범행에 사용
된 총이 자기 것이라는 걸 알게 된다. 사격 연습 할 때 사용한 자신의

총알과 살인에 사용된 것이 같음을 확인한 것이다. 수사 과장과 함께 범인이 묵고 있는 호텔에 도착했으나 범인은 총을 쏘고 도망친다. 무라카미는 범인의 애인인 댄서로부터 범인과 만날 약속을 했다는 것을 알아내고, 그 여자 대신 약속 장소에 나간다. 무라카미는 약속 장소에 나온 범인을 발견하여 추적 끝에 그를 붙잡고 총을 회수한다.

이 작품에서 사건의 주요 모티브인 '권총 도난'은 그보다 1년 전 만 들어진 비토리오 데 시카의 네오리얼리즘 걸작 〈자전거 도둑〉의 주요 모티브인 '자전거 도난'과 같은 역할을 한다. 잃어버린 '권총'을 찾는 다는 모티브는 〈자전거 도둑〉에서 잃어버린 '자전거'나 〈시민 케인〉에서 '로즈버드'와 유사하다. 감독의 의도는 단지 도둑 잡는 것을 보여주는 데 관심이 있는 것이 아니라, 그 과정을 통해 사회의 현실을 드러내고자 하는 점에서 동일하다. '도난'은 단지 극적인 모티브 역할을 할 뿐이다. 데 시카가 전후 이탈리아 사회의 단면을 보여주듯이, 구로사와도 여기서 패전 후의 일본 사회의 단면을 다큐멘터리 형식으로 보여준 것이다. 실제로 구로사와가 〈자전거 도둑〉의 영향을 받았다고 인정했듯이 두 작품의 기본 구조는 유사하다.

편집에서 뛰어난 부분이 많은데, 그중 형사 과장이 권총 도둑을 잡으러 호텔에 갔다가 오히려 범인에게 총을 맞고 놓치는 장면과 무라카미 형사가 기차역에서 범인을 찾는 장면은 탁월하다. 특히 범인을 찾는 장면은 스필버그가 자신의 TV용 장편 극영화 〈대추적Duel〉(1971)에서 주인공이 자기를 뒤쫓는 트럭 운전사를 찾는 카페 장면을 보여줄 때 효과적으로 응용되고 있다. 〈들개〉는 〈주정뱅이 천사〉에 이은 구로사와의 또 하나의 가작이라고 할 수 있다.

미군의 일본 점령이 끝나가자 일본인들은 모든 것이 자유로워지기 시작했다. 봉건주의, 군국주의, 미군정을 거치면서 한 번도 진정한 자유를 누리지 못한 일본인들에게는 엄청난 자유였다.

그런 분위기의 1950년대는 스캔들의 해라고 할 만큼 말이 많았고 언론도 예외가 아니었다. 평소 인터뷰나 매스컴 출연을 무척 싫어하던 구로사와는 언론의 지나친 사생활 침해에 영상으로서 메스를 가한 것이다.

한 젊은 화가(미후네 도시로)가 산에 그림을 그리러 갔다가 우연히 유명 여가수를 만난다. 그는 그녀를 오토바이로 태워주고 같은 여관에서 묵게 된다. 전혀 의도적이거나 사적인 관계는 없었다. 그런데 한 사진기자가 여가수의 뒤를 밟다가 두 사람의 사진을 몰래 찍는다. 그는 《아모르》라는 황색 잡지의 기자로 그녀를 인터뷰하려고 했으나 거절당하자 몰래 뒤를 밟은 것이다. 기자는 몰래 찍은 사진을, 꾸며낸 로맨스 스토리와 함께 잡지에 싣는다. 〈미야코 사이조의 진실한 러브 스토리: 오토바이 위의 사랑〉이라는 제목으로. 화가와 여가수는 당황한다. 화가는 소송을 제기할 결심을 하지만 그의 변호사(시무라 다카시)는 그 사건을 적당히 마무리하는 대신 잡지사에 돈을 요구한다. 변호사는 몸이 아픈 딸 때문에 돈이 필요했다. 나중에 변호사의 딸은 죽고, 그는 법정에서 모든 것을 뉘우치고 자백한다. 법정 싸움을 통해 두 남녀의 명예는 회복되고, 《아모르》는 법정 정지 명령을 받는다. 〈나쁜 놈일수록 잘 잔다〉(1960)처럼 이 작품은 사회 비판 영화지만 구로사와의 범작에 불과하다.

절정기의 작품 Ⅰ
―〈라쇼몽〉(1950)

일본은 1940년대 말까지만 해도 인도와 함께 미국 못지않은 최다 영화 생산국이었으나, 그때까지 해외에는 그다지 알려지지 않았다. 일본인들은 자국 내에서 세계 영화를 다양하게 볼 수 있었지만, 미국이나 유럽인들은 일본 영화를 잘 알지도 못했다. 서구인들은 일본 영화의 수준이 어느 정도인지 아무도 몰랐고, 일본인 자신들도 자국의 영화 수준을 가늠하지 못하는 형편이었다.

1951년 〈라쇼몽〉이 베니스 영화제에서 처음 공개되었을 때 서구인들은 그 뛰어난 수준에 깜짝 놀랐다. 그들은 그 작품에 경의를 표하고 그랑프리인 황금사자상을 수여했다. 그러자 이번에 놀란 쪽은 일본인들이었다. 자신들의 영화가 그토록 높이 평가받고, 더구나 시대 영화임에도 불구하고 유럽인들에게 쉽게 이해될 수 있다는 것은 생각지도 못했던 것이다. 사실 〈라쇼몽〉 이전에도 일본 영화는 뛰어난 수준을 유지하고 있었으나 아직 해외에 알려지지 않았을 뿐이었다. 〈라쇼몽〉 이후 미조구치 겐지 영화를 비롯한 많은 작품들이 국제영화제에서 줄지어 인정받고 1950년대 이전의 몇몇 대가들의 작품이 재평가받은 것만 봐도 쉽게 알 수 있다. 그들은 〈라쇼몽〉의 베니스 석권으로 인해 패전 후의 서구인에 대한 열등감을 해소할 수 있었던 것이다. 〈라쇼몽〉은 1982년 베니스 영화제 50주년 기념 회고전에서 역대 베니스 그랑프리(금사자상) 수상작 중 최고 작품상인 '사장 중의 사자'로 뽑히기도 했다.

이렇듯 〈라쇼몽〉은 일본 영화를 전 세계에 알리는 획기적인 계기가 된 작품이기도 하지만, 무엇보다도 구로사와 자신의 영화 인생에서 가장 빛나는 절정기의 신호탄이었다. 이어서 만든 〈이키루〉(1952)와 〈7인의 사무라이〉(1954)는 〈라쇼몽〉 이상으로 내용과 형식 면에서 한 단계 뛰어넘는 걸작이다. 특히 〈7인의 사무라이〉는 더 이상 올라갈 수 없는 영화적 미학의 경지를 보여준다. 구로사와는 〈라쇼몽〉 이전에 만든 10편의 작품을 통해 실습한 영화적인 미학들을 위의 세 작품을 통해 총체적으로 집약시켜냈던 것 같다.

구로사와는 〈라쇼몽〉 직후 도스토옙스키의 소설을 각색한 〈백치白痴〉(1951)를 만들지만, 그 영화는 그 시기의 다른 세 작품에 비해서 그다지 평가받지 못했다. 1950년대 당시 전 세계에 풍미한 실존주의적인 문제를 시한부 인생의 한 평범한 공무원을 통해 잘 그려낸 〈이키루〉는 아마 구로사와 작품 가운데 가장 감동적인 영화로 꼽힐 수 있을 것이다.

〈7인의 사무라이〉는 세 시간이 넘는 대작으로 미국의 영화 평론가 폴린 카엘Pauline Keal은 그 작품을 그리피스의 〈국가의 탄생The Birth of a

Nation〉(1915) 이래 최고의 전쟁 서사시라고 격찬하고 있다. 〈7인의 사무라이〉 이후 구로사와는 30여 년간 영화를 계속 만들어왔지만, 이 시기의 영화를 극복할 만한 작품은 만들지 못했다. 그런 면에서 보면 〈라쇼몽〉, 〈이키루〉, 〈7인의 사무라이〉 세 작품만 철저히 분석해도 구로사와 영화의 정점을 충분히 이해할 수 있으리라 생각한다.

〈라쇼몽〉은 외국 영화제에 출품하기 위해 만든 작품이 아니었다. 구로사와는 이 영화를 어디까지나 일본 대중에게 보여주기 위해 만들었다. 당시 일본 관객에게 외면당했다는 소문과 달리, 〈라쇼몽〉은 폭발적이지는 않았지만 그런 대로 관객을 끌어들이는 데 성공했다. 1950년대에 다이에 영화사가 제작한 작품들 중 다섯 번째로 흥행 성적이 좋았다.[9]

무엇보다도 구로사와 자신은 자기 작품이 베니스 영화제에서 수상하리라고는 꿈에도 생각지 못했던 것 같다. 당시에 그는 작품이 출품된 줄도 모른 채 〈백치〉의 실패로 인해 실의에 빠져 낚시를 하고 있다가 수상 소식을 들었다고 한다.

이 영화를 제작한 다이에 영화사는 애초부터 영화제에는 관심조차 없었다. 다이에의 나가타 마사이치永田雅一 사장은 기획 단계에서 〈라쇼몽〉의 제작에 거의 관심을 표시하지 않았다. 그저 세트가 하나뿐이니 간단하게 만들 수 있다고 생각하는 정도였다. 완성된 영화에 대해서도 뭐가 뭔지 모를 영화라고 했고, 이 기획을 추진한 프로듀서를 좌천시키기도 했다. 일본에 온 베니스 영화제 담당자가 여러 일본 작품 중에서 이 작품에 큰 관심을 갖고 출품을 원했을 때도 시큰둥한 반응을 보였다. 이 작품에 대해 당시 일본 비평가들의 반응도 시원치 않았고, 영화사로서는 짧은 기간에 값싼 제작비로 제작한 것이어서 기대를 하지 않았던 것이다.

그러나 이 작품은 자존심 강한 서구인들을 충격 속에 몰아넣었고, 구로사와는 그의 영화, 나아가 일본 영화를 국제무대에 올려놓는 계기를 마련했다. 다이에의 사장은 의외로 그랑프리를 타자 명예심이 자극되어 이어 기누가사 데이노스케의 〈지옥문〉(1954)을 제작해 칸 영화제 그랑프리를 석권했고, 미조구치 겐지에게 전통 설화를 소재로 한 〈우게쓰 이야기〉를 연출하게 해 계속 베니스 영화제를 휩쓸었다.

〈라쇼몽〉은 현재까지 많은 영화 이론가들에 의해 다양한 관점에서 분석되고 연구되었다. 아마 일본 영화 중 가장 많은 연구 논문 및 평론의 대상이 된 작품으로 손꼽힐 것이다. 나도 〈라쇼몽〉을 비디오로 10여 차례나 보았다. 40년이 지난 지금 보아도 그 작품의 미학적 완성도는 뛰어난데, 당시 일본 비평가들이 이 작품을 소홀히 대한 걸 이해하기 어렵다. 이 작품을 비판한 근거로 원작의 영상화 실패, 대본의 산만함, 연출의 단조로움이 주로 지적되었으나, 내가 보기엔 오히려 그 반대라고 여겨진다. 원작을 잘 각색하였고, 언뜻 보기엔 단조로운 듯한 연출이 오히려 단순성의 미학이라는 차원으로까지 승화되었다는 생각이 든다. 나는 현재 일본의 젊은 감독들의 작품 중에서 아직도 이 정도의 완성도를 갖춘 영화를 보지 못했다. 그렇다면 〈라쇼몽〉이 어떤 점에서 그렇게 뛰어난가? 그 미학의 근원은 무엇일까?

이전의 작품들과 달리 이 작품은 좀 더 깊이 분석해볼 필요가 있다. 나는 그동안 영화 연출 강좌에서 이 〈라쇼몽〉을 텍스트로 해서 여러 번 강의를 한 적이 있다. 구태여 이 작품을 연출 강좌 텍스트로 여러 번 채택한 이유는 기준이 될 만한 걸작이라는 것 외에 무엇보다 영화 미학의 총체적인 요소들을 언급하기 좋고, 상대 비교가 될 수 있는 부교재인 원작 소설과 동일한 시나리오를 다른 연출 감각으로 영화화한 작품(마틴 리트의 〈폭행〉)이 비디오로 나와 있기 때문이다.

아쿠타가와 류노스케의 원작 소설 〈라쇼몽〉과 〈숲 속〉

한 무명 시나리오 작가가 구로사와를 찾아왔다. 하시모토 시노부라는 그 청년이 들고 온 것은 일본의 유명한 작가인 아쿠타가와 류노스케의 단편 〈숲 속〉을 각색한 시나리오였다. 구로사와는 매우 마음에 들어 거기에다 아쿠타가와의 다른 단편 〈라쇼몽〉을 결합해 다시 각색하였다. 그 청년은 그 이후부터 구로사와의 공동 시나리오 작가로서 〈이키루〉, 〈7인의 사무라이〉, 〈도데스카덴〉 같은 작품을 써 명성을 떨치게 된다.

아쿠타가와 류노스케(1892~1927)는 현대 일본 문학에서 매우 중요한 작가 중 한 사람으로 꼽힌다. 현재 일본에서 가장 권위 있는 문학상인 '아쿠타가와 상'(1931년 창설)도 그의 이름에서 따왔다. 대학 시절(영문과) 서구 문학의 영향을 많이 받은 그는 〈라쇼몽〉으로 문단에 등단해 일약 명성을 얻었다. 한때 염세주의에 빠진 그는 신경쇠약 때문에 고생하다 다량의 수면제 복용으로 서른다섯의 젊은 나이에 자살했다.

구로사와가 아쿠타가와의 작품을 택하게 된 건 〈라쇼몽〉에 나타난 황폐한 문의 상징성과 분위기, 그리고 〈숲 속〉의 독특한 구성과 주제 의식 때문이었던 것 같다. 원작 소설 〈라쇼몽〉은 전쟁과 기근, 지진 등에 시달리던 과거 헤이안平安 시대, 교토 근교에 있는 '라쇼몽羅生門'이라는 쇠락한 문을 배경으로 하고 있다.

내용은 간단하다. 주인집에서 쫓겨난 하인이 비를 피하기 위해 다

94

허물어져 가는 라쇼몽 아래 서 있다가 한 노파가 버려진 시체의 머리털을 뽑아가려는 것을 보고 분노해 꾸짖는다. 그 노파가 "내가 하는 짓이 나쁘다고 생각하지는 않는다. 이렇게라도 안 하면 굶어죽게 되니 어쩔 수 없지 않은가" 하고 변명하자, 그 하인은 노파의 논리를 이용해 "그럼 내가 네 껍데기를 벗겨가도 원망하지 않겠지. 이 몸도 그렇게 하지 않으면 굶어죽을 처지다" 하고서 노파의 옷을 벗겨 가버린다는 이야기다.

여기에서 추출할 수 있는 의미는 인간의 이기주의와 자기중심주의다. 하인이나 노파는 결국 자기 관점에서만 가치를 판단하고 행동한다. 즉 이 소설은 자기들의 악행에 대한 합리화, 불가피성을 논하는 모습을 작은 에피소드로 보여주고 있는 것이다. 아쿠타가와는 결국 인간에 대해 매우 냉소적인 시각으로 바라보고 있다는 것이 그 작품을 통해 드러난다.

〈숲 속〉은 아쿠타가와가 12세기 초의 설화집 《곤자쿠 이야기今昔物語》에서 힌트를 얻어 쓴 작품이다. "한 무사가 아내와 함께 여행을 하다가, 산적에게 속아 숲 속으로 유괴되어 포박을 당하고 아내는 강간당한다. 산적이 사라진 후에 그 무사와 아내는 다시 여행을 계속하는데 아내는 무사에게 '너는 얼빠진 놈이다' 라고 말한다."[10]

아쿠타가와는 이 같은 단순한 내용의 설화를 좀 더 비약시켜 무사가 살해(자살일지도 모른다)당하는 것으로 설정한 다음, 그 숲 속에서 일어난 살인 사건에 대해 몇몇 관련자들이—산적 타조마루, 살해된 무사의 부인, 죽은 무사의 영혼—재판소에서 진술 및 자백하는 형식으로 엮고 있다. 그 관련자들은 '무사의 죽음' 이라는 똑같은 사건을 각자가 전혀 다르게 진술하고 있다. 그들이 법정에서 하는 이야기 중 확실한 진실은 여인에 대한 '강간'과 무사의 '죽음' 밖에 없다. 나머지 진술은 각자 다르다. 아쿠타가와는 어떤 결론도 내리지 않은 채 상황만 묘사하고 이야기를 끝맺는다.

여기서 말하고자 하는 주제는 진리의 상대성이다. 즉 어떤 절대적 진리도 존재하지 않는다는 얘기다. 산적, 무사, 무사의 아내는 모두 자신의 관점에서만 말한다. 이처럼 아쿠타가와는 인간에 대해 냉소적인 '불안감'을 가지고 있다. 그는 인간이란 근본적으로 이기적이고 자기 중심적이기에 결코 진실을 말할 수 없다는 시각을 제시하고 있다. 〈숲 속〉의 주제 의식은 전작 〈라쇼몽〉과 유사하다. 한마디로 허무주의와 염세주의로 가득 차 있다.

이 작품이 나올 당시는 1차 대전과 제국주의 침략으로 온 세계가 이전투구를 일삼는 세기말적인 분위기와 허무주의가 팽배한 시기였다. 아쿠타가와의 철학적 정서는 그런 시대적 배경을 고뇌한 결과물이 아닌가 생각된다. 그러나 그는 구로사와처럼 그런 정서를 극복하지 못하고 결국 인간의 세계를 스스로 떠났다. 구로사와는 적어도 각색 과정에서 드러나듯이 미래에 대한 희망과 인간에 대한 신뢰에 바탕을 둔 휴머니즘으로 회의와 허무를 극복하였다. 그런 긍정적인 사고 덕분인지 구로사와도 한때 자살을 시도한 전과가 있긴 하지만, 아쿠타가와는 달리 80세가 넘어서도 작품 활동에 전념할 수 있었던 것 같다.

구로사와의 〈라쇼몽〉—냉소주의를 휴머니즘으로

구로사와는 영화에서 소설 〈라쇼몽〉의 상징적 분위기와 〈숲 속〉의 미스터리적인 사건을 교묘하게 접합시켰다. 내러티브를 끌고 가는 주요 극적 모티브는 '살인범은 누구인가?'라는 미스터리다. 그러나 〈라쇼몽〉에서 범인을 찾으려는 노력은 〈시민 케인〉에서 '로즈버드'가 무엇을 의미하는지 찾으려는 노력처럼 무의미하다. 왜냐하면 그러한 모티브는 어디까지나 주제를 끌어내기 위한 영화적인 장치일 따름이기 때문이다. '라쇼몽'이라는 반쯤 허물어진 듯한 문은 외관상으로는 당시 시대상의 피폐함과 궁핍함을 말해주지만 보다 상징적인 의미로 인간의 불완전함을 나타낸다고 볼 수도 있다. 구로사와는 그 '라쇼몽'이라는 공간을 이야기의 축에 놓고, '숲 속'에서 벌어진 살인·강간 사건을 회상 장면으로 몽타주시킨다. 즉 〈숲 속〉에 등장한 인물인 나무꾼(시무라 다카시)과 승려라는 두 명의 객관적인 관찰자를 라쇼몽에 위치시킨 다음 〈라쇼몽〉에 등장한 하인(행인)을 통해 그들 관찰자가 숲 속의 사건을 회상해내도록 만든 것이다. 결국 영화 속에서 소설 〈라쇼몽〉은 현재로, 〈숲 속〉은 과거로 배치된다.

먼저 영화 〈라쇼몽〉의 내용을 살펴보자.

반쯤 헐린 라쇼몽 아래서 승려 한 사람과 나무꾼이 억수같이 쏟아지는 비를 피하고 있다. 이때 지나가던 행인 한 사람이 달려와 그들처럼 비를 피한다. 그 행인은 침통한 표정을 하고 있는 승려와 나무꾼을 추궁해 이해할 수 없는 살인 사건에 대한 얘기를 듣는다. 나무꾼은 숲 속에 나무하러 갔다가 무사의 시체를 발견한다. 승려는 그 무사가 죽기 전에 자기 아내와 같이 가는 걸 보았다. 법정에서는 살인 용의자인 산적 타조마루(미후네 도시로)를 잡아 추궁하는데, 그는 자신이 무사의 아내(교 마치코京 マチ子)를 강간한 뒤 그 무사와 결투를 벌인 끝에 죽였다고 한다. 그러나 뒤늦게 붙잡혀 온 무사의 부인은 산적에게 강간당한 뒤 수치심 때문에 자신이 남편을 죽였다고 진술한다. 뒤이어 무당의

입을 통한 무사 영혼의 진술은(이 장면의 설정은 서구인들에겐 신선한 문화 충격이었다고 한다) 이전 두 사람의 증언과 또 엇갈린다. 그는 스스로 자결했다고 주장한다. 그런데 우연히 그 사건을 목격했다는 나무꾼은 그 세 사람의 증언을 모두 부정한다. 그는 산적과 무사가 서로 겁먹은 채 결투하다 산적이 무사를 죽인 것이라고 말한다. 그동안 객관적인 입장에서 살인 사건 얘기를 듣고 있던 냉소적인 행인은 갑자기 문 뒤에서 들려오는 아기 울음소리를 듣고 나가더니 누군가 버린 그 아기의 비단 포대기를 벗겨 가려고 한다. 그러자 나무꾼은 그를 비난하며 말린다. 그 순간 행인은 나무꾼에게 네 놈도 나쁜 놈이라고 하면서 아까 말한 살인 사건 얘기는 거짓말 아니냐, 그 무사 가슴에 박혀 있던 단도를 훔친 게 너 아니냐고 하자 나무꾼은 아무 말도 못 한다. 행인이 가고 나자 나무꾼은 승려가 안고 있던 아기를 자기가 키우겠다고 데려가려 한다. 순간 승려는 그를 의심하지만 이내 그를 믿고 아기를 건네준다. 나무꾼은 아기를 안고 비가 그친 그곳을 떠난다.

이상의 줄거리에서 보듯이, 이 작품은 한 가지 사건을 다양한 관점에서 보여주고 최종적으로 휴머니즘적인 결말을 내리고 있다. 중요한 것은 사건에 대한 증언이 각자 엇갈린다는 것이다. 진실은 분명 하나일 텐데 진술자 모두가 자기 이야기만이 진실인 듯이 얘기한다. 진술하는 네 사람의 관점을 정리해보자.

1) 산적(타조마루): 그는 무사의 아내를 어느 정도의 합의하에 범했고, 또 당당한 결투를 통해 무사를 죽였다고 진술한다. 그는 자신을 용감하고 남성적이고 낭만적인 인물로 표현한다.

2) 무사의 아내: 산적에게 강제로 당한 후, 남편이 자신을 차가운 눈

초리로 바라보자 굴욕감으로 괴로워하다 자신도 모르게 남편을 죽였다고 말한다. 그녀는 자신을 불쌍하고 무력하며 가련한 여인으로 묘사한다.

3) 무사(혼령): 강간당한 아내의 간사함을 보고 나서 부끄러움에 못이겨 자결했다고 진술한다. 그는 자신을 무사도 정신이 몸에 밴 사무라이로 묘사한다.

4) 나무꾼: 그는 위의 세 사람의 진술은 모두 거짓이며, 그들은 나약하고 비겁한 사람들이었다고 비난한다. 그러면서 그들이 어쩔 수 없이 겁에 질려 결투하는 것을 목격했고, 결국 산적이 이겨 무사를 죽였다고 진술한다.

그러나 나무꾼의 진술도 나중에 행인의 입을 통해 그가 무사의 단도를 훔쳤다는 사실이 들통 나면서 믿을 수 없는 것이 되고 만다. 결국 원작에서처럼 영화 속에서도 살인범이 누구인지 알 수 없다. 아무도 믿을 수 없다는 사실만 남는다.

한편 영화 속의 인물은 원작과 달리 보다 구체화된다. 특히 나무꾼의 경우가 그렇다. 원작에서 단지 시체를 발견하는 역할 정도에 그치던 그가 영화에서는 살인 사건을 발견하는 또 한 사람의 목격자로 강화된다. 살인 사건에 대한 관점이 원작에서는 산적·여인·무사의 영혼 세 사람에 의해서만 보이지만, 영화에서는 마지막에 그 나무꾼의 관점이 추가 설정되어 보이는 것이다. 또 그는 마지막 장면에서 아기를 안고 감으로써 구로사와의 휴머니즘적인 정신을 구현하는 역할을 하고 있다. '라쇼몽'에서 비를 피하며 얘기를 하는 승려·나무꾼·행인의 성격은 각자 대조적이다. 나무꾼이 인간적이고 충동적이며 이기적이라면, 승려는 이성적이고 합리적이며 종교적이고, 행인은 냉소적이고 비관적이며 세속적인 인물이다. 나머지 세 사람(산적, 무사, 무사의 아내)의 성격은 명확히 규정하기 어렵다. 왜냐하면 그들은 각자 관점에 따라 달리 묘사되기 때문이다.

구로사와는 〈라쇼몽〉의 연출 의도를 이렇게 말하고 있다.

인간은 그 자신에 대해 정직해질 수 없다. 자기 자신을 얘기할 때면 언제나 윤색하지 않고는 못 배긴다. 이 영화는 그러한 인간, 즉 자신을 실제보다 더 나은 사람으로 보이기 위해 거짓말을 하지 않고는 못 배기는 인간을 그리고 있다. 이기주의는 인간이 날 때부터 갖고 있는 죄악이다.[11]

사실 아쿠타가와는 단지 상황과 사건만을 제시해놓고 판단은 독자에게 맡겨버렸다. 그렇기 때문에 어떤 독자는 그 주제를 얼른 파악해내지 못할 수도 있다. 그러나 구로사와는 대중적이고 긍정적인 감독답게 아쿠타가와처럼 자기주장을 회피하여 모호하게 처리하는 대신, 보다 쉽게 명랑한 결론을 유도하여 자신의 목소리를 집어넣고자 했다. 그는 자신의 의도를 관철시키기 위해 원작에 있는 인물을 삭제하고 새 인물을 추가했다. 가령 원작 〈숲 속〉에 있는 무사 아내의 어머니를 없애는 대신—실제로 소설에서 어머니의 역할은 그리 중요하지 않다—결말 부분에서 아기를 등장시킨 것이 좋은 예다. 원작에 없는 이 아기의 등장은 원작과 시나리오의 차이를 명백히 드러내는 중요한 역할을 한다. 그 때문에 마지막에 가서 주제가 다소 변화를 겪게 된다. 구로사와는 아쿠타가와의 냉소주의, 허무주의 같은 주제를 휴머니즘으로 감싸기 위한 수단으로 아기를 창작해낸 것이다. 후반부에서 아기의 갑작스런 등장은 그럴 듯한 개연성에도 불구하고 지나치게 작위적이라는 흠이 있다. 이 부분은 구로사와식의 결말을 위해서는 불가피했을지도 모르지만, 실제로 구로사와에게 비판적인 평론가들로부터 주요 공격 목표가 되었다.

아쿠타가와는 모든 도덕적 가치와 진실에 의문을 품는 데에만 만족한다. 그러나 구로사와는 다르다. 그는 무정부주의자도 아니고 염세론자도 아니다. 영화 속의 승려처럼, 의심하기는 하지만 결국에는 인간에 대한 희망과 믿음을 버리지 않는다. 그 승려는 영화 속에서 구로사와의 대변자 역할을 하고 있다. 승려가 아기를 건네주는 마지막 행위는 인간성 회복을 의미한다. 비가 그치고 햇빛이 밝게 비치는 가운데 나무꾼이 아기를 안고 가는 영상 이미지가 그것을 상징적으로 잘 묘사해주고 있다.

객관적 진실보다 주관적 진실을 관심 있게 탐구하고, 리얼리티에 대한 근본적인 의문을 제기하고 있다는 데서 구로사와의 〈라쇼몽〉은 1967년 칸 영화제 그랑프리 수상작인 미켈란젤로 안토니오니의 〈욕망Blow-up〉(1966)과 유사한 면이 있다.

〈라쇼몽〉의 단순화된 양식미

구로사와는 그동안 만들어왔던 작품과는 달리 〈라쇼몽〉을 통해 일본적인 단순화된 양식미를 추구한다. 그는 먼저 인물과 사건 공간을 최대한 압축한다. 가령 등장인물로는 나무꾼, 승려, 무사, 행인, 산적, 아내, 무당, 포졸, 아기 등 모두 아홉 명

뿐이다. 여타의 자질구레한 엑스트라는 배제하고 꼭 필요한 인물만 등장시키고 있는 것이다. 사건 공간도 라쇼몽과 숲 속, 재판정, 강가가 전부다. 이처럼 단순화된 양식은 "단순화는 현대 예술의 중요한 테크닉 중 하나"[12]라고 주장하는 구로사와의 영화관과 궤를 같이한다.

〈라쇼몽〉에서 그러한 단순화에 의한 양식미가 돋보이는 장면은 법정 장면이다. 일정한 구도 아래, 약간 부감俯瞰인 상태에서 증언자들이 앉아서 위를 올려다보며 얘기하는 장면이 그것인데, 상식적으로 정통적인 영화에선 당연히 심문하는 재판관의 얼굴이 보이고 그의 대사가 있게 마련이다. 그러나 여기에선 재판관의 모습은 전혀 보이지 않고 대사도 없다. 단지, 증언자들이 재판관의 질문을 받았다는 가정을 하고 대답할 뿐이다. 그건 마치 연극에서 관객과 하는 약속과 같다. 의사 전달에 전혀 무리가 없다. 오히려 산만하지 않고 간명하게 와 닿는다. 증언자들이 약간 올려다보며 진술하는 모습은 재판관을 보며 하는 것이지만, 그건 마치 영화 관객에게 진술하는 것과 같은 효과를 준다. 관객은 그들 각자의 다양한 진술을 들으며 사실을 판단하는 재판관 같은 위치에 선다. 그것이 바로 구로사와가 노리는 바였던 것이다. 그는 그와 같은 양식화된 테크닉에 의해 교묘하게 관객을 영화 속의 일부로 참여시키고 있다.

그 장면이 얼마나 뛰어난가 하는 것은 똑같은 내용을 미국 판으로 만든 마틴 리트의 〈폭행〉(1964)을 보면 알 수 있다. 이 작품의 법정 장면에서는 판사가 롱 숏으로 보이고 주위에 잡다한 엑스트라들이 많이 등장한다. 그리고 증언자들에 대한 카메라 구도도 일정치 않다. 그야말로 산만하기 그지없고 통일감이나 일관된 미학이 부족하다. 구로사와가 전달하려던 것들은 모두 사라지고 구태의연한 장면만 나열되고 있을 뿐이다.

〈라쇼몽〉처럼 단순화된 인물 구성과 한정된 공간에서 성공적으로 메시지를 전달하고 있는 작품으로는 스티븐 소더버그Steven Sorderbug의 〈섹스, 거짓말, 비디오테이프Sex, Lies, Videotapes〉(1989)를 들 수 있다. 이 작품의 등장인물은 두 남자(존과 그레이엄)와 두 여자(앤과 신시아), 그리고 정신과 의사, 술집 건달이 전부다. 그리고 공간도 앤의 집, 그레이엄의 집, 존의 사무실, 신시아의 집, 카페만으로 한정되어 있다. 잔가지가 전혀 없이 오직 필요한 것만 있을 뿐이다. 이처럼 모든 것을 단순화했음에도 불구하고 그 작품은 뛰어난 형식미로 포스트모던 러브 스토리를 창조하였다.

〈라쇼몽〉의 연출 기법—아쿠타가와, 구로사와, 리트

아무리 원작이 좋고 시나리오가 탄탄하더라도 그것을 얼마나 정확하고 감동적으로 관객에게 전달하는가 하는 문제는 감독의 연출에 달려 있다. 연출은 결국 형식을 다루는 능력이다. 카메라 움직임, 편집, 화면 구성, 사운드, 조명, 이 모든 요소를 얼마나 조화 있게 잘 다루느냐가 형식의 완성도를 좌우한다. 그런 면에서 볼 때 구로사와는 〈라쇼몽〉을 통해 뛰어난 연출의 모범을 보여주고 있다. 그는 형식 요소 중 어느 하나도 소홀히 하지 않고 시각화함으로써 미학의 절정을 선보이고 있다.

그는 촬영할 때 대개 미국 영화가 그렇게 하듯이 카메라를 두세 대씩 사용하는데, 그것은 편집 과정에서 좋은 것을 선택할 수 있는 여유를 주기 때문이다. 그는 비록 단순한 내용일지라도 정교한 편집을 통해 미학의 극치를 보여준다. 그 좋은 예가 나무꾼이 숲 속에 들어가는 장면, 무사의 아내를 겁탈하는 장면, 무사가 자살하는 장면, 비가 그치고 행인이 라쇼몽을 떠난 후 승려와 나무꾼이 말없이 서 있는 장면 등이다. 그는 편집할 때 항상 리듬감과 감정적인 통제를 주요시 여긴다.

그런 점은 카메라 움직임에서도 마찬가지다. 그는 인물 심리나 극적 상황을 카메라 움직임을 통해 묘사하곤 한다. 가령 산적 타조마루에겐 활기차고 동적인 카메라를, 무사에겐 정적인 카메라를 자주 사용하고 엄숙한 법정과 라쇼몽에서는 정적인 카메라를, 살인·강간 현장인 숲 속에선 동적인 카메라를 주로 사용함으로써 상황의 극적 이미지를 대비시킨다.

사운드(음악 포함) 사용에도 뛰어나다. 비록 소재가 일본 역사임에도 불구하고 대중적인 서양 클래식인 라벨Maurice Ravel의 〈볼레로Boléro〉를 편곡해 사용한다든가, 폭우·바람 소리·번개·새 소리 등의 현장 사운드를 상황에 맞게 적절히 활용하는 것이 좋은 예다. 때론 무성음silent까지도 효과적인 사운드로 사용하기도 한다. 특히 무사 회상 장면에서 무사가 자살할 때 특별한 음악 없이 주변의 새 소리만 들려온다. 자살을 시도하는 무사의 심리와 아름다운 새 소리의 대립은 무사의 비장미를 강화시키는 역할을 한다.

영화 평론가 게이코 맥도널드Keiko I. McDonald는 구로사와에 관한 논문《구로사와 〈라쇼몽〉에서의 빛과 어둠의 변증법》을 통해 "〈라쇼몽〉은 빛light과 어둠darkness의 상징이 변증법적으로 가득 차 있는 작품"13)이라고 쓸 만큼 이 작품에서 조명 또한 중요한 역할을 하고 있다.

폭우 속의 우울한 라쇼몽(어둠)과 더위와 햇빛 속의 숲 속이나 법정(빛)의 정반대의 이미지가 몽타주를 통해 대립되고 살인이라는 어두운 이미지의 사건이 오히려 햇볕이 내리쬐는 밝은 대낮에 일어나게 하는 것은 내용의 극적 상황을 심리적으로 강화시켜주는 역할을 한다. 도널드 리치Donald Richie가 '순수한 영화 인상주의'라고 평가한 〈라쇼몽〉의 조명은 나무꾼이 숲 속에 들어갈 때, 산적이 무사 아내를 처음 볼 때, 무사의 아내를 강간할 때, 그녀를 데리고 무사에게 달려갈 때 숲 사이로 비치는 햇빛의 다양한 변화를 통해 효과적으로 표현되고 있다. 빛은 이성과 선Good을 나타내고, 어둠은 충동과 악Evil을 나타낸다는 맥도널드의 정의가 영상으로 표현되고 있는 것이다. 아쿠타가와 작품은, 이와 같이 형식을 다루는 데 능숙한 구로사와의 연출 솜씨 덕분에 한껏 빛났다.

〈라쇼몽〉과 〈폭행〉 비교

	〈라쇼몽〉	〈폭행〉
제작	1950년(일본)	1964년(미국)
인물 변화	나무꾼 승려 행인 산적 타조마루(미후네 도시로) 사무라이 포졸	금광 채굴업자 목사 떠돌이 약장수 무법자 카라스코(폴 뉴먼) 군인 보안관
장소 변화	라쇼몽	기차역(상징성 약화)
소도구	칼	총
미학 변화	형식미의 극치	형식미 파괴, 모든 형식 요소가 평범함으로 전락

그의 연출 기법이 진정 탁월하다는 걸 실감하기 위해선 상대 비교가 필요할 것 같다. 마침 〈라쇼몽〉의 시나리오를 토대로 미국판으로

번안한 작품이 1920년생인 마티 리트에 의해 〈폭행〉(1964)이란 제목—한국 TV에선 〈가면과 진실〉이란 제목으로 방영된 적이 있다—으로 제작되었다. 굳이 〈폭행〉을 〈라쇼몽〉과 비교하려는 것은 이 작품이 보통 영화를 상징하기에 적절한 전형적인 미국 영화이기 때문이다. 마틴 리트가 미국의 B급 감독이긴 하지만 그렇다고 형편없는 수준의 감독은 아니다. 그는 나름대로 사회의식을 갖고 있고, 상업적으로 안정된 영화를 만들어왔다. 그의 영화 중 인종 문제에 관심을 갖고 만든 흑인 영화 〈사운더Sounder〉(1971)나 노동자 문제를 다룬 〈노마 레이Norma Rae〉(1979) 등의 작품은 비교적 알려진 가작이다. 평범한 감독과 위대한 감독, 이 두 사람이 똑같은 내용의 영화를 얼마나 다르게 연출하여 시각화하는지, 그 형식을 어떻게 통제하는지 자못 궁금하다.

앞의 표에서 보는 바와 같이 〈폭행〉은 배경을 일본에서 미국(멕시코 변경)으로 옮겨 인물이나 소도구, 공간 설정 등에 다소 변화가 생겼지만, 근본적인 스토리는 〈라쇼몽〉을 그대로 따르고 있다. 리트는 구로사와 작품을 번안하면서 자신에게 맞는 독특한 형식으로 재해석하기보다는 할리우드적인 형식에 〈라쇼몽〉의 스토리만 집어넣고 있는 것이다. 그러다 보니 〈라쇼몽〉의 뛰어난 미학이 모두 할리우드적인 진부함이나 평범함으로 전락해버리는 결과를 낳았다.

〈라쇼몽〉 초반부의 첫 회상 장면에서 나무꾼이 숲 속에 나무하러 갔다가 시체를 발견하는 신scene이 있다. 아쿠타가와의 원작 〈숲 속〉은 "나는 오늘 아침 일찍 여느 날처럼 뒷산에 삼나무를 베러 올라갔습니다. 그런데 산그늘의 어떤 숲 속에서 그 시체를 발견하게 된 것입니다"라고 단 두 문장으로 묘사하고 있다. 이런 상황은 소설에서 매우 시각적으로 묘사되고 있다. 사실 이런 장면을 영화에서 시각적으로 묘사하는 것은 간단하다. 보통의 감독들이라면 두세 컷 정도로 간단히 묘사했을 것이다. 실제로 마티 리트는 아래와 같이 단 두 컷으로 처리하고 있다.

1) (롱 숏, 부감) 금광 채굴업자가 말을 끌고 숲 속으로 들어가는 모습을 팬으로 보여준다.
2) (풀 숏, 팬) 숲으로 들어가던 그가 뭔가를 발견하고 멈춘다.

그러나 구로사와는 나무꾼이 숲에 들어가 시체를 발견하기 직전, 단서를 발견하고 멈출 때까지 2분 4초 동안 16컷으로 보여주었다.

|라쇼몽 |폭행

1) (클로즈업, 트래킹) 나무 사이로 보이는 햇살.
2) (클로즈업, 트래킹) 나무꾼이 메고 가는 도끼의 옆모습.
3) (바스트 숏, 트래킹) 도끼를 메고 가는 나무꾼의 뒷모습.
4) (롱 숏, 트래킹) 숲 속을 걷는 그의 모습.
5) (롱 숏, 틸트다운) 숲을 지나는 그의 모습.
6) (풀 숏, 180도 팬) 외나무다리를 건너는 모습을 앙각으로 보여준다.
7) (시점 숏, 트래킹) 걸어가는 나무꾼의 앙각 시점 숏으로 나무가 보인다.
8) (바스트 숏, 트래킹) 나무꾼이 걸어가는 뒷모습.

9) (풀 숏, 트래킹) 걸어가는 나무꾼.

10) (시점 숏, 트래킹) 나무의 시점 숏을 앙각으로 보여준다.

11) (롱 숏―바스트 숏―풀 숏, 트래킹) 걸어오는 그의 모습을 부감으로 보여준다.

12) (시점 숏, 트래킹) 나뭇잎 사이로 보이는 햇빛.

13) (풀 숏―바스트 숏, 트래킹) 걸어가는 그의 정면 모습.

14) (클로즈업, 트래킹) 걸어가는 그의 뒷모습.

15) (클로즈업, 트래킹) 걸어가는 그의 옆모습.

16) (클로즈업, 트래킹―고정) 걸어오던 나무꾼, 문득 뭔가를 발견한 듯 멈춘다.

시체를 발견한다는 단순한 상황인데, 구로사와는 마틴 리트처럼 단 두 컷 정도로 보여주지 않고 왜 그렇게 많은 시간과 컷을 소비했을까? 구로사와는 그 상황이 사건의 극적 모티브가 되는 시체를 처음 보여주는 것이자 관객을 숲 속의 사건 속으로 끌어들이는 첫 단계이기에 뭔가 긴장감과 동일화 과정이 필요하다고 생각했던 것 같다. 그래야만 이후 사건 속에도 관객이 빨려들 테니까. 그래서 그는 나무꾼이 시체를 발견하는 장면을 다양한 각도의 이동 숏으로 2분 이상 보여주었던 것이다.

유의할 점은, 그가 시체를 발견하는 순간까지의 16컷 중에 고정된 숏은 하나도 없고 트래킹이나 팬에 의해 끊임없이 움직인다는 것이다. 그러한 역동적인 카메라 움직임과 북소리를 기조로 한 배경 음악은 극적 긴장감과 감정적인 상승효과를 극대화하는 역할을 한다. 거기에다 나뭇잎 사이로 시점 숏Point of view shot에 의해 반짝거리며 보이는 햇빛 이미지가 미묘한 정서적 감동을 불러일으킨다. 구로사와는 관객들이 나무꾼을 따라 살인 사건이 일어난 숲 속—마치 프로이트적인 이드[id]의 세계처럼 보이는 —으로 들어가는 것과 같은 감정 체험을 겪도록 만드는 데 성공하고 있다. 그러나 단 두 컷으로 단순하게 표현되는 마틴 리트의 카메라는 전혀 그러한 동일화 체험 과정을 보여주지 못하고 단지 사건을 설명하는 역할에 머물고 있다. 그만큼 테크닉이 주는 정서적 반응은 다르다.

숲 속에서 시체를 발견하는 신은 여기서 끝나지 않는다. 16)컷에서 나무꾼이 발견한 것은 하나의 단서일 뿐이다. 구로사와는 보다 호기심과 상상력을 자극시키려는 듯 시체가 등장하기까지 여러 컷을 더 사용한다. 그러나 더 이상 트래킹을 사용하진 않는다.

17) (풀 숏—바스트 숏—롱 숏) 멈춰선 나무꾼은 나무 위에 걸려 있는 여인의 밀짚모자를 발견하고 의아하게 여기더니 숲 속으로 계속 들어간다.

18) (바스트 숏, 팬) 두리번거리면서 걷는 나무꾼.

19) (풀 숏—바스트 숏) 걸어오던 그는 땅에 떨어진 뭐가를 발견한다.

20) (클로즈업, 틸트업) 땅에 떨어진 모자를 줍는 나무꾼.

21) (풀 숏) 계속 걸어오던 그는 또 뭔가를 발견하더니 주워본다.

22) (롱 숏) 저쪽 숲 사이에 무엇인가 보인다.

23) (풀 숏) 그 뭔가가 더 가까이 보인다.

24) (미디엄 숏) 그는 그것을 좀 더 자세히 보기 위해 가다가 뭔가에 걸려 넘어질 뻔한다. 그는 바닥을 보더니 놀라며 뒤로 화들짝 물러선다.

25) (미디엄 숏) 놀라는 나무꾼, 화면에 사람의 두 손이 불쑥 드러나 있는 게 보인다.

26) (클로즈업—롱 숏) 놀라 비명을 지르고 뒤돌아 달려간다.

27) (풀 숏, 스위시 팬) 숲 속을 달려가는 나무꾼.

28) (미디엄 숏, 스위시 팬) 달리는 나무꾼.

29) (바스트 숏, 스위시 팬) 달리는 나무꾼.

이상 나무꾼이 시체를 발견하는 숲 속 시퀀스는 모두 3분 50초 동안 29개의 컷으로 이루어졌다(마틴 리트는 2분 43초 동안 열 개의 컷으로 그 장면을 해결하고 있다). 마지막 세 개의 컷은 달려가는 나무꾼을 스위시 팬에 의해 나뭇잎 사이로 잡고 있는데, 그가 놀라고 충격받아 달리는 긴박한 심리가 빠른 팬과 달리는 인물의 역동적인 이미지에 의해—특히 나뭇잎 사이로 비치는 밝은 햇빛 이미지에 의해—잘 표현되고 있다.

여기서 시체의 모습은 직접적으로 보이지 않는다. 단지 손만 보여줌으로써 관객들에게 상상할 여지를 제공한다. 마틴 리트가 영화에서는 시체의 얼굴을 인서트로 직접 보여주는데, 그것은 상상력의 즐거움을 빼앗는 역할만 할 뿐이다. 이미 관객들은 사전 정보에 의해서 시체라는 것을 예상하고 있기에 직접적으로 보여줄 필요 없이 신체의 일부를 보여주는 것처럼 간접적으로도 그 목적을 충분히 달성할 수 있다. 이 시퀀스의 원리는 나중에 스필버그의 〈이티〉에서 엘리어트가 처음으로 이티를 발견하는 장면에 응용되고 있다. 스필버그는 초반에 이티의 모습을 직접적으로 보여주지 않고 간접적으로만 감질나게 암시하다가 한참 후에야 엘리어트를 통해 직접적으로 보여준다. 실제로 나무꾼이 시체를 발견하고 도망가는 장면은 소년 엘리어트가 처음 이티를 발견하고 놀라 비명을 지르며 도망가는 것과 매우 유사하다.

산적 타조마루가 처음으로 무사 아내를 보고 반하는 장면이 있다. 아쿠타가와의 〈숲 속〉에서는 다음과 같은 문장으로 묘사되는 부분이다.

나는 어제 한낮이 조금 지나 그들 부부를 만났습니다. 바로 그때 바람이 불어온 탓으로 초립 끝에 드리운 천이 펄럭이면서 잠깐 그 여자의 얼굴이 보였습니다. 잠깐 보였다고 하는 순간에 어느새 다시 숨어버렸던 것입니다. 감칠 나는 순간이어서 그랬는지 내게는 그녀의 얼굴이 마치 여자 보살처럼 보였습니다.

산적이 나중에 "산들바람만 아니었어도 그 무사를 죽이지 않았을 텐데"라고 말한 데서 알 수 있듯이, 그 장면은 사건의 동기가 되는 부분이기에 무척 중요하다. 감독은 이 장면을 도적이 무사 부인에게 반해 남편이 곁에 있는데도 그녀를 겁탈하지 않고는 도저히 못 배기는 상황으로 연출해야 한다. 여기서 연출상 중요한 것은 여인을 매력적으로 보여주는 것과 도적의 심리 변화를 살리는 것이다. 살인 사건의 동기는 결국 여인의 아름다움에서 비롯된 것이기에, 관객에게도 산적이 느끼는 것과 똑같은 감정을 느낄 수 있도록 연출해야 하는 것이다.

구로사와는 원작에서도 묘사되었듯이 순간적으로 감칠 나게 보여줘야만이 그 아름다운 매력이 배가된다는 것을 이용하고 있다. 그래서 그는 초립 모자에 달린 베일이 산들바람에 의해 살짝 들춰지면서 그녀의 미모가 순간적으로 드러나도록 연출하였다. 구로사와는 그 장면에 여인을 최초로 등장시켜 그런 식으로 얼굴을 보여주기까지 모두 14컷을 소비한다. 사전에 기대감과 긴장감을 주고 나서 어느 정도 감정이

고조될 무렵에 결정적인 모습을 보여줌으로써 극적 효과를 높이는 것이 그가 자주 쓰는 테크닉이다.

나무 그늘에서 쉬고 있던 산적이 여인의 미모에 반해 그들을 쫓아가기 직전까지의 장면은 모두 2분 33초 동안 19컷으로 이루어진다. 먼저 구체적인 콘티를 통해 구로사와가 그 장면을 어떻게 연출했는지 살펴보자.

1) (풀 숏) 커다란 나무를 앙각으로 보여주다가 틸트다운하면 그 나뭇가지 위에 누워 있는 산적의 모습.

2) (롱 숏+미디엄 숏) 그 산적의 모습을 고정 숏(미디엄 숏)으로 보여주다가 트래킹으로 저쪽 숲길에서 오고 있는 무사와 그 아내를 보여준다.

3) (미디엄 숏) 베일이 달린 초립을 쓴 여인이 말을 타고 있고 그 옆에서 무사가 말고삐를 잡고 걸어오고 있다.

4) (바스트 숏) 누워 있던 산적, 힐끔 그쪽을 본다.

5) (바스트 숏) 베일에 가려 얼굴이 잘 안 보이는 여인.

6) (바스트 숏) 산적은 관심 없는 듯 얼굴을 긁고, 눈을 감았다가 다시 뜨고 바라본다.

7) (롱 숏) 저쪽에서 경계하느라 멈춰 서는 무사의 여인.

8) (바스트 숏) 바라보다가 칼을 고쳐 잡는 무사의 옆모습.

9) (바스트 숏) 여전히 보고 있는 산적.

10) (바스트 숏) 그 산적을 보는 무사의 정면 모습.

11) (미디엄 숏) 산적은 무관심한 듯 무릎을 긁더니 다시 눈을 감는다.

12) (바스트 숏) 무사는 안심한 듯 다시 걷는다.

13) (바스트 숏) 누워 있는 얼굴 위의 나뭇잎 그림자가 산들바람이 불자 흔들거린다. 이때 문득 실눈을 뜨고 올려다보는 산적(환상적인 음악).

14) (클로즈업) 말을 타고 가는 여인의 다리에서 틸트업하면, 하얀 베일이 바람에 흔들거리며, 가려졌던 여인의 아름다운 얼굴이 살짝 드러난다.

15) (클로즈업) 놀란 표정으로 눈을 크게 뜨고 보는 산적, 얼굴 위의 나뭇잎 그림자가 여전히 살랑거린다.

16) (클로즈업) 흔들거리는 베일 사이로 여인의 아름다운 옆모습이 살짝 보인다.

17) (클로즈업) 얼빠진 표정으로 그녀가 가는 쪽을 보는 산적, 얼굴을 조금 쳐든다.

18) (풀 숏+롱 숏) 산적은 몸을 일으켜 지나쳐가는 그녀를 넋 나간 듯이 바라본다. 이때 카메라가 트래킹에 의해 저쪽으로 가고 있는 무사 부부의 모습을 동시에 보여준다. 산적은 나뭇가지에 엎드려 그들의 모습이 멀어질 때까지 보다가 다시 눕는다. 기운이 쪽 빠지고 나른한 듯한 표정으로.

19) (미디엄 숏) 산적이 누운 채 서서히 칼을 잡아당긴다.

이상의 콘티를 보면 구로사와가 여인의 환상적인 이미지를 보여주기 위해 얼마나 세심하게 주의를 기울

| 〈라쇼몽〉의 미후네 도시로

| 〈폭행〉의 폴 뉴먼

였는지 알 수 있다. 이 장면에서는 관객도 도둑의 심정이 되어 그녀의 아름다움에 반하지 않을 수 없게끔 되어 있다. 철저히 몽타주 수법을 이용한 이 장면은 다음과 같이 그 자체로 기승전결식의 구조를 이루고 있다.

기: 1)~5) 산적이 여인이 오는 것을 본다.
승: 6)~12) 여인의 남편은 은근히 산적을 경계하느라 멈춘다. (긴장)
전: 13)~17) 무관심하던 산적이 여인의 얼굴을 보고 그 아름다움에 반한다.
결: 18)~19) 그는 잠시 얼이 빠져 있다가 칼을 들고 뭔가 행동할 준비를 한다.

특히 그는 처음 두 번째 컷(누워 있는 산적과 오고 있는 무사 부부)과 마지막에서 두 번째 컷(역시 누워 있는 산적과 멀리 가고 있는 무사 부부)을 유사한 카메라 움직임 및 구도로 잡음으로써 장면 내에서 숏을 원형적인 구조로 배치하고 있다. 구로사와는 어떤 극적인 상황이든 감정적으로 몰입하고 빠져나오는 과정을 명확히 하고 있는 것이다. 그렇다면 마틴 리트는 동일한 상황을 어떻게 보여주고 있을까?

1) (풀 숏) 거대한 선인장 아래 누워 낮잠을 즐기는 카라스코.
2) (롱 숏, 트래킹) 멀리서 마차를 타고 오는 부부.
3) (바스트 숏) 카라스코의 누워 있는 뒷모습이 보인다.
4) (미디엄 숏) 문득 얼굴을 들고 저쪽을 본다.
5) (롱 숏) 마차를 타고 오는 부부가 보인다.

6) (미디엄 숏) 카라스코는 총을 들고 뒤척이다 선인장에 찔린다.

7) (바스트 숏) 그는 다시 자리에 눕는다.

8) (풀 숏) 다가오는 마차가 좀 더 크게 보인다.

9) (바스트 숏) 모자를 얼굴에 덮고 누워 있던 카라스코, 바람에 날린 모자를 주우러 일어났다가 마차를 본다.

10) (미디엄 숏, 클로즈업, 줌 인) 바람에 모자의 베일이 벗겨지면서 마차 위에 앉은 여인의 얼굴이 빠른 줌에 의해 보인다.

11) (바스트 숏~클로즈업, 줌 인) 그녀의 미모에 감탄하는 카라스코의 표정.

12) (클로즈업, 팬) 여인의 아름다운 모습이 팬에 의해 보인다.

13) (클로즈업~빅 클로즈업, 줌 인) 얼이 빠져 있는 카라스코의 모습.

마틴 리트는 그 상황을 1분 48초 동안 13컷으로 보여주고 있다. 그러나 구로사와의 연출 방식과 너무 차이가 난다. 정밀하게 계산된 구로사의 편집, 카메라 움직임, 사운드, 조명 등 형식 요소의 조화는 사라지고 단지 엉성한 상황만 나열되고 있는 셈이다. 특히 산들바람으로 베일이 휘날리며 여인의 얼굴이 처음으로 보이는 부분은 중요한 장면인데도 전혀 환상적인 분위기를 창조하지 못함으로써 왜 카라스코가 그녀에게 반할 수 있었는지에 대한 심리적 동기가 약화되어버렸다. 또한 〈라쇼몽〉에서 6)~12) 숏으로 보여주는 긴장감이 〈폭행〉에서는 생략됨으로써 극적인 힘도 떨어지고 말았다. 그리고 〈라쇼몽〉에서는 산적과 무사 부부가 동일한 화면 내에 위치하고 있는 것이 보이지만, 〈폭행〉에서는 단지 몽타주로 보여줄 뿐이다. 그러다 보니 그들 상호 간의 긴장감이나 극적 리얼리티가 사라져버렸다.

특히 마틴 리트는 진부한 감독들이 흔히 그렇듯이 줌렌즈를 빈번히 사용함으로써 리듬감과 분위기를 망치고 있다. 가령 〈폭행〉은 10)~13)컷에서 세 번이나 줌렌즈를 이용하고 있는데, 이는 전혀 불필요한 테크닉이었다. 똑같은 장면을 표현한 〈라쇼몽〉의 13)~17)컷을 보면 쉽게 알 수 있다. 구로사와는—특히 〈라쇼몽〉에서—줌렌즈를 거의 사용하지 않는 대신 트래킹을 자주 사용한다. 줌렌즈는 인위적이고 안이한 테크닉으로, 트래킹이 주는 감각을 따라가지 못하기 때문이다. 줌에 대해 구로사와는 다음과 같이 말한다.

> 줌은 맘에 들지 않아요. 줌이라는 것은 이쪽에서 다가서는 게 아니라 상대편이 움직이는 것이기 때문이지요. 그래서 내가 줌을 사용할 때는 단독으로 하지 않고 이동차에 태워서 하지요. 관객이 눈치 채면 흥미를 잃어버리게 되니까요. 어쨌든 카메라를 의식하게 되면 끝입니다. 그래서 나는 관객들에게 카메라가 촬영하고 있다는 것을 의식하지 못하도록 촬영하지요. 사람의 움직임에 따라 이동하는 것은 그 때문입니다. 사람이 멈추면 카메라도 멈추고 사람이 움직이기 시작하면 카메라도 움직이기 시작하는 것이죠.[14]

〈폭행〉은 음악의 사용에서도 심리적 변화에 대응하지 못하고 있고, 조명 역시 〈라쇼몽〉처럼 밝음과 어둠의 대비 효과를 살리지 못하고 있다. 그리고 〈라쇼몽〉에서는 산적이 여인을 보고 난 후의 심리적 반응—축 늘어진 듯 누웠다가 서서히 칼을 끌어당기는 모습을 통해 그녀에게 욕망이 있음을 암시하는—을 나타내는 데 반해 〈폭행〉은 그런 심리적 갈등 과정이 없이 바로 그들을 쫓아가도록 하는 성급함을 보이고 있다.

이상에서 예를 든 장면 말고도 두 작품에서 비교될 부분은 너무도 많다. 산적이 무사 아내를 끌고 달리는 장면, 겁탈하는 장면, 무사의 자살 장면, 무사와 산적이 여인을 사이에 두고 결투를 벌이는 장면, 〈라쇼몽〉의 결말에서 보이는 상징적 이미지 등. 〈라쇼몽〉의 미학적 테크닉은 〈폭행〉과는 비교가 안 될 정도로 차원을 달리한다.

〈라쇼몽〉의 독창성 뒤에는 나의 즐거움을 제한하는 진부한 완벽성이 숨어 있다는 의심이 든다. 이러한 평가는 찬사일 수도 있다.

프랑스 누벨바그의 정신적인 지주인 영화 평론가 앙드레 바쟁Andre Bazin이 〈라쇼몽〉에 대해 평가한 말이다. 그것은 〈라쇼몽〉이 미학적으로 뛰어난 수준이라는 것을 역설적으로 말한 것이다. 구로사와는 〈라쇼몽〉을 만들고자 할 때, 오손 웰스가 〈시민 케인〉을 준비하면서 그랬듯이 기존 영화에 대한 철저한 분석 작업을 통해 미학의 엑기스를 뽑아내려고 애초부터 시도했던 것 같다. 그런 의도는 그가 말년에 쓴 자서전을 통해 드러난다.

1930년 토키 영화가 등장하고부터 우리는 옛 무성영화의 너무도 훌륭했던 점을 놓치고 잊어버렸다는 것이 나의 느낌이었다. 나는 미학적 손실을 끊임없이 안타깝게 생각하고 있었다. 나는 이 독특한 아름다움을 다시 발견하려면 영화의 기원으로까지 거슬러 올라갈 필요성이 있다고 느꼈다. 나는 과거로 되돌아가지 않으면 안 되었다. 특히 나는 1920년대 프랑스 아방가르드 영화 정신으로부터 배울 것이 있다고 믿었다. 나는 옛날 영화들을 찾으러 돌아다녔고 소년 시절 보았던 영화들의 구성을 기억하면서 그것들의 특별한 미학을 반추해보았다. 〈라쇼몽〉은 내가 무성영화를 연구하면서 얻은 생각과 의도를 적용시킬 시험장이 될 것이다. 나는 상징적인 배경 분위기를 깔기 위해서 아쿠타가와의 단편 〈숲 속〉을 사용하기로 결정했다. 이 이야기는 마치 외과용 메스로 파헤치듯이 인간 마음 깊숙한 곳에 존재하는 어두운 이상심리와 기이한 뒤틀림을 적나라하게 드러내고 있었다. 나는 이런 인간 마음의 이상한 충동들을 빛과 그림자의 정교한 사용으로 표현하기로 하였다.[15]

절정기의 작품 II
―〈이키루〉(1952)

도스토옙스키(적인) 영화―〈백치〉

　　　　　　　　구로사와는 도스토옙스키를 인간
존재에 대해 가장 솔직하게 쓰는 작가라고 여기면서 젊은 시절부터 그
의 문학을 좋아했다. 그의 작품 가운데서 특
히 《백치》를 훌륭한 영화 소재라고 생각하고
예전부터 벼르다가 〈라쇼몽〉이 1951년 베니
스 영화제에서 수상하기 직전에야 비로소 완
성했다. 〈백치〉는 워낙 힘들게 만든 작품이어
서 구로사와가 만년까지도 많은 애정을 쏟은
영화인데도 그다지 성공하지 못했다. 특히

비평가들에게 호된 비판을 받았다. 상영 시간이 너무 길어(오리지널
265분) 대폭 가위질당한 채(개봉 영화 166분) 공개되는 바람에 구로사
와의 의도가 살아나지 못한 측면도 있다.

〈백치〉가 홍행에 실패하자 다이에 영화사는 구로사와 약속한 다음 작품의 제작을 돌연 취소했다. 그러나 곧 이은 〈라쇼몽〉의 승전보로 인해 도호에서 다음 작품 〈이키루〉를 연출할 수 있었다.

비록 구로사와가 지금까지 도스토옙스키의 소설을 영화화한 것은 〈백치〉밖에 없지만, 그는 자신의 많은 작품에서 도스토옙스키적인 인간 탐구 방식을 적용해왔다. 〈주정뱅이 천사〉, 〈이키루〉, 〈붉은 수염〉이 가장 대표적인 작품이다. 특히 〈백치〉 직후, 오리지널 시나리오를 써서 만든 〈이키루〉는 도스토옙스키적인 이미지를 성공적으로 시각화하였다고 볼 수 있다. 실제로 〈이키루〉의 주인공인 시청 공무원 와타나베(시무라 다카시)는 《백치》의 주인공 미슈킨을 연상시키는 인물이다.[16)]

〈백치〉의 스토리는 일본이 패전한 직후, 혼란이 아직도 가시지 않은 어느 초겨울을 배경으로 한다. 주인공 가메다(도스토옙스키 작품에서의 미슈킨 역할)는 연락선의 3등 선실 안에 있다. 그는 전범 용의자로 사형선고를 받고 처형 직전에 석방되었지만, 그것에 큰 충격을 받아 백치라는 병명으로 오랜 병원 생활을 보내고 이제야 회복이 된 것이다. 같은 선실에서 그는 아카마(미후네 도시로)를 만난다. 부유한 집안의 대를 이을 상속자인 아카마는 한번 마음먹은 일은 절대로 포기하는 법이 없는 뱀처럼 집요한 사내다. 어떤 이유에선지 두 사람은 마음이 통한다.

눈이 덮인 삿포로에 도착한 두 사람은 거리의 사진관 쇼윈도에서 아름다운 여인 다에코^{妙子}의 사진을 본다. 그녀는 어떤 남자의 첩으로 최근에 50만 엔의 위자료와 함께 다른 남자와 결혼한다는 소문이 있는 여자였다. 가메다는 그녀가 불행한 여자일 거라고 직감하고, 아카마는 아직 보지도 못한 그녀에게 마음을 불태운다. 고향에 돌아온 가메다는 죽은 아버지 친구 오노大野의 집에 기숙하게 된다. 아버지 친구는 가메다가 죽었다고 단정하고 가메다 아버지의 목장을 자기 것으로 해버렸기 때문에 가메다의 귀향에 당황하지만, 가메다는 거기에 조금도 상관 않는다. 그런 그에게 아버지 친구의 딸 아야코綾子가 연정을 품게 된다. 그녀는 아버지의 비서와 연인 사이지만, 돈 때문에 자기와 결혼하려는 그 남자를 경멸하고 있던 참이다.

어느 날 가메다는 사진에서 본 여자(다이코)의 생일에 초대받는다. 평상시에 히스테릭한 그녀는 가메다에게 마음이 끌리게 된다. 가메다는 그녀를 책임지고 싶어 하지만, 그녀는 가메다의 아름다운 마음씨를 알고 괴로워한다. 그녀는 아카마와 가메다 사이를 왔다 갔다 한다. 마침내 그녀는 가메다를 버리고 아카마 곁으로 달려가지만, 곧 그에게서 도망쳐 나와버린다. 3개월이 지난 눈보라치던 날, 가메다는 그녀의 뒤를 쫓아 도쿄까지 갔다가 혼자 돌아온다. 가메다는 그녀가 돌아왔다는 소식을 듣고 아카마 집에 간다. 아카마는 가메다의 일관된 태도와 그녀가 가메다를 사랑하는 것에 질투를 느낀다.

공원에서 빙상 카니발이 있던 날, 그곳에 변장한 다이코가 나타나 가메다와 아버지 친구의 딸 아야코를 맺어주기 위해 장난을 하고 간다. 아버지 친구의 딸과 이야기할 기회를 갖게 된 가메다는 그녀에게 프러포즈를 하고 그녀도 그것을 받아들인다. 그러나 그녀는 가메다의 마음을 차지한 여인이 있음을 알고 그녀를 만난다. 아카마는 다이코가 자신에게 돌아오지 않을 것을 안다. 한편 아버지 친구에게 절연당한 가메다는 거리를 헤매는 중 아카마를 만나고, 그가 이끄는 대로 간다. 어떤 집에서 그는 여인(다이코)의 시신을 본다. 그 모습을 본 가메다는 발작을 일으키고 만다. 가메다가 병원에 입원한 후, 아버지 친구의 딸 (아야코)은 그를 생각하고 눈물을 흘린다. "저 사람처럼 사람을 증오하지 않고 그저 사랑하고 산다면…. 나는 어쩌면 바보가 아닐까. 백치는 바로 나였어!"라고 말하면서.

〈이키루〉—암에 걸린 평범한 공무원의 이야기

고등학교 시절 한 수업 시간에 선생님으로부터 암에 걸린 한 공무원의 이야기를 감동적으로 그린 일본 영화 이야기를 들은 적이 있다. 나중에 〈이키루〉를 보면서 '아, 이 작품이 그때 선생님이 말한 영화구나' 하고 반가워했던 생각이 난다. 나는 개인적으로 구로

사와 영화 가운데 〈7인의 사무라이〉를 가장 걸작으로 평가하지만, 가장 감동적인 영화를 선택하라면 〈이키루〉를 꼽을 것이다. 어쩌면 내가 그동안 본 모든 영화들 중에서 꼽으라고 해도 마찬가지일 것이다. 평자에 따라서는 이 작품을 구로사와 영화 가운데서 가장 뛰어난 걸작으로 꼽기도 하는데[17] 그 이유는 이 영화가 〈라쇼몽〉이나 〈7인의 사무라이〉에서는 느낄 수 없는 인간에 대한 깊은 감동을 주기 때문일 것이다. 자칫하면 관념으로 흐르기 쉬운 실존적인 문제를 이렇게 감동적으로(또한 미학적으로) 보여준 영화가 또 어디 있을까?

구로사와는 이야기를 풀어나갈 때 어떤 정보를 미리 관객들에게 주고, 그 정보를 모르는 등장인물이 어떻게 행동할 것인가를, 또 등장인물이 알 경우 그가 어떻게 반응하고 대처해나갈 것인가를, 긴장감을

잃지 않고 보도록 하는 수법을 쓰곤 한다. 그것은 관객을 이야기 속에 끌어들이게 하는 서스펜스 스릴러적 수법으로서 히치콕이나 스필버 그 같은 상업 영화의 대가들이 자주 사용하는 테크닉이다.

〈이키루〉의 처음 장면은 그런 테크닉을 적용하고 있다. 즉, 해설자를 통해 주인공 와타나베가 암에 걸려 있고 그는 그것을 모르고 있다는 정보를 미리 제공해준다. 그럼으로써 그 사실을 모르는 와타나베가 단지 위장병인 줄 알고 병원을 찾을 때 관객들은 긴장감을 느끼게 된다. 작품 전반부는 그러한 긴장감 구조를 이용하고 있다. 암에 걸린 것을 미리 알려준 뒤 그가 그 사실을 알게 될 때 어떻게 행동할 것인가에 대한 기대감을 갖게 하는 것이다. 와타나베가 자신이 암에 걸린 사실을 알고 난—그 주변들, 즉 가족이나 회사 동료들은 모르고—뒤에는 이제 그가 자신의 시한부 인생을 앞두고 어떻게 행동할 것인가에 대해 궁금증을 자아내게 만든다. 이 작품 전반부는 주인공 와타나베가 암에 걸린 사실을 알고 난 후 좌절감에 빠져 있다가 항상 낙관적으로 살아가는 토요라는 젊은 여성과 만나면서 죽기 전에 뭔가 의미 있는 일을 남겨야겠다는 결심을 하고서 시청 민원서류에 묵혀 있던 공원 개발 신청서를 들고 시찰 나가는 것으로 끝난다. 그때 주인공 와타나베가 암으로 5개월 후에 죽었다는 걸 알려주는 내레이션이 나온다. 전반부 3분의 2가량은 주로 감성에 호소하지만 나머지 3분의 1은 이성에 호소하고 있다.

이 작품의 후반부는 와타나베의 장례식에서 시작된다. 그 구성 방식은 전반부와는 달리 회상을 통한 복합 구성으로 되어 있다. 마치 오손 웰스의 〈시민 케인〉에서 주인공 케인이 죽은 후 주변의 여러 사람이 회상을 통해 케인이 어떻게 살아왔나를 다양한 시각에서 보여주듯이, 여기서도 와타나베가 죽은 후 조문 온 회사 동료들 각자가 회상을 통해 죽기 직전의 그의 행적을 되새기고 있다. 구로사와는 숲 속에서 일어난 살인 사건의 의문을 여러 사람들의 회상을 통해 추적하는 〈라쇼몽〉의 복합 구성 방식을 다시 한 번 응용하고 있는 것이다. 조문 온 같은 직장의 동료들은 와타나베가 암으로 죽기 직전에 했던 행동들에 대해 의문을 품는다. 처음에 그들은 와타나베 자신이 사전에 암에 걸린 사실을 몰랐다고 생각하고 있었다. 무기력해 보이던 그가 왜 적극적으로 행동하고, 온갖 어려움(상사들의 냉대)과 위협(건달들의 협박)을 무릅쓰고 구로죠의 허름한 공터를 어린이들을 위한 공원으로 만들려고 노력했는지 의아해하면서 직원들 각자가 당시의 와타나베를 회상한다. 그 과정에서 와타나베라는 인간이 죽음을 앞두고 치열하게 사는 모습과 결국 의미 있는 일을 해내고 나서 평화롭게 죽음을 맞이하는 그의 자세를 보여준다. 그리고 직원들과 가족 모두는 비로소 그의 진실을 깨닫고 각자의 삶의 방식을 반성하게 된다. 이 후반부는 전반부와 달리 경직된 관료 사회에 대한 비판이 들어 있다.

실존적인 인간—와타나베와 《이방인L' Etranger》의 뫼르소

구로사와의 〈이키루〉는 현대 실존 사상을 영화적으로 표현한 작품이다. 이 작품은 거대한 부정의 문맥 속에 제한된 긍정을 포용하고 있다. 엄격히 말하면 인생은 무의미하다는 것과 동시에 한 사람의 인생은 그가 의미 있는 어떤 일을 하게 될 때 비로소 그 가치를 획득할 수 있다는 것이다. (중략)[18]

구로사와 자신은 실존적 해석을 하지 않았고 자신을 실존주의자로 생각지 않는다 할지라도 많은 평자들은 〈이키루〉에서, 도스토옙스키 작품이 그렇듯이 실존적인 문제와 관련된 메시지를 느낄 수 있다고 평가한다. 〈이키루〉의 주인공 와타나베는 마치 알베르 카뮈^{Albert Camus}의 대표작 《이방인》(1940)의 주인공 '뫼르소'처럼 비현실감과 무감각 속에서 살아오다 죽음을 앞두고 비로소 자각에 이르게 되는 실존적인 인물이다.

혼히 우리는 부조리한 세상을 느끼지 못하며 살고 있다. 다시 말하면 의식이 졸고 있는 것이다. 그저 관습에 의해서 기계적으로 일상생활의 좁은 틀을 다람쥐 쳇바퀴 돌듯 하며, 인생의 뜻이 있는지 없는지 문제 삼지도 않고 살아간다. 그렇게 졸고 있는 의식은 실존자^{實存者}의 의식이 아니기에 거기에서 완전히 깨어나 부조리를 명확히 인식할 때 비로소 인간은 인간다울 수 있는 것이다. 때문에 카뮈의 부조리의 인식이야말로 인간이 가지는 존엄성이기도 한 것이다.

졸고 있는 의식이 깨어나는 과정과 깨어나는 의식이 허망한 모순에 부딪쳐 불가피하게 부조리를 낳게 되는 귀결, 《이방인》이 전하려 하는 것은 바로 이런 것이다. 졸고 있는 의식은 관습에 의한 기계적이고 무의미한 동작을 계속하며 살고 있으면서도 그것을 보지 못한다. 의식이 깨어나려고 할 때는 아마도 그러한 인생의 메커니즘과 딜레마가 먼저 눈에 띄게 될 것이다. 《이방인》 제1부에서 카뮈가 묘사하고 있는 주인공 뫼르소의 경우가 바로 그렇다. 그의 의식은 본능에 가까운 감각에 지나지 않는다.[19]

〈이키루〉의 와타나베도 뫼르소처럼 그 자신이 암에 걸린 사실을 인식하기 전까지만 해도 그저 기계적으로 반복되는 생활 속에서 본능에 가까운 감각으로 살아가고 있었다. 즉 그는 30년 가까이 시청 말단 공무원으로서 공직에 성실히 임해왔다. 술을 마시는 법도 없고, 아내가 죽은 뒤에도 자식을 생각해 재혼도 마다한 채 결근 한 번 하지 않고 마치 시계추처럼 직장을 오가며 일했다. 사람들이 그를 '미라Mummy' 라는 별명으로 부를 정도로 무감각하게 살아왔다. 아니 '살아져왔다' 고 하는 편이 더 정확한 표현일 것이다. 뫼르소가 우연한 살인으로 인해 사형을 선고받고 죽음을 눈앞에 두고서야 잠자고 있던 의식이 깨어나듯이, 와타나베는 불치의 암으로 인해 인간의 가장 냉혹한 리얼리티인 죽음에 직면함으로써 마침내 몸부림치지 않을 수 없게 된 것이다. 30년간 오직 일밖에 모르며 살아온 그는 도대체 왜, 무엇을 위해 살아왔던가를 생각해본다. 그는 비로소 자신을 되돌아보고 주위를 새로운 시각으로 돌아보게 된 것이다.

와타나베는 두려움과 회의에 빠져 자살을 생각하기도 했으나 용기가 안 나 포기하고, 그러던 차에 《파우스트Faust》에 나오는 메피스토펠레스 같은 인물인 삼류 소설가를 만나 술도 마시고 나이트클럽에도 가는 등 과거에는 꿈도 꾸지 않았던 쾌락 속에 빠져들기도 한다. 그러나 어떤 것도 그에게 아무런 해결점을 주지 못한다. 와타나베는 항상 명랑하고 쾌활한 아가씨 토요를 통해서 비로소 남은 인생을 어떻게 살아야 하는지를 깨닫게 된다. 즉 죽기 전에 뭔가 의미 있는 일을 해야겠다고 생각하는 것이다. 결국 그는 자신의 의지를 주체적으로 끈질기게 관철시켜 어린이를 위한 공원을 만들고 나서야―뫼르소가 죽음에 임하여 행복감을 느끼듯이―행복하게 죽음을 맞이한다.

카뮈가 수필집 《표리L' Etranger et L' Endroit》(1937)에서 "삶에 대한 절망 없이는 삶에 대한 사랑도 없다"고 했듯이 뫼르소나 와타나베는 극단적인 절망(부정)으로 인해 삶에 대한 뜨거운 애정(긍정)을 갖게 된 것이다. 그들은 역설적이게도 죽음의 선고를 받고서야 비로소 자유의 의미를 깨닫는다. 자유란 의지의 강렬함을 말한다. 그것은 인간의 마음속에 살아야겠다는 의지를 일으키는 극한 상황 속에서 나타난다. 뫼르소가 사형선고를 받고 자유로운 의식을 갖게 되듯이, 와타나베도 죽음을 인식하면서 모든 습관으로부터 자유로워지고 틀에 박힌 관료 생활과 의미 없는 아들과의 관계로부터 해방된다. 자유는 그의 것이 되고 더 이상 피할 수 없게 된 것이다. 그래서 그는 자신의 변명을 안 순간부터 남은 몇 개월 동안 치열하게 살아간다.

형식미—주인공의 심리 묘사를 위하여

이 작품을 보면 구로사와는 형식과 내용 가운데 어느 한쪽도 포기하지 않고 두 가지 다 철저히 조화시키는 감독이라는 것을 새삼스럽게 느낀다. 그는 항상 그렇듯이 형식 속에 내용을 맞추는 것보다는 내용을 얼마나 설득력 있고 감동적인 미학으로 전달하느냐에 관심이 있다. 똑같은 내용일지라도 어떻게 표현하느냐에 따라 그 감동이나 주제를 전달하는 폭이 크게 달라진다는 것은 이미 〈라쇼몽〉과 〈폭행〉의 비교를 통해 경험했다.

〈이키루〉에서 나타나는 형식은 주로 와타나베라는 인물의 심리 묘사에 초점을 맞추고 있다. 가령 와타나베가 병원에서 암 선고를 받고 나온 직후 거리에 나섰을 때 그의 심리적인 고뇌를 표현하기 위해 주변의 사운드를 없애고 무성silent으로 처리한 장면이 있는데, 그것은 암 선고 충격으로 인한 주인공의 비정상적인 심리를 비정상적인 사운드 효과로 보여준 뛰어난 실례다. 구로사와는 사람이 너무 깊은 생각에 몰두했을 때 주변의 어떤 소리도 귀에 들리지 않는다는 심리적 리얼리티를 영화적으로 보여준 것이다. 그 '사일런트' 의 효과는 무심코 길을 건너려던 와타나베가 갑자기 지나가는 차의 경적 소리에 멈칫하고 제정신으로 돌아올 때, 거리의 사운드가 한꺼번에 밀려오는 데서 증폭된다.

또한 나중에 카바레에서 그가 자기 죽음의 슬픔을 암시하는 노래 '인생은 너무 짧아요Life is SO Short' 를 부를 때, 클로즈업된 그의 애틋한 표정을 고정된 롱 테이크(1분 14초 동안)로 잡아 감정적인 리듬을 유지하는 데서도 그런 형식미의 일단을 엿볼 수 있다. 구로사와는 이 롱 테이크를 통해 점점 눈물을 흘리며 노래하는 와타나베의 감정을 차단하지 않고 미세한 심리 변화까지도 보여줌으로써 관객을 감정적으로 동일화시킨다.

특히 주목할 것은 와타나베로 나오는 시무라 다카시에 대한 연기 연출이 매우 정밀하다는 점이다. 병원에서 자신이 암에 걸렸다는 사실을 알고 난 이후 집에 돌아왔으나 아들과의 미묘한 갈등 때문에 결국 말을 못 꺼내는 장면이나 잠자기 전에 평소 습관처럼 자명종 시계의 태엽을 감다가 갑자기 자신의 시한부 인생을 깨닫고 겁에 질려 이불 속에 숨어 흐느끼는 장면, 우연히 만난 소설가와 유흥가에 가서 스트립쇼를 보다가 갑자기 비명을 지르는 장면, 이어 혼잡한 거리의 위험한 차도에서 소리 지르며 날뛰는 장면 들은 죽음을 앞둔 주인공에 대한 심리 묘사가 뛰어나게 표출된 부분이다.

와타나베에 대한 심리 묘사는 카메라 구도에서도 잘 나타난다. 그가 선술집에서 우연히 낯선 소설가를 만나 자신이 암에 걸린 사실을 털어놓는 장면이 있다. 와타나베는 암 선고를 받자 30여 년간을 공직에 봉사하면서 한 번도 즐기지 못하고 모아둔 돈을 은행에서 찾는다. 아들에게 자신의 심정을 이야기하고자 했으나 자신의 퇴직금을 노리고 있다는 것을 알고는 그냥 혼자 거리로 나섰다가 소설가를 만나게 되어 자신의 심정을 토로한다. 그는 평소에 써보지 못했던 돈을 죽기 전에 써보기 위해 소설가에게 자문을 구한다.

> 와타나베: 내 수중엔 5만 달러가 있어요. 난 그것을 진짜 유익한 시간을 보내는 데 쓰고 싶습니다. 하지만, 말하기 창피하지만, 그걸 어떻게 써야 할지 모르겠어요. 당신이 아신다면….
> 소설가: 돈을 쓰는 방법을 묻는 거요? 어떻게 쓸까를?
> 와타나베: 예, 그것을 부탁하고 싶습니다.
> 소설가: 하지만….
> 와타나베: 이 돈을 모으는 데는 오랜 시간이 걸렸습니다. 하지만 이젠 이 돈을 쓰고 싶어요.

이때 와타나베의 모습은 처연하기까지 한다. 와타나베의 그런 절박한 이미지는, 그가 소설가의 거대한 뒷모습 실루엣 너머로 구석에 몰려 있는 화면에 배치됨으로써 효과적으로 표현된다. 와타나베가 말할 때 화면의 4분의 3은 소설가의 뒷모습 실루엣이 차지하고, 그는 단지 오른쪽 상단 4분의 1 정도만 보일 뿐이다.

또한 구로사와는 '주제음악'과 '모자'라는 상징적인 모티브를 이용해, 와타나베의 절박하고 애틋한 심리와 새로운 삶을 향한 의지를 효과적으로 표현하고 있다.

테마 음악은 두 개다. 하나는 '투 영Too young'이라는 노래로 그의 집에서 아들 부부가 즐겨 듣는 음악이다. 다른 하나는 보다 중요한 테마음악으로 사용되는 '인생은 너무 짧아요'다. '인생은 너무 짧아요'는 와타나베가 우연히 만난 소설가와 카바레에 갔을 때 부르던 것으로, 비록 사랑 노래지만 그의 허망한 삶의 슬픔을 담고 있다. 그가 눈물을 글썽이며 이 노래를 부를 때 관객들은 정서적인 공감으로 같이 눈물을 흘리지 않을 수 없을 것이다. 이 노래는 와타나베가 완성된 놀이터에서 죽기 직전인 후반부의 회상 장면에서도 들려오고, 그가 죽고 난 후인 마지막 장면에서도 연주된다. 테마 음악은 아니지만 또 하나의 인상적인 음악은 와타나베가 토요와 함께 집에서 나와 거리를 걸을 때 들려오는 아름답고 은은한 음악과 전반부가 지날 무렵 2층 커피숍 장면에서 들려오는 생일 축하 노래다.

편집에서는 후반부 장면이 돋보인다. 장례식과 와타나베에 대한 직원들의 회상 장면을 오가는 몽타주는 감정적인 리듬에 맞게 잘 이루어져 있다.

극적인 반전 상황의 영화적인 표현—2층 커피숍 장면

이 작품에서 가장 극적이고 중요하게 처리되는 부분은 전반부가 지날 무렵 보이는 2층 대형 커피숍 장면일 것이다. 그곳은 죽음을 앞둔 와타나베의 불안하고 절박한 심리가 극에 달한 공간임과 동시에 남아 있는 짧은 삶을 어떻게 살 것인가를 깨달음으로써 거듭 태어나는 공간이기 때문이다. 그 장면을 기점으로 전반부가 마무리되고, 후반부의 실마리가 주어진다. 그런 만큼 구로사와는 그 장면을 어떻게 하면 보다 효과적으로 묘사할까 고민했던 흔적이 역력하다. 그 장면에서 그는 생일 파티하는 학생들을 미장센으로 이용하였고, 생일 축하 노래 '해피 버스데이 투 유'를 상징적인 사운드 모티브로 사용하였다.

그 커피숍 장면은 아들과 마지막 대화 시도에 실패한 와타나베가 장난감 공장에서 일하는 토요를 찾아가 마지막으로 한 번만 만나자고 간청해서 마련한 자리다. 그들이 앉아 있는 2층의 커피숍 저쪽에는 교복을 입은 여학생들이 생일 케이크를 놓고 생일 파티를 준비하고 있는 모습이 보인다. 밝고 생기 넘치는 그 여학생들의 분위기는 죽음을 앞둔 중년 사내와 가난한 공장 아가씨의 어색한 분위기와 대조적이다. 젊음을 한껏 누리는 건너편 여학생들의 상황은 스토리 진행상 꼭 필요한 것은 아니지만 구로사와는 와타나베의 절박한 처지를 강조하기 위해 의도적으로 설정하고 있다. 물론 잠시 후 일어날 더 중요한 상황이 그들에게 마련되어 있다. 와타나베는 망설이던 끝에 토요에게 자신이 암에 걸렸음을 얘기한다. 그 말에 충격받은 토요는 비로소 왜 그가 자기에게 그동안 적극적이었나를 알게 되지만 그녀로서는 난감할 뿐이다. 와타나베는 자신의 절박한 심정을 말하고 어떡하면 그녀처럼 생기 있게 살 수 있는지 묻는다.

널… 너를 보고 있으면 나는 기분이 좋아져. 이 미라 같은 내 마음을 따뜻하게 만들어주거든. 그리고 넌 나한테 친절하지. 아니, 그게 아니라 네가 젊고 건강하기 때문일 거야. 아니, 그것도 아니지. (그는 일어나 절박한 표정으로 토요에게 가까이 다가가 앉는다. 그녀는 두려운 듯 좀 떨어져 앉는다.) 넌 항상 활기로 가득 차 있어. 난 그게 부러워. 죽기 전에 다 하루만이라도 너처럼 살고 싶다. 그러지 않고는 죽을 수 없어. 난, 난 뭔가를 하고 싶다고. 너만이 그 방법을 나한테 가르쳐줄 수 있어. 난 뭘 해야 할지 모르겠어. 방법을 모르겠단 말이야. 제발 너처럼 살 수 있는 방법을 가르쳐줘!

토요는 와타나베가 너무도 진지하게 묻자, 장난감을 만들면서 그 일로 인해 모든 어린이들과 친구가 되는 듯한 느낌을 갖게 될 때 기쁨을 느낀다고 말한다. 그러고는 팔딱팔딱 뛰는 장난감 토끼를 탁자 위에 내놓는다. 와타나베는 눈물을 글썽이며 그 장난감 토끼를 내려다보다가 "내가 원하기만 하면 뭐든지 할 수 있어!" 하면서 그것을 손에 들고 일어선다. 드디어 그는 거듭나게 된 것이다. 와타나베가 2층 계단을 내려가는 순간 생일 파티 준비를 하던 여학생들이 몰려와 '해피 버스데이 투 유'를 합창한다. 마치 와타나베의 새로운 탄생을 축하하듯이. 이때 생일의 주인공인 듯한 여학생이 와타나베가 내려감과 동시에 올라간다. 이 장면은 명백히 와타나베의 극적인 계기를 위한 설정으로 다소 작위적인 느낌이 들기도 하지만 그 상징적 효과는 매우 크다.

이 커피숍 장면의 백미는 무엇보다도 와타나베가 토요에게 자신의 절박한 상황을 얘기하며 도움을 요청하는 부분이다. 그 상황은 주로 클로즈업에 의해 주인공의 간절한 심정과 토요의 두렵고도 애타는 표정을 세밀하게 보여주고 있다. 그 장면은 시무라 다카시의 연기가 아니었다면 통속적으로 처리될 뻔했다(일본의 영화 평론가 사토오 다다오는 시무라가 열연한 와타나베를 '일본 영화사상 가장 숭고하게 표현된 인물의 하나'라고 말하고 있다).[20]

구로사와의 정교한 연출은 죽음을 앞둔 사람의 암담함과 절박함을 잘 표현하고 있으며, 동시에 (극적 반전을 통해) 희망까지도 함축하고 있다.

이 커피숍 장면 직후 와타나베는 시청에 출근해 그동안 묵혀둔 민원 서류에서 구로죠 지역의 부인들이 낸 청원서를 보고, 그 문제를 처리할 결심을 하게 된다. 부하 직원들의 만류에도 불구하고 그는 마음만 먹으면 할 수 있다고 자신 있게 말한다. 이때 희미하게 생일 축하 리듬이 배경 음악으로 들려온다. 그리고 그가 서둘러 현장 답사를 나갈 때 정오를 알리는 사이렌 소리가 들려온다. 그건 와타나베의 의미 있는 삶의 시작을 상징하는 사운드로서, 《이방인》의 후반부에서 감옥에 있는 뫼르소가 사형선고 직후 자각에 이르는 순간에 들려오는 사이렌 소리와 유사한 의미를 띠고 있다. 1957년 〈이키루〉를 본 평론가 앙드레 바쟁은 《카예 뒤 시네마Cahiers du Cinéma》에 다음과 같이 기고한 바 있다.

〈이키루〉는 내가 이제껏 보아온 일본 영화들 가운데 가장 아름답고 감동적인 작품이다. 〈시민 케인〉의 일본판이다. 나는 이 영화를 보고 난 후에 이 영화가 펼쳐 보여준 풍부한 도덕적, 지적, 심미적인 세계에 굴복하고 말았다. 그 영화는 내용뿐만 아니라 시나리오에서도 비교할 수조차 없이 중요한 가치들을 용해시켜놓았다.

절정기의 작품 Ⅲ
— 〈7인의 사무라이〉(1954)

구로사와 영화의 정점

　　　　　그는 오래전부터 진정한 시대 영화를 만들고 싶어 했었는데, 마침내 〈7인의 사무라이〉를 통해 그 꿈을 이루었다. 이토 다이스케伊藤大輔가 일본의 시대 영화를 창시했다면, 그는 시대 영화의 형식을 완성하고 예술의 경지까지 끌어올린 셈이다. 구로사와 이전만 해도 대부분의 시대 영화(일본 영화는 메이지 유신이 이루어진 1868년을 기점으로 시대 영화와 현대 영화의 구분이 이루어진다)는 황당함과 과장 등이 판치고 미학적으로도 단조로웠다. 구로사와가 의도했던 시대 영화는 그 같은 기존 영화들과 달리 철저한 리얼리티를 바탕으로 미학적인 완성도를 높임과 동시에 재미있는 영화를 만드는 것이었다. 그의 의도는 결국 성공하였다.

　　구로사와는 〈라쇼몽〉, 〈이키루〉에 이어 〈7인의 사무라이〉를 통해 영화 미학에서 더 이상 올라갈 수 없는 정점에 서게 되었다. 일본에서

뿐 아니라 전 세계에서 영화감독
으로서 그의 위치는 확고하게 되
었다. 그가 데뷔한 지 11년 만인
45세 때의 일이다. 1979년 있었
던, 일본 비평가들이 선정하는 일
본 영화사상 가장 뛰어난 작품으로 뽑힌 바 있는 〈7인의 사무라이〉는
지금도 세계 영화사상 가장 위대한 걸작 베스트 텐에 들어가 있다. 베
토벤이 〈교향곡 9번〉에 자신의 음악적인 재능을 총화시켜 위대한 교
향곡을 창조했듯이, 구로사와는 〈7인의 사무라이〉에다 자신의 영화적
인 모든 재능을 쏟아부어 위대한 걸작을 창조한 것이다. 이 작품은 원
래 3시간 20분(200분)의 상영 시간으로 제작되었으나 너무 길어서 베
니스 영화제에 출품되었을 때와 미국에서 개봉되었을 때에는 2시간
30분으로 공개되었다.

■■■■■■■■ 사무라이에 대한 향수— 존 포드의 〈황야의 결투〉
(1946)의 영향

　　　　　　　　　　때는 일본이 내전으로 혼란에 빠진
16세기 말, 서양의 중세 기사처럼 명예로운 직업이었던 사무라이 계급
이 총과 새로운 군사 전술학이 나타남으로써 쇠퇴해가는 과도기적 시
기다.

　해마다 산적들의 침략을 받아 양식을 빼앗기고 심지어 목숨까지도
잃는 작은 마을이 있다. 이번에도 추수가 끝나면 그들이 쳐들어올 것
이라는 걸 안 농부들은 사무라이들을 고용하기로 결정한다. 몇 명의

농부가 사무라이들을 구하러 나서지만, 세 끼 음식에 잠자리, 싸우는 재미를 제공하는 것 외에는 보수가 없는 일이기에 쉽사리 구하지 못한다. 천신만고 끝에 가까스로 감베이를 비롯한 일곱 명의 주인 없는 사무라이를 구해서 마을로 돌아온다.[21]

이 사무라이들은 마을 사람들을 훈련시키는 등 산적들의 침입에 대비하기 위해 만반의 준비를 갖춘다. 각자 개성이 강한 사무라이들과 마을 사람들은 상호 미묘한 관계로 잠시 갈등을 겪지만 산적들이 침입하자 농부와 사무라이들은 혼연일체가 되어 치열한 전투를 벌인 끝에 그들을 모두 전멸시킨다. 여기서 네 명의 사무라이와 일부 농민이 희생된다. 봄이 오자 살아남은 세 명의 사무라이들은 평화롭게 농사를 짓는 농민들을 뒤로하고 그 마을을 떠난다. 이상의 내용을 가진 〈7인의 사무라이〉는 다음과 같이 크게 세 집단 간의 갈등을 다루고 있다.

가. 사무라이(일곱 명): 보호자(호위병), 피고용인(정의의 수호자)

나. 농민(100여 명): 피보호자, 고용인

다. 산적(40명): 침략자(악의 무리)

이들 세 집단은 상호 생존을 위해 투쟁한다. 먼저 산적들은 자신들이 먹고 살기 위해 농민들을 약탈하려고 한다. 농민들 역시 식량을 뺏겨 굶지 않기 위해서는 기필코 그들로부터 마을을 지켜야 한다. 그러나 자기들 힘으로는 마을을 지키기 어려워 결국 사무라이들을 고용한다. 주인 없이 떠도는 사무라이들은 자기들이 먹고 살기 위해 농민들에게 고용된다. 물론 일부 사무라이들은 단순히 먹는 차원을 넘어 명예와 무사도 정신을 지키려 산적들과 싸우지만, 결국은 싸우는 행위

자체가 그들의 생존 근거다.

농민들의 이야기부터 시작되고 있지만 구로사와가 강조하고 있는 집단은 사무라이들이다. 농민들이 산적에게 수탈당하는 상황은 사무라이들의 휴머니즘적인 정의 실현 행위를 보여주기 위해 설정된 것이다. 일곱 명의 사무라이들에게 각각 개성적인 성격을 부여하는 반면, 농부들에게는 아내를 산적에게 빼앗긴 리키치, 사무라이에게 적대적인 만조와 그의 딸 시노, 그리고 모주케와 족장 기사쿠 외에는 거의 성격을 부여하지 않는 데서 알 수 있다.

7인의 사무라이는 서부 영화에 나오는 정의로운 보안관과 같은 인물이다. 이 영화는 서부 영화처럼 신화적인 구조를 이루고 있다. 〈셰인〉에서 정의의 총잡이가 무법자들이 정착민을 괴롭히고 있는 마을에 등장하여 악의 무리를 소탕하고 떠나는 것처럼, 사무라이들은 농부들을 약탈하고 괴롭히는 산적을 물리치고 떠난다. 구로사와가 얘기하고자 하는 최종적인 의도는 악착같이 땅을 지키며 살아남고자 하는 농민들의 생명력보다는 사무라이들이 약자의 편에 서서 정의를 행함으로써 휴머니즘을 실천하는 것을 보여주는 데 있다. 그런 점에서 서부 영화적인 요소가 강하다. 실제로 이 작품은 서부 영화의 거장 존 포드의 〈황야의 결투My darling Clementine〉의 영향을 강하게 받고 있다. 〈7인의 사무라이〉는, 클랜튼 일가의 무법적인 행위로 혼란스런 툼스턴 마을에 들어가 보안관이 된 어프 형제가 클랜튼 일가와 싸워 그들을 물리친 뒤 다시 마을을 떠난다는 〈황야의 결투〉와 뼈대가 유사하다.

구로사와가 의도했든 안 했든, 〈7인의 사무라이〉는 많은 부분을 존 포드의 작품에서 따왔다. '정의 실현'이라는 주제 의식과 신화적인 구조, 세 집단 간의 대립 관계(툼스턴 마을 사람—농민, 어프 형제—7인의 사무라이, 클랜튼 일가—산적들) 등이 그렇다. 뿐만 아니라 영화적인 테크닉이나 부분적인 장면 묘사도 직접적으로 응용하고 있다. 그 예로, 툼스턴 마을에 처음 나타난 어프 형제 중 맏형인 와이어트(헨리 폰다)가 면도를 하려도 잠시 이발소에 들렀다가 술집에서 벌어진 총격전 소리를 듣고 밖으로 나오게 되고, 이윽고 술집에서 난동을 부리는 술 취한 인디언을 제압하는 장면이 있다. 그 장면은 와이어트가 툼스턴 마을의 불의를 수습하는 보안관에 임명되는 모티브임과 동시에 그의 놀라운 솜씨가 최초로 화면에 보이는 부분이기에 중요하다.

구로사와는 거의 유사한 모티브에 그 장면을 효과적으로 응용하고 있다. 가령 농민들이 사무라이를 구하러 다니다 지쳐 있을 때 우연히 한 사건을 보게 되는데, 한 사무라이가(그는 나중에 사무라이들의 리더가 된다) 도둑에게 인질로 잡혀 있는 아기를 구하는 장면이 바로 그것이다. 감베이라는 그 사무라이는 겁나서 아무도 하지 못하는 일을 놀라운 칼솜씨로 해냄으로써 결국 산적들을 물리치는 일에 우두머리로 가담하게 된다. 이 장면의 기본적인 몽타주 역시 〈황야의 결투〉와 유사하다. 〈황야의 결투〉에서는 와이어트가 술 취한 인디언이 있는 술집에 들어가는 것을 보여주고, 술집 안의 상황 대신 밖에서 구경하는 사람들의 긴장된 표정을 잡은 다음, 잠시 후 총소리가 들리고 나서 인디언을 끌고 나오는 와이어트의 모습을 다시 보여준다. 내부 상황을 직접 보여주지 않고 단지 결과만 보여줌으로써 오히려 와이어트의 총 솜씨를 더 부각시키는 효과적인 몽타주다. 구로사와도 비슷한 방식을 이용한다. 감베이가 도둑이 있는 움막으로 들어간 뒤 그 안의 상황 대신 밖에서 구경하는 사람들의 긴장되고 안타까운 시선을 잡아준다. 잠시 후 감베이가 아기를 안고 나오며 피 묻은 칼을 땅에 던지는 장면을 보여준다.

이 장면은 구로사와가 비록 존 포드의 영향을 받았어도 오히려 그 연출에서는 한 수 위임을 보여준다. 두 작품을 비교해보면, 비록 스타일의 차이는 있지만 모든 면에서 구로사와 영화는 존 포드의 영화보다 한 단계 높은 연출을 보여주고 있다. 성격 묘사라든가 카메라 테크닉, 장면 구성, 액션 장면 연출 등을 보면 이를 쉽게 납득 할 수 있다. 나중에 이 작품을 미국의 B급 감독인 존 스터지스*가 〈황야의 7인〉으로 번안했을 때 원작에 비해 질적으로 형편없이 떨어진 것과는 좋은 대조를 이룬다. 구로사와의 장점은 남의 영향을 받을지라도 단순한 모방으로 끝나지 않고 창조적으로 응용하여 발전시키는 데 있다.

구로사와 영화는 단순히 사무라이들의 정의 실현 행위만을 표현하는 데서 끝나지 않고 사무라이들에 대한 강한 애착까지도 함께 담고 있다. 즉 과도기적 상황에서(서양으로부터 들어온 총과 새로운 전술학에 의해) 쇠퇴해가는 사무라이에 대한 향수를 짙게 깔고 있다. 산적들과 싸우는 과정에서 희생당하는 네 명의 사무라이들이 모두 새로운 무기인 총(서구 문명의 상징)에 의해 죽는 데서도 그러한 상징성이 드러난다. 마지막 장면에 사무라이들의 무덤이 보이면서 끝나는 것도 구로사와의 그러한 의도를 반영하고 있다.

---

*존 스터지스(1910~1992)는 적어도 할리우드에서는 흥행 감독으로서 나름대로 명성이 있다. 그는 존 포드가 만들었던 같은 소재의 영화 〈황야의 결투〉(1946)를 〈OK 목장의 결투Gunfight at the O. K. Corral〉(1957)라는 제목으로 리메이크했는데, 포드에 비해서는 작품성이 현저히 떨어지는데도 상업적으로 훨씬 성공했다. 이 작품의 성공에 힘입어 나중에 버트 케네디Burt Kennedy 감독에 의해 〈돌아온 7인The Guns of Seven〉(1966)이라는 제목으로 속편이 만들어지기도 했고, 폴 웬드코스Paul Wendkos에 의해 〈황야의 7인이 가진 총The Gun of the Magnificent Seven〉(1968)으로 변형되어 리메이크되기도 했다.

나에겐 이 작품에 나타나는 구로사와의 '사무라이에 대한 향수' 라는 메시지가 '일본의 군국주의에 대한 향수' 로 연상되곤 한다. 왜일까? 이 작품이 제작된 1952년은 일본 군국주의가 미국을 비롯한 서구의 연합군에 의해 패배하여 미군정의 지배를 받다가 독립한 직후로서 점점 사라져가는 일본 정신(사무라이 정신, 군국주의 정신)에 대한 향수가 일본인들 무의식 속에 자리 잡고 있을 때였다(미군정 시기에는 사무라이를 다룬 영화를 매우 통제했다. 1952년은 미군정이 끝난 해였다). 구로사와는 그 자신이 의도했든 안 했든, 과거 사무라이들의 무사도 정신의 찬양과 향수를 통해 패전 후 일본인들의 좌절된 의지를 고양하고 새로운 정신 무장을 시키고자 한 것 같다. 실제로 이 작품은 세계 각국에서 개봉되어 일본인 정신의 요체인 사무라이 정신—주로 미화된 부분만—을 선전하는 계기가 되었다. 동남아를 비롯한 우리나라가 아직까지 일본 영화를 수입하지 않고 경계하고 있는 것은 그들의 영화 속에 은연중에 깔려 있는 그러한 군국주의적 메시지 때문이 아닐까?

　　구로사와 영화에 대한 이 같은 나의 생각은 한국인으로서의 지나친 피해 의식 때문인지도 모른다. 그가 패전 직후 〈우리 청춘 후회 없다〉라는 작품을 통해 군국주의를 반성하는 듯한 영화를 만들었다지만, 패전 직전에 전쟁 협력 영화 〈가장 아름답게〉를 만들고, 몇 편의 시나리오(구로사와 아키라 작품 목록 참조)까지 쓴 경력을 간과할 수 없다. 또한 〈8월의 광시곡〉(1991)을 보면 그런 피해 의식이 꼭 기우인 것만은 아니라는 게 드러난다. 그는 이 작품에서 일본인들이 원폭 피해로 고통받는 것만 묘사했지, 그들이 저지른 전쟁 범죄에 대해서는 관심을 보이지 않았다. 결국 그는 일본인인 것이다. 영국의 평론가 리처드 터커가 구로사와를 좌익으로, 오즈와 미조구치를 우익으로 분류했지만 그건 겉으로 드러난 형식만 가지고 판단한 피상적인 관찰이라고 본다. 좀 더 깊이 알고 보면 구로사와야말로 세계주의를 내세운 일본적인 우익이라는 걸 느낄 수 있을 것이다.

뛰어난 성격 묘사—일곱 명의 사무라이

구로사와의 거의 모든 작품에서 그렇지만 특히 〈7인의 사무라이〉에서는 각 인물에 대한 성격 묘사가 탁월하다. 그는 일곱 명의 사무라이와 소수의 농부에게 각각 다른 개성을 부여함으로써 자칫하면 경직되고 단순화되며 진부해지기 쉬운 스토리를 활기 있게 극적으로 끌어나가고 있다. 그는 그 인물들의 성격을 홍콩 영화나 할리우드 영화처럼 황당무계하거나 지나치게 과장하지 않고, 철저한 리얼리티를 근거로 해서 창조하였다.

7인의 사무라이의 두목은 감베이 (시무라 다카시)다. 그는 전쟁에서 여러 번 죽을 고비를 넘긴 노장이며 약자들이 어려움을 당하는 것을 보면 그냥 지나가지 못하는 정의로운 사람이다. 리더십이 강하고 때로는 단호한 면도 보인다. 그는 진정한 사무라이의 전형이다. 그에게 처음으로 동참한 사람은 가츠시로라는 아직 젊은 풋내기 사무라이다. 그는 감베이에게 경도되어 그의 만류에도 불구하고 사무라이 패에 가담한다. 나중에 시골에 갔을 때 농부 만조의 딸 시노와 사랑에 빠지는 그는 구세대를 동경하는 새로운 세대를 상징한다. 뛰어난 칼솜씨를 지닌 규조에 대해 맹목적인 선망과 존경심을 가지고 있는 그는, 나중에 규조가 총에 맞아 죽자 너무나 슬프게 오열한다. 구로사와는 그 인물에 많은 애정을 쏟아 묘사하고 있다. 구로사와는 그의 시각을 통해 사양길에 들어선 사무라이에 대한 아쉬움과 동경심, 향수를 보여준다.

두목 감베이는 농부들의 간청으로 가츠시로와 함께 사무라이들을 모집하는데, 첫 시험에 통과된 사람이 고로베이다. 그는 전투 경험이 많은 사람이어서 부두목 역할을 한다. 다음에 동참한 사람은 우연히 만난 감베이의 옛 친구 시치로지다. 일곱 명 중 고로베이와 함께 성격이 가장 약하게 묘사된, 마지막까지 살아남은 세 사람 중 하나가 된다. 다섯 번째 사무라이는 장작을 패다가 고로베이의 눈에 띄어 동참하게 된 헤이하치다. 그는 유머 감각이 풍부해 마지막으로 동참하게 된 기쿠치요를 수시로 놀려대는 역할을 한다. 그는 산적들 소굴을 소탕하러 갔다가 제일 먼저 희생당한다. 여섯 번째 사무라이는 뛰어난 칼솜씨를 지닌 규조라는 인물이다. 그는 거의 웃음이 없고 과묵하다. 두목 감베이가 가츠시로와 함께 거리에 나갔다가 우연히 결투 장면에서 그의 놀라운 칼솜씨를 보고 발탁한 인물이다. 그가 산적들과 싸움에 나선 것은 자신의 완벽한 칼솜씨를 발휘해보기 위한 것처럼 보인다.

마지막으로 참여하게 되는 인물은 이 작품에서 가장 개성이 강하고 인간적인 기쿠치요(미후네 도시로)라는 사무라이다. 사실 그는 농부 출신의 반쪽 사무라이로서 일곱 명의 패거리 속에 들어가기 전까지 기구한 삶을 살아왔다. 기쿠치요가 없었다면 〈7인의 사무라이〉가 매우 경직되고 재미없는 영화가 되었을 정도로, 두목 감베이나 뛰어난 칼잡이 규조와는 대조적으로 매우 인간적인 인물이다. 기쿠치요는 사무라이답지 않게 농부들과 잘 어울리고, 술도 잘 마시고, 성질도 급하고, 어린

이들과도 잘 어울리고, 동료가 죽을 때도 누구보다 슬피 운다. 그는 이성적이기보다는 감성적이어서 다른 사무라이들과는 항상 대조를 이룬다. 이 작품에서 가장 감동적인 장면이 그로 인해서 일어난다. 마을 근처에 침입한 산적들이 물방앗간에 불을 지르자 감베이와 기쿠치요가 그곳에 있는 사람들을 구하기 위해 달려갔을 때다. 한 여인이 등에 창을 맞은 채 아기를 안고 냇가까지 나왔다가 기쿠치요에게 아기를 건네주고 죽는다. 그는 그 아기를 안고 보더니 어릴 때 자기와 같은 모습이라며 오열한다. 농부의 아들인 그도 그런 식으로 부모를 잃고 살아남은 것이다. 그전까지 암시만 해오다가 여기서 처음으로 그의 출신이 농부임이 드러난다.

영국의 영화감독인 토니 리처드슨Tony Richardson이 〈7인의 사무라이〉를 보고 "구로사와는 사람에 대한 정확한 관찰자이자 행동에 대한 예리한 분석자다"라고 평했듯이, 구로사와는 인물의 행동과 심리를 묘사하는 데 뛰어난 능력을 지녔다. 그는 인물의 심리나 인물 간의 관계를 보여줄 때 그들 주변에 있는 이미지를 자주 이용한다. 젊은 연인들인 풋내기 사무라이 가츠시로와 농부의 딸 시노가 처음 만나는 장소를 꽃으로 뒤덮인 언덕으로 설정하고, 그들이 사랑의 감정을 느낄 때에는 〈라쇼몽〉에서처럼 숲 사이로 비치는 태양을 이용하는 장면이 바로 그런 것 가운데 하나다.

미학적인 테크닉

대부분의 서구 비평가들이 구로사와의 영화를 보고 놀라워하는 것은 그의 화려한 테크닉과 형식의 완벽성 덕분이다.

〈7인의 사무라이〉는 특히 더 그렇다. 이 작품은 다른 어느 작품보다 힘이 있고 움직임이 많다. 오히려 그에게 영향을 준 존 포드의 〈황야의 결투〉도 구로사와의 작품에 비해 정적인 템포와 그윽한 분위기를 유지하고 있다. 그가 사용하는 미학적 테크닉의 여러 요소 중 어느 하나만 두드러지게 뛰어난 것은 아니다. 그의 다른 작품에서도 그렇듯이 모든 요소가 총체적으로 어울려 하나의 완성된 미학의 경지를 이룬다.

타르코프스키의 카메라가 느리게 음미하듯 움직인다면, 구로사와의 카메라는 빠르고 힘차게 움직인다. 또한 마틴 스코세이지의 카메라가 다큐멘터리적으로 흔들리듯 움직인다면, 구로사와의 카메라는 매끄럽고 세련되게 움직인다. 구로사와는 인물들의 성격을 카메라의 움직임으로 표현한다. 기쿠치요같이 쾌활하고 덜렁대는 인물이 등장하면 카메라 역시 가벼워지고 움직임이 많아진다. 반면 감베이나 족장 기사쿠같이 권위적인 인물들이 나올 때에는 카메라가 고정되고 움직임도 조심스러워진다. 구로사와는 극적인 상황 역시 카메라의 움직임으로 강화시키곤 한다. 사라무라이들이 처음 마을에 들어섰을 때 산적들이 온다고 하자(기쿠치요의 장난이었지만) 숨어 있던 마을 사람들이 우왕좌왕하고 사무라이들이 족장 집에서 달려 나오는 장면이 있다. 매우 긴박한 느낌을 줘야 하는 이 장면에서 카메라의 움직임은 동일하게 반복된다. 즉 각각의 사무라이들이 달리는 모습을 망원렌즈를 이용해 팬으로 잡음으로써 극적인 효과를 높이고 있다. 그리고 산적들이 나타나기 전까지는 카메라의 움직임이 별로 없다가 그들이 침입해 전투를 벌일 때에는 점점 빨라진다. 결국 그 움직임은 감정적인 상승효과를 더해주는 역할을 한다. 카메라를 다루는 구로사와의 능력은 적절한 순간까지 움직이지 않고 절제하여 정적인 이미지를 창출하는 데서 나오는지도 모른다. 사무라이들의 장례식에서 보여주는 정적인 카메라가 그런 뛰어난 절제에 속한다.

구로사와 영화에서 사운드가 중요하게 다뤄지고 있다는 것은 이미 언급한 바 있다. 〈7인의 사무라이〉에서는 특히 음악이 일관성 있게 쓰이고 있다. 〈라쇼몽〉처럼 서구적인 음악에다 일본적인 리듬을 적절히 배합해서 사용하고 있다. 구로사와는 주요한 인물의 성격이나 집단의 성격에 따라 각각 별개의 테마 음악을 부여하고 있다. 가령 농부들의 음악은 민속음과 플롯 그리고 타악기가 사용되고, 산적들은 긴장감이 도는 낮은 드럼, 사무라이들은 남성 합창단의 낮은 허밍이 주로 사용된다. 또한 이 작품에선 한 인물에게 특별한 테마 음악이 부여되는데, 그가 바로 가장 인간적인 인물인 기쿠치요다. 그의 전용 음악은 약간 가벼운 듯하면서 코믹하다. 하지만 이들 음악이 모두 동일한 비중으로 다루어지는 것은 아니다. 주요 테마 음악이 항상 그들의 중심에 선다. 그것은 사무라이들에게 사용되는 음악이다. 구로사와가 최종적으로 강조하고 있는 집단은 사무라이들이기 때문에 그것은 필연적이다.

이상과 같은 카메라 움직임과 음악 외에도 〈7인의 사무라이〉에서 구로사와가 사용한 테크닉의 탁월함은 여러 부문에서 나타난다. 당시엔 별로 사용되지 않았던 망원렌즈의 대담하고 효과적인 사용과 극대 클로즈업, 슬로모션과 함축적이고 빠른 편집의 효과, 원형을 이용한 화면 구성 등이 바로 그것이다.

〈7인의 사무라이〉의 형식이 얼마나 뛰어난가는 같은 시나리오를 미국판으로 번안한 스터지스의 〈황야의 7인〉과 비교해보면 쉽게 알 수 있다. 〈라쇼몽〉을 번안한 마틴 리트의 〈폭행〉이 그렇듯이 그 영화는 내용이나 형식 모든 면에서 구로사와의 〈7인의 사무라이〉보다 완성도가 부족하다. 성격 묘사, 카메라 움직임, 음악, 편집, 화면 구성 등 구로사와에게서 뛰어난 장점들이 모두 사라져버린 채 진부한—철저히 할리우드적인—형식으로 변형되어버렸다. 전형적인 할리우드 상업 영화감독인 스터지스는 의도적으로 예술성과 대중성을 조화시킨 구로사와의 작품에서 예술성을 철저히 제거시켜버렸다. 대신 율 브리너Yul Brynner, 찰스 브론슨Charles Bronson, 스티브 매퀸Steve McQueen, 제임스 코번James Coburn을 위시한 스타 시스템을 이용해 손쉬운 내러티브로 할리우드 공식에 맞춤으로써 상업적인 성공을 거두었다.

한 가지 예를 들어보자. 우선 일곱 명의 성격 묘사에서 스터지스는 부분적인 변화를 가했다. 특히 〈7인의 사무라이〉에서 가장 개성 있는 성격인 기쿠치요(미후네 도시로)를 두 인물에게로 분산시켜버렸다. 즉 멕시코 출신의 총잡이인 오레일리(찰스 브론슨)와 농부 출신의 총잡이인 치코(호스트 부흐홀즈Horst Buchholz)라는 두 인물이 그들인데, 둘 다 농민 출신의 사무라이인 기쿠치요를 모방한 인물이다. 오레일리는 기쿠치요와 헤이하치의 성격을 합쳐놓은 인물이고, 치코는 기쿠치요와 가장 어린 사무라이인 가츠시로를 합쳐놓은 인물이다. 치코는 기쿠치요처럼 처음에 총잡이들 대열에 쉽게 들어가지 못하기도 하고, 가츠시로처럼 가장 어린 나이로 마을의 멕시코 처녀와 사랑을 나누기도 한다.

그러나 그러한 인물 변화는 〈7인의 사무라이〉와 같은 설득력과 감동을 전혀 주지 못하고 있다. 즉 기쿠치요가 나중에 불타는 물방앗간 앞에서 아이를 붙들고 예전의 자기 모습이라고 흐느낄 때의 감동은 모두 사라져버린다. 오레일리의 경우 기쿠치요의 인간적이고 생기 넘치는 모습을 찾을 수가 없다. 단지 찰스 브론슨이라는 스타에 의해 겉멋만 보일 뿐이다. 치코의 경우도 가츠씨로에게서 보인, 이제 막 성에 눈을 뜬 청소년의 이미지와 뛰어난 칼잡이 규조에 대한 존경심을 통해 나타나는 새로운 세대로서의 상징화가 모두 어중간하게 모방될 뿐이다. 특히 라스트신에서 〈7인의 사무라이〉와는 달리 치코가 마을을 떠나려다 돌아서서 사랑하는 여자에게 달려가는 설정은 지극히 할리우드적인 해피엔딩으로 너무나 진부하게 느껴진다.

■■■■■■■■■■■ **〈7인의 사무라이〉와 《임꺽정》 비교**—사무라이와 도적

〈7인의 사무라이〉의 시대 배경과 인물 구성, 사건 발생 원인 등은 우리 문학의 걸작으로 평가받고 있는 홍명희洪命熹의 《임꺽정》(1928~1938, 조선일보 연재소설)과 유사하다. 비록 장르는 다르지만 두 작품의 비교를 통해 우리 관점에서 구로사와 영화를 감상할 필요가 있다고 생각한다.

우선 그 시대 배경이 비슷하다. 《임꺽정》은 16세기 중반(1559~1592 명종 때) 당쟁으로 기강이 문란하고 사회 질서가 어지러운 시기에 일어난 역사적 사건을 바탕으로, 임꺽정이라는 인물을 중심으로 한 시대를 그려낸 것이고 〈7인의 사무라이〉는 오리지널 시나리오에 의한 허구지만 《임꺽정》과 유사한 시기인 16세기 중반, 내란으로 전 국토가 피폐된 혼란스런 시대를 배경으로 하고 있다. 당시의 조선과 일본의 관계를 보면 두 작품의 시대 배경이 얼마나 중요한가를 알 수 있다. 일본은 15세기 후반부터 봉건 영주들의 패권 다툼으로 거의 1세기에 걸쳐 내란이 일어났는데 결국 오다 노부나가織田信長에 이은 도요토미 히데요시豊臣秀吉가 전국을 통일하여 내란을 수습했다. 도요토미는 통일의 위업은 달성했지만, 내적으로 쌓인 사무라이들의 불만을 해소하기 우해

마침내 조선을 침략했다. 그때 조선은 임꺽정 등의 도적 집단이 조정에 거세게 항거하며 등장했다가 사라진 직후여서 사회가 매우 혼란스런 상태였다.

《임꺽정》에서는 양주 백정 출신인 꺽정을 비롯한 일곱 명의 다양한 개성과 재능을 가진 도적들이 핵심 주역이라면, 〈7인의 사무라이〉에서는 중년의 떠돌이 사무라이인 감베이를 비롯한 일곱 명의 사무라이들이 주역이다. 이들 일곱 명의 인물은 한 사람을 중심으로 일정한 장소에 모여 뜻을 같이하고 행동해간다. 임꺽정 패들은 산악 지대를 떠돌며 타락한 관리와 관청을 습격하여 백성들에게 재물을 돌려주고, 사무라이 패들은 산골 농촌 마을에 모여 관리 대신 산적들과 싸운다(여기서 홍명희는 좌익적이고, 구로사와는 우익적이라는 걸 알 수 있다). 두 작품의 구조는 중국의 고전 《수호지》에서 송강을 중심으로 각자 다양한 재능을 지닌 장정들이 양산박이라는 곳에 모여 집단 행동을 한다는 이야기를 차용하고 있다.

두 작품에서 일어나는 근본적인 사건은 당시의 불안전한 사회, 정치적 상황하에서 하층민 특히 농민을 비롯한 소외된 계층이 궁핍한 생활상을 극복하고자 하는 데서 야기된다. 그러나 극복 의지가 전개되는 관점을 보면 《임꺽정》과 〈7인의 사무라이〉는 현격한 차이를 보이는데, 그 관점의 차이는 두 작품 간의 상반된 주제 의식을 명백하게 드러내주는 역할을 한다. 《임꺽정》에서는 억압된 하층민과 소외 계층이 궁핍한 생활고를 극복하기 위해 스스로 무리를 이루어 도적 집단이 돼서 토호와 관리들의 재산을 강탈한다. 그러나 〈7인의 사무라이〉는 농민들 스스로 문제를 해결하지 못하고 대신 당시의 지배계급에 속하지만 아직 고용되지 않은 떠돌이 사무라이들의 힘을 빌려 산적을 물리친다.

《임꺽정》의 도적들은 관군에 진압당해 목적 달성에 실패하지만, 〈7인의 사무라이〉의 농민들은 싸움에서 승리한다.

《임꺽정》과 〈7인의 사무라이〉에 등장하는 도적 집단 사이에는 큰 차이가 있다. 〈7인의 사무라이〉에 나오는 도적들은 가난하고 연약한 농민들이 애써 수확해놓은 식량을 무자비하게 약탈해 가지만, 《임꺽정》에서는 왜 그들이 도적이 될 수밖에 없는가에 대한 정치, 사회, 경제적인 배경이 구체적으로 잘 묘사되어 있다. 그러나 〈7인의 사무라이〉에 나타난 도적은 개별적인 성격이 전혀 부여되지 않고 집단화되어 단지 악당들의 무리로서, 제거되어야 할 대상으로만 보인다. 그 영화에서 40명의 도적들은 사무라이들(지배계급)과 농부들에 의해 모두 몰살당하지만, 엄격히 따지고 보면 그 도적들도 가난한 농부들 못지않게 가련한 존재이다. 그들은 혼란한 내전 상황 속에서 임꺽정 무리들이 그랬듯이 어쩔 수 없이 도적이라는 막다른 직업을 택할 수밖에 없는 자들이다. 그들 도적도 사실은 소외받은 계급이고, 오히려 주인공인 사무라이들이 당시의 지배계급으로서 그들 도적에 대해 책임이 있다고도 볼 수 있을 것이다. 그러나 구로사와는 주제를 사무라이의 휴머니즘으로만 한정하였기 때문에 도적들의 입장을 전혀 고려할 여지가 없었던 것 같다.

사실상 〈7인의 사무라이〉에서 사무라이들이 농민들에게 고용된다는 설정은 비현실적일 만큼 획기적이다. 왜냐하면 당시 사무라이들은 주로 봉건 영주나 돈 있는 자들에게만 고용되는 게 상례였고, 그들의 집단 윤리로 볼 때, 자기가 모시는 영주에게만 목숨을 아끼지 않을 정도로 철저히 충성하고 봉사하였기 때문이다. 그러나 구로사와는 사무라이들의 무사도 정신의 기본이 약자를 보호하는 점임을 내세워, 일부 사무라이들을 예외적으로 농부에게 고용시킴으로써 작품의 극적 구성을 강화시키고 내용을 의미 있게 만들었다. 결국 〈7인의 사무라이〉에 등장한 사무라이들은 구로사와가 휴머니즘 실현을 위해 특별히 선택한 극히 예외적인 사무라이라고 할 수 있다. 그러한 획기적인 시도가 그의 작품을 복수 유혈극이 주종을 이루는 진부한 사무라이 영화들과 구분 짓는다.

두 작품을 비교할 때 중요한 것은, 《임꺽정》은 도적들의 시각에서 사건이 전개되고 있는 반면, 〈7인의 사무라〉는 사무라이들의 관점에서 전개되고 도적들은 단순히 악의 세력으로 그려지고 있다는 점이다. 여기에서 조선시대의 우리 역사와 중세기 일본 역사에 나타난 대립된 특성의 한 단면을 엿볼 수 있다. 《장길산》, 《홍길동》처럼 우리 역사 소설에서는 도적들의 활약상이 의적으로 미화되어 영웅적으로 그려진 반면, 일본의 영화나 소설에서는 사무라이나 군인들의 행적이 영웅시되고 미화되는 데서도 그 차이를 느낄 수 있다.

완숙기
―〈생존의 기록〉에서 〈붉은 수염〉까지

일본의 영화 평론가 사토오 다다오는 구로사와 아키라 영화가 〈7인의 사무라이〉 이후 초기의 도덕적 관심을 버리고, 주로 슈퍼맨 사무라이에만 의존함으로써 뚜렷한 퇴보를 겪어왔다고 평하고 있다. 그건 어쩌면 〈라쇼몽〉, 〈이키루〉, 〈7인의 사무라이〉에서 얻은 명성이 너무나 컸기 때문인 것 같다. 절정기의 작품에 비해서 여러 가지로 미흡하게 느껴지는 것은 사실이지만, 그렇다고 '뚜렷한 퇴보'라고 할 만큼 그 이후의 작품들이 처지는 것은 결코 아니다. 초기 작품에 비하면 이후 10년간 만들어진 아홉 편의 작품은 구로사와의 완숙한 모습을 보여주고 있다.

이 당시의 모든 작품들은 예전처럼 대중적인 성공과 예술적인 성공을 동시에 가져다주었다. 〈라쇼몽〉 이전의 초기 10편의 작품에서 보인 거칠고 어설픈 실험, 불완전한 완성도에 비하면 이 시기의 작품들은 대가로서의 느긋함이 엿보인다. 1950년대 초의 절정기 때와는 달리 그다지 욕심 부리지 않고 가벼운 소재를 뛰어난 유머 감각으로 다루기도 한다. 오히려 그에게는 가장 무난한 작품을 만든 활동 시기가 아니었나 싶다. 이때 만든 작품으로 주의 깊게 볼 만한 것은 셰익스피어의 《맥베스》를 각색한 〈거미집의 성〉(1957)과 사무라이 오락 영화의 걸작인 〈요짐보〉(1961), 〈쓰바키 산주로〉(1962) 그리고 유괴 사건을 다룬 형사물 〈천국과 지옥〉(1963) 등이다.

〈생존의 기록〉(1955)—원폭에 대한 피해 의식

치과 의사인 하라다(시무라 다카시)는 가정법원의 자원봉사자다. 그는 조용하고, 진지한 시민 정신을 갖고 있는 사람이다. 영화 도입부에서 그는 전화를 받고 법정에 간다. 한 가정이 심각한 불화로 법원에 찾아왔다. 나카지마(미후네 도시로)란 중년의 사내가 자기 가족과 이민을 가고 싶어 한다. 그 이유는 일본이 너무 위험해서 살 수 없다는 것이다. 그는 항상 원폭의 위험이 도사리고 있는 일본 대신 남미가 안전하리라 생각하고 가족들을 설득해서 브라질로 이민 가려고 한다. 그러나 그의 생각에 반대하는 자식들이 아버지의 부당함을 판결해달라고 법원에 찾아온 것이다. 이야기는 여기서부터 본격적으로 시작된다. 〈7인의 사무라이〉를 만들고 있던 구로사와는 중병으로 누워 있던 가장 친한 친구이자 그의 영화음악 작곡자인 하야사카 후미오早坂文雄의 병문안을 갔다. 그는 〈주정뱅이 천사〉 이후 〈라쇼몽〉, 〈이키루〉, 〈7인의 사무라이〉 등 걸작들의 영화음악을 작곡한 구로사와의 핵심 멤버다. 1954년 당시는 일본에 원폭이 투하된 지 10주기를 앞둔 우울한 해였고, 러시아 · 미국 · 영국 등이 핵실험 경쟁을 벌이던 시기였다. 일본 국민의 핵실험 반대 시위와 거리 서명으로 정국이 시끄러웠다. 구로사와는 중병을 앓고 죽어가던 친구의 제안으로 핵 문제에 관한 영화를 만들 결심을 하였다. 일단 그는 핵 문제에 풍자적으로 접근한다는 구도 아래 시나리오를 쓰기 시작하였다. 하지만 이 작품이 완성되었을 때, 사람들은 구로사와가 이 작품에 대해 지나치게 개인적으로 빠져서 부분적으로 실패했다는 평가를 내렸다. 이 작품의 원폭 모티브는 나중에 〈8월의 광시곡〉에서 다시 반복되어 나타난다.

〈거미집의 성〉(1957)—셰익스피어의 《맥베스》를 각색하다

구로사와는 〈라쇼몽〉을 만든 직후 《맥베스》를 각색해 영화화하려고 했으나, 당시 이미 〈시민 케인〉의 거장 오손 웰스가 제작*(1948)하는 바람에 그 계획을 연기했다가 뒤늦게 만들게 되었다.[22] 구로사와는 이 영화를 제작만 하고 연출은 다른 젊은 감독에게 맡기려다가 제작자 도호 측에서 직접 연출해주길 원해서 결국 자신이 만들게 되었다고 한다. 당시만해도 일본 영화에선 구로사와, 미조구치 등 몇 명을 제외한 다른 감독들

---

*웰스가 직접 각본과 주연을 맡은 〈맥베스〉는 극히 적은 예산으로 할리우드에서 23일 만에 촬영했다. 이 영화에 대해 평론가들은 값싼 세트와 지나치게 연극적인 스타일을 비판했다.

의 시대 영화는 마치 값싼 골동품처럼 진부했다. 현대적인 해석도 부족했고, 동 시대의 현실이 옛이야기를 통해 의미 있게 반영되지도 못하고 있었다. 〈라쇼몽〉이나 〈우게쓰 이야기〉 같은 작품만이 겨우 역사 이야기 속에서 현재를 반영하고 있을 뿐이다. 이런 상황에서 구로사와는 자기 나라의 고전이 아닌 서구의 고전, 셰익스피어의 희곡을 일본 역사 속에서 재해석해냄과 동시에 현대적인 관점에서 조명하는 작업을 시도하였던 것이다.

브리태니커 사전은 〈거미집의 성The Throne of Blood〉을 "셰익스피어의 희곡《맥베스》를 일본의 전통 '노能 드라마' 의 세트와 연기 스타일을 빌려 일본의 고전적 분위기에 맞게 각색한 영화로서, 원작의 한 구절도 직역하지 않고 있다. 셰익스피어 희곡을 영화로 각색한 수많은 작품들 중 가장 뛰어난 작품에 속한다"[23]라고 소개하고 있는데, 그만큼 그 작품은 문학 작품을 각색한 영화의 모범으로 잘 알려져 있다.

영화에 입문하기 전부터 셰익스피어 문학에 심취해왔던 그로선 처음으로 시도하는 셰익스피어 희곡에 대한 영화화 작업에 상당한 심혈을 기울였다는 생각이 든다. 각색에서 중요한 것은 전혀 이질적인 배경을 지닌 중세 스코틀랜드의 분위기를 어떻게 일본 역사 속에 담아낼 것인가, 그 많은 셰익스피어 특유의 대사는 어떻게 처리할 것인가, 그리고 무대 공간을 영상 이미지로 어떻게 재해석할 것인가 등인데, 서구인이 아닌 동양인으로서 서구의 희곡 그것도 셰익스피어의 비극을 영상화한다는 것은 누가 보더라도 까다로운 시도임에 틀림없다. 그러나 그 모든 것은 〈라쇼몽〉, 〈7인의 사무라이〉 등으로 영화 미학의 절정에 올라선 바 있는 구로사와에겐 오히려 자신의 영화적인 능력을 또다른 방식으로 국제무대에 떨칠 수 있는 기회였을 것이다.

9년 전 역시 셰익스피어 찬미자인 오손 웰스가 만든 흑백 영화 〈맥베스〉는 뛰어난 카메라 구도, 광각 촬영에 의한 왜곡된 심리 묘사, 극단적으로 대립되는 조명 등 부분적으로 영화적인 이미지를 창조한 공은 있으나, 원작 희곡에 지나치게 충실하게 각색해서 그런지 무대장치나 대사, 연기 등이 너무 연극적이고 셰익스피어의 그늘에서 벗어나지 못하는 것 같아 다소 아쉬운 느낌을 준다. 1971년 로만 폴란스키Roman Liebling 감독이 만든 컬러 영화 〈맥베스〉 역시 답답한 세트가 아닌 보다 개방된 공간과 색채를 이용해 나름대로의 차별성을 유지하고 있긴 하지만 웰스 영화의 수준을 크게 벗어나지 못했다. 물론 그들의 작품은 기존에 만들어진 셰익스피어 영화들과 비교해보면 상당한 수준이긴 하다. 그러나 그들 두 사람의 영화는 사실상 셰익스피어의 《맥베스》를 직역함으로써 영화적으로 새로운 느낌을 얻기 힘들다. 그와 달리 구로사와는 철저히 의역을 해 셰익스피어를 극복하고 무대 희곡을 장대한 영상 이미지로 시각화하는 데 성공했다. 그는 셰익스피어를 어느 누구보다 영화적으로, 일본적으로 새롭게 재해석해내고 있다. 어쩌면 그는 동양인이기에 오히려 셰익스피어로부터 자유스러울 수 있었는지도 모른다.

그렇다면 구로사와는 구체적으로 《맥베스》를 어떻게 각색하였을까? 왜 그것이 성공적으로 각색되었다고 평가받는가? 먼저 두 작품의 내용부터 비교해본 뒤 각 부분을 점검해보기로 하자.

1) 희곡 《맥베스》의 줄거리
총 5막 9장으로 이루어진 셰익스피어의 희곡 《맥베스》는 중세 스코틀랜드가 배경이다. 노르웨이군과 연합한 반군을 진압하고 돌아오던 두 장군 맥베스와 밴쿠오는 황량한 들판에서 마녀들을 만나 이상한 예언을 듣는다. 맥베스는 곧 코더의 영주가 된 후 이어 왕이 될 것이고, 밴쿠오는 그의 자손이 왕이 될 거라는 예언이다.

설마 하고 궁으로 돌아온 맥베스는 던컨 왕으로부터 전승에 대한 공로로 코더의 영주로 임명된다. 마녀의 예언이 들어맞은 것이다. 맥베스는 마녀의 예언 얘기를 아내에게 말한다. 맥베스 부인은 그 예언대로 왕이 되기 위해 마침 방문해 있던 던컨 왕을 죽이라고 맥베스를 충동질한다. 갈등하던 맥베스는 마침내 아내의 도움을 받아 자고 있던 던컨 왕을 죽이고, 그 누명을 호위병에게 덮어씌운 다음 그들 역시 처치해버린다. 던컨 왕의 아들인 맬컴과 도널베인은 음모를 눈치 채고 몰래 아일랜드와 영국으로 도망가고 맥베스는 드디어 왕이 된다. 마녀의 예언대로 최고의 권력을 갖게 된 맥베스는 나중에 결국 밴쿠오의 자손이 왕이 될 거라는 불길한 예언 때문에 자객을 보내 밴쿠오까지 살해한다. 그러나 밴쿠오의 아들 플리언스는 가까스로 목숨을 부지해 도망간다. 맥베스는 밴쿠오를 살해한 날 밤 연회에서 밴쿠오의 환상을 보고 놀라기도 한다. 그의 부인이 그 상황을 적당히 무마하지만 악행으로 왕이 된 맥베스의 불안한 심리가 처음으로 다른 장군들 앞에 드러나는 계기가 된다.

불안해진 맥베스는 다시 예언을 듣기 위해 마녀들을 찾아간다. 맥베스는 "여자의 몸에서 태어난 사람은 결코 맥베스를 해칠 수 없다", "버넘의 숲이 단시네인의 높은 언덕을 향하여 넘어오기 전에는 맥베스는 결코 패하지 않는다"는 예언을 듣고서 힘을 얻어 다시 성으로 돌아온다. 그러나 이미 성의 분위기는 어둡다. 맥더프 같은 유능한 장수는 맥베스의 폭정에 불만을 품고 영국으로 도망가 맬컴 왕자와 반정을 도모한다. 그 대가로 남아 있던 맥더프의 아내와 아들은 맥베스에게 죽임을 당한다.

한편 맥베스의 부인은 왕을 시해한 죄의식으로 몽유병을 앓다가 죽고, 맥베스는 망명 간 맬컴, 맥더프 등이 영국군을 이끌고 그의 단시네인 성城으로 쳐들어온다는 정보를 듣는다. 맥베스는 마녀의 예언만 믿고 부하들에게 이길 수 있다고 큰소리친다. 그러나 버넘의 숲이 단시네인 언덕을 넘어온다는 말을 듣고 놀란다. 맬컴 장군을 앞세운 반군들이 버넘 숲의 나뭇가지를 꺾어 위장을 하고 넘어오는 것이었다. 당황한 맥베스는 이젠 "여자의 몸에서 태어난 사람은 결코 맥베스를 해칠 수 없다"는 예언에 집착한다. 그러나 그 예언조차 맥더프가 달이 차기 전에 어머니의 배를 가르고 나왔다는 소리에 허물어진다. 맥베스는 최후의 운명을 겨루어보자며 맥더프와 대결하지만, 맥더프의 칼에 죽는다.

2) 영화 〈거미집의 성〉의 줄거리

'거미집의 성지蜘蛛巢城趾' 라고 쓰인 묘비석이 안개에 싸인 채 보이고, 거미집의 성에서 스즈키 영주가 연락병으로부터 반군 후지마키와 싸우러 간 제1성주 와시즈와 제2성주 미키의 승전보를 듣는 데서 영화는 시작된다.

와시즈와 미키 두 장군은 스즈키 영주에게 가기 위해 거미집의 성으로 가는 관문인 거미집의 숲에 들어선다. 그곳은 외부 사람은 절대로 찾을 수 없는 천연 미로의 숲이기에 '거미집의 숲' 이라고 불리는데, 이 숲으로 인해 거미집의 성蜘蛛巢城이 쉽게 침략당하지 않는다. 두 장수는 안개 때문에 길을 못 찾고 숲 속을 헤매다 유령을 만나 이상한 예언을 듣는다. 유령은 와시즈에게는 "곧 북성北城의 성주가 되고 이어

본성의 최고 영주가 될 것이다"라는 예언을, 친구인 미키에게는 "곧 제1성의 성주가 되고 나중에 그의 아들이 최고 영주가 될 것이다"라는 예언을 남긴다. 두 사람은 가볍게 생각하지만 실제로 스즈키 영주가 유령의 예언대로 와시즈를 북성의 성주로, 미키를 제1성의 성주로 임명하자 서로 놀란다.

와시즈의 아내 아사지는 그 이야기를 듣고 와시즈에게 미키가 배반하고 예언의 비밀을 영주에게 얘기했을지도 모른다고 하면서 때마침 방문한 스즈키 영주를 살해하자고 한다. 와시즈는 그럴 리 없다며 갈등하지만, 아사지는 남편을 적극적으로 충동질한다. 결국 와시즈는 아내의 주도하에 잠자는 스즈키 영주를 살해한 뒤, 호위병인 노리야수 장군의 부하들에게 누명을 씌우고 그들마저 죽인다. 그로 인해 노리야수 장군과 스즈키의 아들 구니마루 등은 과거 적대 관계에 있던 이웃 영주 이누이에게 도망간다.

마침내 와시즈는 미키의 추천으로 거미집의 성의 영주가 된다. 숲 속의 유령이 한 예언이 들어맞은 셈이다. 모든 게 평화롭게 끝날 것 같은 상황에서 아내 아사지는, 와시즈가 나중에 자신의 후계를 미키의 아들에게 넘겨주겠다고 하자 강력하게 반대한다. 그러면서 자신도 아기를 가졌다며 은연중에 미키를 없애라고 압력을 넣는다. 결국 아사지의 원대로 자객을 시켜 자신의 연회에 참석하러 오는 미키를 살해하지만, 그의 아들 요시테루는 놓쳐버린다. 그날 밤 연회에서 불안감에 사로잡힌 와시즈는 죽은 미키의 환영을 보고 놀란 후, 다시 숲 속으로 유령을 찾아간다. 그때 유령들은 와시즈에게 "거미집의 숲이 움직여 오지 않는 한 와시즈는 패배하지 않을 것이다"라는 예언을 한다.

그 예언으로 자신감을 얻은 와시즈는, 마침내 도망갔던 노리야수 장군 등이 반군을 끌고 대대적으로 쳐들어오는데도 부하들에게 염려 말라고 큰소리치지만, 불행한 징후를 암시하듯 아내 아사지가 스즈키 살해 사건으로 인한 죄의식 때문에 정신착란에 빠진다. 그리고 놀랍게도 거미집의 숲이 움직여 오자 부하들은 와시즈의 명령을 듣지 않고 오히려 화살의 방향을 와시즈에게 돌린다. 결국 와시즈는 부하들의 화살을 수없이 맞고 죽는다. 그 즈음 노리야수 장군을 비롯한 스즈키의 옛 부하들이 숲으로 위장하고 '거미집의 성'을 향해 쳐들어온다. 영화는 바로 다시 초반에 등장한 묘비명을 보여주면서 끝난다.

3)《맥베스》와 〈거미집의 성〉 비교

이상 두 작품의 줄거리에서 보다시피 인물 설정과 이야기의 근본적인 뼈대는 큰 차이가 없다. 단지 중세 스코틀랜드의 배경이 일본의 전국시대로 옮겨졌을 뿐이다. 그러나 대부분의 셰익스피어 작품에 대한 영화들이 셰익스피어 희곡을 그대로 직역하면서 대사에 집착하는 것과는 달리 구로사와는 대사를 철저히 시각화하는 데 주력하고 있다. 그리고 무엇보다도 인물과 상황을 단순화한다. 가령 구로사와는 맥더프 부인과 그의 아들, 그리고 레녹스 같은 단역 급의 신하들을 모두 생략하고(오손 웰스 영화 등에서는 대부분 원작 그대로 등장한다) 맥베스(와시즈)와 부인(아사지)에게 이야기를 집중시키고 있다.

　마녀의 마지막 두 가지 예언 중 '여자의 몸에서 태어난 자, 맥베스를 이길 수 없다'는 모티브도 구로사와 영화에선 삭제되었다.

《맥베스》와 〈거미집의 성〉 인물 비교

희곡 《맥베스》(1605년경)	영화 〈거미집의 성〉(1957)
맥베스	와시즈
밴쿠오 장군(맥베스 친구)	미키 장군(와시즈 친구)
레이디 맥베스(맥베스 아내)	아사지(와시즈 아내)
맥더프 장군	노리야수 장군
던컨 왕(스코틀랜드 왕)	스즈키(일본의 봉건 영주)
맬컴 왕자(던컨 왕의 큰아들)	구니마루(스즈키의 아들)
잉글랜드 시워드 장군	이누이 장군(이름만 거명됨)
플리언스(밴쿠오의 아들)	
맥더프 부인, 아들	
마녀들	유령들
맥도널드 왕자, 레녹스 등	

셰익스피어 희곡의 핵심이 대사에 있는 반면 구로사와 영화의 핵심은 시각적인 이미지에 있다. 구로사와가 셰익스피어의 《맥베스》를 각색할 때 중심을 둔 것은 결국 대사 중심의 내러티브를 이미지 중심의 내러티브로 전환시키는 것이었다. 그래서 셰익스피어의 대사는 구로사와에 의해 철저히 이미지화된다. 가령 "사람은 그 외양만 보고 마음을 헤아릴 수 없다", "악으로 시작한 것은 오직 악의 힘으로만 강해지는 것이오", "인생이란 걸어가는 그림자에 불과하다", "악마의 앞잡이들은 사람을 해치기 위해 하찮은 진실 따위로 사람을 유혹하고 끝내 치명적인 결과를 가져오게 하는 법이오", "살생이란 한번 가르치면 그것을 배운 자는 그 보답으로 가르친 자를 괴롭게 한다" 같은, 셰익스피어의 주옥같은 대사들이 구로사와 영화에는 등장하지 않는다. 대신 연극에선 도저히 표현하기 힘든, 구로사와만이 보여줄 수 있는 뛰어난 시각적 이미지들이 나타난다.

실례로 구로사와는 셰익스피어의 희곡에는 없는 까마귀를 등장시켜 죽음과 반역의 징조로 상징화하고 있고, 안개에 휩싸인 미로 같은 거미집의 숲, 거미집의 숲에서 만난 유령, 안개 속을 헤매는 두 장군, 연회석에서 와시즈가 미키의 환상을 보는 장면, 나중에 와시즈가 부하들에게 죽임을 당하는 장면 등의 이미지들도 자신만의 시각적 기법에 따라 훌륭하게 표현하고 있다. 특히 미학적으로 두드러진 부분은 와시즈와 아사지가 얼마 전 스즈키 영주가 앉았던 다다미 좌석을 앞에 두고 살해 음모 문제로 갈등하고 대립하는 장면, 와시즈가 스즈키 영주를 죽이도록 하기 위해 부인 아사지가 스즈키의 잠자리를 지키고 있는 호위병들에게 먹일 술을 가지러 가는 장면, 미키 장군을 죽인 와시즈가 연회에서 미키의 환상을 보는 장면 들이다.

그런 이미지는 도저히 연극에서는 볼 수 없는 영화적인 미학인데, 좀 더 구체적으로 살펴볼 필요가 있을 것 같다. 와시즈에게 영주를 죽이라고 설득한 아사지가, 살해에 앞서 우선 호위병들을 잠재우기 위해 약을 탄 술을 가지러 문을 열고 나간다. 그때 카메라는 문을 열고 어둠 속으로 사라지는 아사지의 모습을 바스트 숏 정도로 고정해서 보여주며(이때 그녀가 옷자락을 바스락바스락 끄는 소리만이 들려온다) 기다리다가, 다시 어둠 속에서 약을 탄 술병을 들고 나타나는 아사지의 모습을 보여준다. 영주 살해를 이 작품의 결정적인 모티브라고 생각한 구로사와는 아사지의 악마적인 면모를 어둠 속으로 사라졌다가 다시 나타나는 섬뜩한 이미지로 뛰어나게 묘사하고 있다. 와시즈가 연회에서 이미 자신이 살해한 미키의 환상을 보고 발광하는 장면 또한 뛰어난 카메라 움직임에 의해 시각화된다. 그가 미키를 발견하고 놀라 소리치고 진정하는 장면은 모두 롱 테이크(처음엔 1분 38초, 두 번째는 1분 4초)를 이용하여 감정적인 강도를 유지하는데, 그때 카메라는 트래킹에 의해 와시즈의 클로즈업에서 풀 숏까지 자유자재로 움직이며 와시즈의 이미지를 포착해낸다.

그 장면은 상식적인 감독이라면, 놀라는 와시즈의 클로즈업, 그리고 미키의 유령 모습, 다시 일어나 소리치는 와시즈의 미디엄 숏, 당황하는 부인 아사지와 다른 참석자들 등으로, 적어도 다섯 커팅 이상으로 몽타주하여 보여주었을 것이다. 그러나 구로사와는 그 모든 것을 한 숏으로 처리함으로써 그 상황의 감정적인 리듬을 끊지 않고 효과적으로 표현해낸다. 그 외에 도입부에서 미키와 와시즈 두 장군이 안개에 싸인 거미집의 숲 속에서 길을 잃고 헤매는 장면도 영화적으로 뛰어난 이미지 가운데 하나로 꼽힌다. 구로사와를 극찬한 타르코프스키는(구로사와도 타르코프스키 작품을 매우 좋아한다) 자전적인 기록에서 다음과 같이 언급한 바 있다.

구로사와는 맥베스(와시즈)가 숲 속에서 길을 잃은 장면을 어떻게 처리했던가? 시원치 않은 감독이라면 당연히 배우로 하여금 길을 찾으려고 황급하게 우왕좌왕하면서 안개 속에서 나무들과 덤불 속을 헤매도록 시켰을 것이다. 그러나 천재적인 구로사와는 이 장면을 위하여 확실하게 기억될 수 있는 특징 있는 나무 한 그루를 설정했다. 말을 탄 두 장군이 이 나무 주위를 세 번 돌게 되는데, 관객들이 이 나무를 다시 보게 되면 그 두 사람이 길을 잃었다는 것을 알게 된다. 그러나 두 장군은 자신들이 출발점을 떠난 지 오래되었기 때문에 길을 잃었다는 것을 아직도 모르고 있는 것이다. 구로사와는 공간 문제를 이와 같이 해결함으로써 그 어떤 매너리즘에도 빠지지 않고 지극히 단순한 표현으로 가장 훌륭한 시적인 사고의 경지를 과시하고 있다.[24]

구로사와가 대가로서 평가받는 이유는, 대부분의 감독들이 카메라로 단지 내러티브를 설명하는 데 그치는 반면, 그는 거기에 머무르지 않고 인물이 지닌 감정적인 강도를 관객에게 똑같이 전달하기 위해 카메라를 최선으로 활용한다는 데 있다. 그는 어떤 이야기든지 항상 자신의 카메라 언어 속에 용해시켜 자신의 목소리로 재해석해내는 능력이 있기에 《맥베스》를 성공적으로 각색할 수 있었다. 구로사와가 미국의 대가 오손 웰스보다 셰익스피어 작품을 더 뛰어나게 각색할 수 있었던 것은 어쩌면 연극배우 출신인 웰스와 달리 화가 출신인 자신의 경력 덕분일지도 모른다. 그것은 영화에서도 나타났듯이 웰스는 주로 연극적이고 인위적인 공간·조명·대사와 같은 연극적인 세팅을 이용하고 있는 반면, 구로사와는 환상적인 분위기를 연출하는 그림 같은 야외 공간의 회화적인 세팅을 이용하고 있는 데서 알 수 있다.

　　셰익스피어의 희곡은 대부분 중세 기독교적인 세계관이 바탕에 깔려 있다. 그것은 맥베스가 던컨 왕을 시해한 후, "그런데 나는 왜 아멘 소리를 못했을까. 나야말로 하느님의 구원이 필요한 자인데 아멘 소리가 목에 걸려 나오질 않다니" 하고 말하는 데서 드러난다. 그러나 구로사와는 〈거미집의 성〉에서 종교적인 배경을 강조하지 않는다. 나중에 《리어 왕》을 각색한 〈란〉(1985)에서는 불교적으로 재해석했지만, 이 작품에선 설화적인 분위기만 보여줄 뿐이다. 〈거미집의 성〉의 시작과 끝은 똑같은 이미지를 반복해서 보여주는데, 셰익스피어의 《맥베스》에는 전혀 없는 설정이다. 묘비명, 황폐한 성, 자욱한 안개…. 그것들은 마치 미조구치의 영화 〈산초대부〉—구로사와가 매우 극찬한 작품이다—가 시작과 끝에서 돌무덤을 보여주는 것과 같다. 그것은 모든 야심의 종말, 세속적인 모든 일의 덧없음, 그리고 그 묘비명 '거미집의 성지蜘蛛巢城趾'가 궁극적으로 우리의 운명이라는 걸 암시한다(그 묘비명은 이후 1966년에 만들고 1968년에 개봉한 스탠리 큐브릭의 〈2001년, 스페이스 오디세이2001, Space Odessay〉에서 중요한 모티브 역할을 하는 돌기둥 비석의 이미지와 유사하다). 또 비록 그것이 비극적인 '운명'에 의한 것일지라도, 구로사와는 와시즈의 비극적 '종말'을 통해 권력의 덧없음을 강조하고 있다.

나에게 이 작품은 20세기 초 군국주의 일본이 아시아를 지배하기 위해 끝없는 야욕을 불태우며 발악하다 패망한 전력을 생각나게 한다. 마치 구로사와가 당시 맥베스적인 광기에 사로잡힌 일본 군국주의의 모습을 와시즈에 비유하여 그린 것 같다는 느낌도 든다.

4) 비극적 인물 — '맥베스'와 '와시즈'

셰익스피어의 비극은 항상 예외적인 인물이나 높은 직위에 있는 인물—장군, 왕—이 뜻하지 않은 운명의 격변을 겪고 고통받다 결국 죽게 된다는 이야기를 다루고 있다. 《오셀로Othello》, 《리어 왕》, 《햄릿Hamlet》, 《맥베스》는 모두 주인공을 비극적인 운명으로 이끌기 위해 세 가지 장치를 사용한다. 첫째, 정신착란·몽유병·환상과 같은 초자연적인 심리 상태를 이용하고 있다. 둘째, 유령·마녀 같은 초자연을 사용한다. 이 초자연은 언제나 성격과 밀접한 관계를 맺고 있다. 즉 행위자의 마음속에 전부터 (드러나지 않은 채) 존재하고 있던 악마성을 밖으로 표출시키는 수단인 것이다. 셋째, 우발 사건과 천재天災가 어느 정도 행위에 영향을 준다고 인정한다.[25]

사람들은 종종 무한 권력을 추구하는 인물들을 '맥베스적인 인물'이라고 말하곤 한다. 엄청난 부와 언론을 통한 막강한 힘을 가졌으면서도 거기에 만족하지 않는 〈시민 케인〉의 주인공 케인이나 마피아 세력을 통해 부와 권력을 손에 쥐었으면서도 '가족Family'을 보호한다는 명분 아래 끝없이 세력을 확장시키려는 〈대부〉의 주인공 마이클 콜레오네가 바로 맥베스적인 인물의 한 전형이라고 할 수 있다. 그러한 인물들은 대개 인간의 양극성을 보여주는 비극적인 인물이다. 선과 악이 공존하는 이미지, 특히 그중에서도 인간의 어두운 본성이 강조되어 나타나는 인물이다. 셰익스피어가 "성격은 운명이다"라는 격언을 강조하고 있는 데서 볼 수 있듯이, 비극적인 인물들은 의도적인 악인이 아닌 어쩔 수 없이 악의 본성을 타고난 인물들이기에 동정심을 유발시키기도 한다. 근본적으로 그들 속에서 우리 자신의 모습을 발견할 수 있기 때문이다. '맥베스'나 '와시즈'가 비극적인 인물인 것은 애초부터 그들 스스로 권력에 야욕을 품었기 때문은 아니다. 두 인물은 애초에는 부하들로부터 존경받고 왕으로부터 신뢰받는 인물들이었다.

마녀(기독교적인 관점에 보면 사탄)의 애매모호한 유혹과 예언, 그리고 사악한 심성의 아내만 아니었다면 그들의 비극은 일어나지 않았을 것이다. 맥베스는 끊임없이 자신의 행동이 그릇됨을 알고 자책하지만 스스로 돌이킬 수 없음을 괴로워하면서 악행을 계속한다. 와시즈 역시 스즈키 영주나 미키 장군에 대한 살해를 수없이 망설이고 중단하려 하지만 아내 아사지의 교묘한 설득과 내면에 잠재한 악마적 욕구로 인해 결국 악행을 저지르고 만다. 그들의 비극적인 행로를 보면 "성격은 운명이다"라는 셰익스피어의 격언이 절절히 다가온다. '맥베스'와 '와시즈'는 결국 악행을 저지를 수밖에 없는 운명적인 성격과 환경을 타고난 것이다. 그것이야말로 진정한 비극이다.

5) 노能적인 양식화

구로사와가 자신의 목소리로 셰익스피어를 잘 해석해낼 수 있게 된 근본적인 힘은 무엇보다도 일본 정통 연극인 노카쿠能樂(일반적으로 '노'라고 한다)*의 적용에 있다.[26] 구로사와가 《맥베스》를 영상화하는 과정에서 중요하게 사용하고 있는 일본적인 요소는 전통극 노能다. 그가 이 작품을 이미지화하는 과정을 보면 가부키보다 노를 더 좋아하는 그의 기호를 알 수 있다. 그는 "노는 모든 일본극의 핵심이자 진실한 마음이기에 좋아한다"고 말한다. 노는 압축의 정도가 극단적이고, 상징과 미묘함으로 가득 차 있다. 구로사와는 이렇게 말한다.

> 노에선 스타일과 스토리가 하나다. 이 영화에서, 문제는 어떻게 스토리 속에 일본적인 사상을 적용시키느냐다. 충분히 이해할 수 있지만 일본인들은 마녀와 유령 같은 것에 대해선 달리 생각하는 경향이 있다.[27]

*15세기 초 간아미觀阿彌(1333~1384)라는 한 승려와 그의 아들 제아미世阿彌(1363~1443)는 일본에서 오늘날까지 거의 변함없이 전승되고 있는 희곡, 극장, 공연 형식을 창안하였다. 제아미는 최초로 노能 드라마의 원리, 연기 및 상연법을 공식화하여 《가덴쇼花傳書》에 기록했는데, 이 책은 아리스토텔레스의 《시학》이 서양 연극에서 차지하는 비중만큼이나 일본 연극에서 중요하게 여겨진다. 노에 주된 영향을 미친 것은 선불교다. 제아미는 이 정신적 원천을 통하여 아름다움은 암시, 단순성, 섬세함, 절제에 있다는 확신을 갖게 되었다. 실제로 그의 모든 전제들은 복잡한 용어인 '유겐幽玄'에 요약되어 있다. 간단히 말해서 이는 고요한 우아함, 비영속성의 신비로운 아름다움을 뜻하는데, 이 안에서는 우아함이 항상 그것의 '여림'에 대한 인식을 동반한다. 만년에 제아미는 그의 유겐 개념에 노년의 잔잔한 고독감과 평화스러움까지 수용하여 포함시켰다. 산문과 운문이 혼합된 대부분의 대사들은 노래로 불리거나 영창되며 회화 부분은 고도로 양식화된 방법으로 낭송된다. 노는 본질적으로 무용극이며, 대본은 안무적 동작의 배경을 설정해주는 역할을 한다. 전반적으로 노는 춤으로 완성되고 배우가 춤을 추는 동안 코러스는 배우들이 대사를 노래하고 이야기를 해설해준다. 노의 공연 목표는 어떤 상황이나 정서의 본질을 포착하는 것이다. 지극히 양식화된 정적인 제스처 또는 신체적 자세들을 얼마간 유지함으로써 오히려 절정의 순간들을 표현한다. 노는 세계에서 가장 치밀하게 조절된 연극 체험 중 하나다. 그 전체적인 효과는 정교한 예식이나 종교 의식과 같은 것이다.

배우들의 움직임에도 노의 방식을 적용시키는데, 가장 많이 적용시킨 인물은 와시즈(맥베스)의 아내 아사지다. 극히 제한적이고, 충동적이고, 악마적인 여자인 그녀는 노 배우처럼 움직인다. 그녀와 남편 와시즈가 함께 있는 장면은 꼭 노의 구도처럼 배치되는데, 특히 그녀가 손 씻는 장면은 순수한 노 드라마다. 마녀 역시 노로부터 빌려왔다. 갈대로 만든 마녀의 오두막집은 노의 세트와 거의 흡사하고, 마녀의 분장은 노의 유령 마스크며, 그녀의 허스키하고 억양 없는 예언적인 말투 역시 노 배우의 목소리다. 영화 속에서 보이는 노의 형식적 · 폐쇄적 · 의식적 · 제한적인 요소는 주로 두 여인(마녀, 아사지)과 관련이 있다.

두 여자는 셰익스피어 작품에서도 그렇듯 음모를 꾸미는 악의 편에 서 있다. 구로사와가 그리는 와시즈의 부인은 셰익스피어 맥베스 부인보다 더 악하다. 대부분의 구로사와 영화에서 여자는 남자보다 더 강하게 그려지는 경우가 많다. 그들은 남자에게 영향을 주거나 보다 강하게 살아남는다. 가령, 〈이키루〉에 나오는 토요라는 처녀, 〈우리 청춘 후회 없다〉의 여주인공 유키에, 〈란〉에 나오는 복수의 화신 카에데 등이 그런 경우에 속한다.

〈밑바닥〉(1957) — 막 심 고 리 키 |Maksim Gor' kii 희곡 각 색

도스토옙스키에 이어 셰익스피어를 영화화하고 난 구로사와는 이번엔 고리키에 접근해 그의 희곡《밑바닥에서》(일명《밤 주막Na dne》)을 각색하여 영화로 만들었다. 이 작품은 가난 속에서 살고자 애쓰는 사람들을 유머러스하게 그리고 있다. 항상 중얼중얼 작은 소리로 말하는 땜장이 아내와 환자의 아내, 이루지도 못할 옛날

꿈만 그리는 사람, 항상 색기를 부리는 엿 파는 여자, 인생을 포기한 놈 팡이, 항상 술에 취해 있는 한물간 배우, 진짜 사무라이였는지 의심받는 영주, 이런 상황에서도 만족하고 사는 여인, 의지가 강한 도둑. 그

런데 그 도둑만이 가장 방다운 방에서 살고 있다. 밑바닥 속에서 제멋대로 살고 있지만, 다들 낙천적이다. 화면은 비참하다기보다는 재미있는 영상으로 가득 차 있다. 구로사와는 고리키의 희곡에 비해 코미디를 더 강조하고 있다. 이 작품에서 하층민들을 코믹 터치로 묘사하는 방식은 나중에 첫 컬러 영화인 〈도데스카덴〉(1970)에서도 사용된다.

〈숨은 요새의 세 악인〉(1958)—모험과 로드 무비로 채워진 시대 영화

구로사와가 처음으로 와이드 스크린을 사용한 〈숨은 요새의 세 악인隱し砦の三惡人〉은 솔직히 이전의 〈7인의 사무라이〉나 〈이키루〉 등의 작품에 비해선 미학적인 완성도나 진지함이 부족하다. 대신 할리우드적인 모험 영화 구조를 이용한 내러티브가 무척 재미있어 부담 없이 볼 수 있다는 장점이 있다. 황금을 쫓는 적들, 황금을 숨기고 적진을 통과하려는 공주 일행, 적장과

의 결투, 어수룩한 두 농부의 우스꽝스런 행각 등 구로사와 특유의 유머와 극적인 재미는

시종일관 화면에서 눈을 떼지 못하게 만든다.

결국 이 작품의 재미있는 인물 설정과 극적인 구조는 1970년대 중반 이후 할리우드의 대표적인 감독들인 조지 루카스, 스티븐 스필버그 등에게 상당한 영향을 준다. 특히 조지 루카스는 어떤 인터뷰에서 히트작 〈스타워즈〉(1977)에 등장하는 공주와 두 로봇의 아이디어를 이 작품에서 응용했다고 고백한 바 있다. 즉 두 농부의 코믹한 성격에서 두 로봇을 착안하였고, 패망한 혈족의 공주와 그의 가신 마카베 로쿠로타(미후네 도시로)의 이미지 역시 제국의 공주와 해리슨 포드Harrison Ford에 의해 재현되었다. 모험과 결투로 이뤄지는 이야기 구조도 많이 응용되고 있다. 추적 영화, 모험 영화 또는 로드 무비라고도 할 수 있는 〈숨은 요새의 세 악인〉은 일본의 여러 영주들이 각각의 영토를 갖고 대립하던 16세기 전국시대가 그 배경이다. 아키주키, 야마다, 하야카와 이 세 혈족 중 아키주키가 야마다에게 패한다. 그래서 아키주키의 공주 유키는 가신들과 함께 변복을 하고 야마다 군을 피해 인근 우방인 하야카와 영지로 탈출하려고 시도한다. 그들은 특히 나라를 되찾기 위한 토대가 될 혈족 소유의 많은 황금을 장작개비에 숨겨 운반하고자 하는데, 야마다군은 그들을 잡기 위해 현상금을 거는 등 혈안이 되어 있다(여기서 장작개비 속에 숨긴 황금은 히치콕의 맥거핀Macguffin 즉 극에 긴장감을 주면서 스토리를 진행시켜가는 모티브 역할을 하고 있다).

이야기는 서로 친하면서도 곧잘 싸우곤 하는 어수룩한 두 농부에서부터 시작된다. 고향으로 돌아가는 중이던 농부들이 야마다군에 잡혀 황금을 찾기 위해 땅을 파는 강제 노역에 동원된다. 그들은 노역자들의 반란 덕에 도망가게 되는데, 도중에 마카베 로쿠로타라는 패망한 아키주키의 유명한 장군을 만나게 된다. 로쿠로타는 몇몇 가신과 함께 산속에 교묘하게 요새를 만들어 유키 공주를 호위하며 숨어 있었다. 그는 황금에 눈이 어둡고 욕심 많은 두 농부를 이용해 장작개비에 숨긴 황금과 유키 공주를 인근 하야카와로 탈출시키고자 한다.

로쿠로타는 동행한 두 농부와 다른 사람들에게 의심받지 않기 위해 공주를 벙어리로 가장시킨다. 로쿠로타와 공주, 농부 일행은 야마다군의 검문을 교묘하게 뚫고 가다가 여러 번 위기에 빠지기도 한다. 유키 공주는 변복하고 도망가는 과정에서 자기 백성들이 고통당하는 걸 직접 보고 괴로워하던 중, 한 불쌍한 여인이 사창가에 팔려가는 걸 보고 그 여인을 자신이 사서는 일행과 동행시킨다. 로쿠로타는 도중에 호적수였던 야마다군의 타도코로 효헤이 장군을 우연히 만나 결투 신청을 받는다. 그 결투에서 로쿠로타는 타도코로 효헤이를 이기지만 죽이지 않고 살려둔 채 떠난다.

불의 축제 등 여러 사건을 거친 후 마침내 공주 일행은 야마다군에 발각되어 쫓긴다. 그 와중에 로쿠로타 일행과 떨어진 두 농부는 마침내 자신들이 살고자 공주 일행을 밀고하고, 현상금이나 타 먹을 결심을 한다. 그러나 이미 로쿠로타와 공주가 야마다군에게 붙잡혔다는 걸 알게 된다. 처형 위기에 처한 로쿠로타와 공주 일행은 전에 로쿠로타와 결투했다 패한 타도코로를 만나면서 다행히 목숨을 건지게 된다. 타도코로는 비록 적이지만 얼마 전 자신이 진 빚을 갚기 위해 로쿠로타 일행을 황금과 함께 풀어주고 자신도 그들과 같이 야마다군을 탈출한다. 그들 일행은 마침내 하야카와 영지에 도착해 안주하게 된다.

한편 두 농부는 국경 지대에서 하야카와군에 붙잡혀 감옥에 갇혔다가 불려 나간다. 그때 그들은 자신들이 벙어리라고 생각했던 공주가 우아한 차림으로 말을 하는 것과 의젓한 장군 복장의 로쿠로타를 보고 놀라 고개를 조아린다. 공주는 두 농부에게 그동안 적진을 탈출하는 데 도움이 되어준 것에 대한 포상금으로 황금 하나를 주고 풀어준다. 그들은 이제 예전과 달리 서로에게 신뢰감을 가지면서 고향을 향해 떠난다.

　이상의 스토리를 가진 〈숨은 요새의 세 악인〉의 재미 요인은 무엇보다도 두 농부의 희화적인 성격에 있다. 구로사와 영화에서는 드물게, 단역에 해당될 만한 인물들이 스토리를 주도적으로 이끄는 주인공을 맡고 있는 것이다. 타헤이와 마타시치라는 두 농부는 당대에 흔히 볼 수 있는 서민으로 지극히 인간적인 성격의 인물들이다. 그들은 항상 서로를 믿고 좋은 일을 하자고 다짐하면서도 막상 현실에 부닥치면 그걸 잊곤 한다. 그들은 황금에 눈이 어두워 목숨을 걸거나, 배반까지 서슴지 않을 정도로 야비하고 탐욕스러울 때도 있지만 이상하게 미워할 수 없다.

　그들에게 동정심이 가고 애정이 가는 것은 근본적으로 순박한 심성의 농부라는 게 그들의 최종적인 행동에서 드러나기 때문이다. 그들을 탐욕스럽게 만든 것은 전쟁으로 피폐해진 삶이지 그들 자신의 탓은 아니라는 것을 느낄 수 있다. 두 농부의 성격을 이용해, 황금 운반과 적진 탈출을 위한 동행자로 만든 마카베 로쿠로타 장군의 재치도 좋은 양념이 되고 있다. 특히 그의 주장에 따라 벙어리로 가장한 공주와 그것을 모르고 진짜 벙어리인 줄 안 두 농부가 로쿠로타가 없는 틈을 타 공주 앞에서 벌이는 행각들은 무척 재미있다.

　이 작품은 비록 오락적인 성격이 강하긴 하지만 그래도 감독이 구로사와인지라 단순한 재미만 주고 공허하게 끝나지는 않는다. 구로사와는 존 포드처럼 작품 속에서 나름대로 일관되게 휴머니즘적인 주제를 담아왔는데, 이 작품에서도 그런 주제 의식이 담겨 있어서 다른 할리우드 상업 영화들과 차별되는 요인이 된다. 구로사와의 휴머니즘은 주로 두 농부와 유키 공주의 성격 변화를 통해 나타난다. 두 농부는 황금에 눈이 어두워 틈만 나면 서로 욕심 부리며 싸우지만 온갖 역경을 겪은 후엔 욕심을 버리고 서로 믿고 의지하게 된다. 그리고 영주의 딸로서 부귀영화를 누리던 아름다운 유키 공주는 나라가 망해 도피하는 과정에서 백성들의 삶 속에 스며든 아픔과 즐거움(특히 불의 축제를 통해)을 맛보면서 비로소 세상을 바로 보게 된다. 유키 공주를 통한 휴머니즘 실현의 구체적인 행위는 술집에서 돈에 팔려갈 뻔한 여인을 구출하여 동행하는 데서 볼 수 있다.

이 작품은 재미있는 영화임에도 몇 가지 한계가 눈에 띈다. 특히 마카베 로쿠로타와 적장 타도코로 효헤이의 지나칠 정도의 우연한 만남, 그리고 얼마 후 갑작스런 재회와 혈족 배반이 바로 그것이다. 또한 로쿠로타와 타도코로가 창으로 싸우는 결투 장면에서 다소 지루하게 늘어지는 액션이 단조롭다. 다행히 그 같은 결투 장면에 대한 아쉬움은 몇 년 후에 만든 작품 〈요짐보〉나 〈쓰바키 산주로〉에서 유감없이 만회된다. 그 작품들에선 결투 장면이 결말 부분의 절정으로 설정되어 짧고 강렬하게 보임으로써 영화 미학의 최고 경지를 느끼게 한다.

일단 나는 구로사와 아키라 감독의 팬이다. 그처럼 훌륭한 영화를 많이 만든 사람의 작품을 다시 만들 때 실패는 불을 보듯 뻔하다. 원작을 해칠 게 당연하니까. 그래서 너무나 부담스러웠다.[28]

2008년 〈숨겨진 요새의 세 악인〉(1958, 139분)은 50년 만에 일본에서 히구치 신지樋口眞嗣*에 의해 동명으로 리메이크 되었다. 신지의 리메이크 작(118분)은 감독 스스로 인터뷰에서 예언했듯이 작품으로선 명백한 실패작이었고 원작을 정말 많이 해치고 말았다. 신지 감독이 만든 〈숨은 요새의 세 악인〉의 가치는 구로사와 아키라가 상대적으로 얼마나 연출력이 대단한 감독인가를 방증해줄 값비싼 텍스트라는 데 있을 뿐이다. 그의 리메이크 작은 감독으로서 절대 그렇게 연출하면 안될, 하지만 평범한 감독이라면 누구나 그러한 실수를 범할 수 있는 모든 요소를 갖추었다고 할 법했다.

리메이크 과정에서 신지 감독은 기본적인 캐릭터와 스토리에서 크게 네 가지를 변화시켰다. 첫째는 농부 캐릭터와 유키 공주 사이에 로맨스를 삽입한 것과 유키 공주가 벙어리라는 사실을 미리 밝힌다는 것, 그리고 알고 보니 장작 속의 황금은 가짜였다는 사실이다. 마지막으로 원작에서 자신의 영주를 배반하고 유키 공주의 탈출에 결정적인 기여를 한 타도코로 효헤이라는 캐릭터를 삭제한 점이다. 하지만 그 네 가지의 변화는 대부분 악수惡手였다.

일단 신지는 자신이 구로사와와 달리 서민 출신이기에 영화를 신분 낮은 관점에서 그려야겠다고 작정하고, 두 농부의 캐릭터를 크게 변화시켰다고 했다. 두 사람을 같은 고향 출신의 농부가 아닌 광부(타케조), 나무꾼(신파치) 출신으로 만든 뒤 광부 타케조 역할에 아이돌 그룹 '아라시' 출신의 가수이자 연기자 마츠모토 준松本潤을 캐스팅하였다. 요즘 젊은 관객을 끌기 위해 그랬는지는 몰라도 그 평민 광부 청년이 나중에 공주와 신분을 초월한 사랑을 하게 되는 멜로드라마는 당시 상황으로 볼 때 매우 비현실적인 설정이었다. 당연히 매우 어색하고 억지

---

*히구치 신지(1965~)는 〈로렐라이〉(2005), 〈일본침몰〉(2008) 등을 감독했다.

스럽게 그들의 관계가 엮어졌다. 구로사와가 유키 공주와 장군 로쿠로 타의 로맨스조차 전혀 그리지 않고 철저히 액션 모험 영화 장르에 충실했던 것과는 판이하게 다르다. 그러한 모험 영화에 히구치 신지식의 멜로는 전혀 어울리지 않았고 영화를 상투적으로 만든 결정적 계기가 되었다. 거기다 둘의 멜로를 만들려다보니 원작에서 유키 공주의 벙어리 모티브도 중도에 일찍 포기해서 극적인 재미를 스스로 포기했다. 죽을 고생을 하며 가지고 다녔던 장작 속의 황금이 가짜였다는 사실은 새로운 반전으로 설정한 것 같지만 너무 과했다. 왜냐하면 "그렇다면 그 가짜인 장작을 그동안 왜 그렇게 힘들게 운반했지?"라는 의문이 남기 때문이다. 스스로 기존의 탄탄한 구성을 허물어버리는 계기가 되었던 것이다. 또한 적장 로쿠로타에게 감화되어 자신의 편을 배신한 타도코로 효헤이 캐릭터가 없다보니, 인물들이 스스로 탈출을 감행할 때 로쿠로타와 광부 타케조 중심으로 온갖 과장된 할리우드식 액션과 특수 효과를 선보여 액션 만화영화처럼 가볍게 만들어버린 것도 크나큰 실수였다.

게다가 상영시간을 원작보다 20여 분이나 짧게 하려다보니 무리하게 스토리를 삭제하고 요약해버렸다. 그리고 요즘 관객의 눈높이에 맞춘다는 핑계로 아이돌 배우를 기용해 엉성한 멜로 라인을 쓰면서 전체적으로 구로사와 뛰어난 영화의 장점은 온데간데없이 사라져버리고 평범한 시대 영화가 되어버렸다. 불필요하고 설명적인 플래시백, 지나치게 눈에 거슬리는 컴퓨터 그래픽 합성, 과장된 배우들의 연기… 정말 거장의 영화를 리메이크한다는 게 얼마나 무모한 작업인가를 보여준다. 오죽하면 구스 반 산트Gus Van Sant 감독이 히치콕의 〈사이코〉를 컬러로 리메이크하면서 새로운 해석을 포기하고 모든 숏을 아예 똑같이 만들을까? 어쨌든 신지의 리메이크 작은 구로사와 영화를 공부할 수 있는 좋은 비교 분석용 텍스트라는 것으로 위안을 삼아야 할 것 같다.

▩▩▩▩▩▩▩▩▩▩ 〈나쁜 놈일수록 잘 잔다〉(1960)—사회 고발 영화

이 작품은 구로사와가 직접 제작한 최초의 작품이다. 그는 처음에 어떤 작품을 만들까 고민하다가, 결국 돈을 벌기 위한 상업 영화보다는 사회적인 의미가 있는 작품을 만들 결심을 하게 된다. 그래서 당시 공직 사회에 만연되고 있던 독직, 뇌물에 대한 문제를 다루게

된 것이다. 사회 고발 소재는 10년 전 언론의 횡포를 그린 〈스캔들〉(1950)에서 이미 다룬 바 있지만, 〈나쁜 놈일수록 잘 잔다〉는 그 작품보다 더 직접적이다. 더구나 동 시대 공직 사회의 부패를 정면으로 다루고 있다는 점에서 구로사와가 평소 시대 영화를 통해 간접적으로 현실 비판을 해왔던 것과는 다른 면을 보인다. 그렇다고 이전 영화들에서 보여준 휴머니즘적인 주제가 사라진 건 아니다. 부패의 근원을 추적해 가는 한 젊은이가 사랑과 복수, 사회적 정의 사이에서 갈등하는 것을 보여줌으로써 휴머니즘을 바탕에 깐다.

구로사와는 우선 일본인 특유의 '복수' 모티브를 도입하여 독직 부정으로 인한 공직 사회의 부패상을 고발한다. 스토리를 간단하게 요약하면 '한 청년이 자신의 아버지가 독직 부정에 연루되어 억울하게 희생양으로 죽은 걸 알고 그 복수를 꾀하다가 오히려 아버지처럼 죽임을

당한다' 이다. 그러나 구로사와는 그런 이야기를 정석으로 풀어가서는 재미도 없고 설득력 또한 부족하다는 걸 알고, 미스터리 스릴러라는 장르를 이용해 매우 극적으로 꾸미고 있다. 즉 〈라쇼몽〉에서 숲 속의 살인 사건을 먼저 제시하고 범인이 누구인지를 하나하나 추적해 풀어 나가듯이, 사건을 먼저 터뜨리고 그것을 해결해나가는 구성을 택하고 있다.

이 작품의 초반부는 결혼식장에 배달된 의문의 축하 케이크—이후에 벌어질 사건의 중요한 모티브—를 보고 놀라는 기자들과 주택공사 간부들의 표정에서 모종의 사건이 일어날 것이라는 암시를 주며 시작된다. 그러나 구로사와는 위와 같이 간단하게 요약된 스토리를 어떤 이야기 구조로 풀어나가고 있을까.

정부 주택공사의 이와부치 부회장 딸 요시코와 부회장의 젊고 잘생긴 비서 니시(미후네 도시로)의 화려한 결혼식장에서부터 이야기가 시작된다. 몰려와 있던 기자들 사이에선 5년 전 당시의 독직 부정과 관련하여 후루야라는 주택공사 간부가 모든 책임을 뒤집어쓰고 건물 7층에서 떨어져 자살했다는 잡담이 나온다. 그러던 중 공사 입찰과 관련된 건축 회사의 공사 관리들에 대한 뇌물 사건으로 공사 직원인 와다가 경찰에 연행되는 작은 소란이 일어난다. 하지만 진짜 사건은 축하 케이크가 들어오면서 시작된다. 누가 보냈는지 모르는 그 케이크는 5년 전 뇌물 스캔들로 말이 많았던 그 건물 모형이고, 후루야가 뛰어내린 7층 창문엔 장미가 한 송이 꽂혀 있다. 그것을 보고 당시 독직 구설수에 오른 바 있던 이와부치, 모리야마(시무라 다카시), 시라이 등은 흠칫 놀란 표정을 짓는다.

그들은 누가 그런 장난을 했을까 궁금해한다. 수사 중인 경찰에게도 공사의 비리와 관련된 정보가 누군가에 의해 계속 전달된다. 한편 독직 부정에 대한 경찰의 수사가 활기를 띠자, 이와부치 부회장은 구속 중이었다 풀려난 직원 와다에게 속죄양이 되어 책임지고 사라질 것을 암시한다. 그래서 와다는 유서를 써놓고 자살을 시도하다가 이와부치의 비서인 니시에게 발견된다. 다음날 와다가 자살했다는 기사가 나가고 곧 장례식이 치러지는데, 니시에 의해 죽은 척하고 숨어 있던 와다는 니시와 함께 몰래 그 장례식에 참가한다.

니시는 독직 부정을 밝힐 결정적인 단서를 찾기 위해 와다를 설득하고 나중에는 시라이까지 유인해 그를 통해 자백을 받고자 한다. 결국 시라이는 이와부치에 의해 정신병자 취급을 받고 병원으로 옮겨진다. 니시가 시라이를 취조하는 과정에서, 니시가 이전에 독직 부정의 희생양으로 죽은 후루야의 아들(서자)이라는 게 밝혀진다. 그는 억울하게 죽은 아버지의 복수를 위해 요시코와의 정략결혼, 이와부치의 비서, 결혼식장의 케이크 등 모든 사건을 꾸민 것이다.

이와부치는 그동안 모리야마를 시켜 의문의 사건을 일으킨 주인공을 추적한다. 모리야마는 후루야의 아내를 찾아가 후루야에게 또 다른 후처가 있었다는 사실을 알아내고, 후루야의 장례식 때 찍은 사진 속에서 니시의 모습을 발견한다. 이와부치가 모리야마로부터 니시의 정체를 알게 되는 그 순간, 요시코에게 진정한 사랑을 보여주고자 집으로 돌아온 니시는 자신의 신분이 탄로 난 것을 알고 다시 집을 나선다. 니시는 친구 이타쿠라의 도움을 받아 모리야마를 납치하여 감금한다. 그리고 그를 협박하여 이와부치의 독직 부정을 증명할 수 있는 단서가 될 물증을 내놓을 것을 요구한다. 그 무렵 요시코가 니시의 아지트에 찾아오고 복수를 위해 결혼했던 니시는 요시코에 대한 사랑을 확인한다. 그리고 요시코는 자신의 아버지가 모든 사건을 주도한 악인이라는 데 충격을 받는다.

결국 모리야마가 모든 물증을 내놓을 것을 약속하고, 니시는 친구 이타쿠라와 함께 다음날 기자회견을 열어 독직 부정에 얽힌 실체를 밝히기로 한다. 그러나 아버지 이와부치의 유도 심문에 넘어간 요시코가 니시의 아지트를 발설함으로써 사건은 반전된다. 부정 폭로 직전에 니시는 교통사고로 죽고 만다. 이와부치의 음모에 의해, 음주 운전 중 사고를 낸 것으로 조작된 것이다. 요시코와 그녀의 오빠는 니시가 그동안 아버지의 복수를 위해 그의 친구 이타쿠라와 서로 이름, 신분 등을 바꾼 채 살아온 것을 알게 된다. 니시의 본명은 이타쿠라이고, 니시는 친구의 이름인 것이다. 요시코와 그녀의 오빠는 부친의 악행이 빚어낸 비참한 결과를 보고 아버지 곁을 떠난다. 혼자 남은 악인 이와부치가 고위 관리의 전화를 받고 굽신거리는 데서 이야기는 끝난다.

구로사와는 이 작품을 셰익스피어의 《햄릿》에 영향을 받아 복수극 형식으로 구성했다. 《햄릿》에서 주인공 햄릿이 자기 아버지의 죽음을 비유하는 연극을 해서 범인이라고 추정하던 숙부의 반응을 살피듯이, 〈나쁜 놈일수록 잘 잔다〉에서는 주인공 니시가 아버지의 억울한 죽음을 암시하는 빌딩 모형의 케이크를 익명으로 배달시킴으로써 범인이라고 추정하던 공사 간부들의 반응을 살피고 그들의 범행을 확신한다.

이 작품의 중요한 딜레마는 요시코에 대한 니시의 감정이다. 처음에 니시는 단지 아버지의 복수를 위해 정략적으로 결혼했지만, 나중에 그녀에 대한 동정에서 죄책감, 사랑으로 이어지면서 갈등을 느낀다. 요시코 역시 아버지에 대한 혼란스런 도덕적 판단 때문에 딜레마에 빠진다. 자기한테는 더없이 좋은 아버지인데 사회적으로 그렇게 악인으로 취급받는 게 이해가 안 되는 것이다. 말려들어 요시코는 니시가 아버지의 음모에 말려들어 죽자 오빠와 함께 아버지 곁을 떠나는 것으로 자신의 딜레마를 해결한다.

이 작품의 최종적인 주제는 무엇일까. '나쁜 놈일수록 잘 잔다'는 제목이 암시하듯, 이 세상은 꼭 선이나 정의가 악과 불의를 이기는 것만은 아니다. 구로사와는 무엇보다 구조적이고 거대한 부패 고리의 근원을 캘 수 없는 현실에 대해 고발하고 있다. 그것이 구로사와가 느낀 당대에 대한 현실 인식이다. 이 영화에서 보인 일본 공직 사회의 독직 부정은 1990년대까지 공공연히 이어져 오다, 결국 뇌물 스캔들 및 부정 축재로 자민당의 막후 실력자 가네마루金丸新가 구속되고, 이어 자민당 정권을 붕괴시키는 결과를 가져왔다. 구로사와의 고발이 30여 년 후에야 빛을 본 것이다. 미국의 프란시스 코폴라 감독이 특히 이 작품을 좋아했다는데, 그의 대표작 〈대부〉를 보면 그 영향을 쉽게 엿볼 수 있다. 특히 라스트신에서 자신의 비리를 폭로하려는 사위를 죽인 이와부치 부회장이 아들과 딸이 자신의 악행을 비난하면서 떠난 후 외롭게 혼자 남게 되는 장면은, 〈대부 2〉(1974)에서 마이클이 아내가 친형과 상대 마피아들을 죽인 그의 행동을 비난하고 떠난 후 혼자 외롭게 남게 되는 상황과 매우 유사하다.

이 작품은 구로사와 영화로선 드물게 주인공의 무력감과 패배주의적인 결말을 보여주고 있다. 주인공 니시가 독직 부정을 폭로하지 못하고 오히려 거대한 정부 기구의 어두운 힘에 의해 죽게 되는데, 대부분의 그의 영화가 희망과 주인공의 승리, 좌절 이후 극복으로 끝나는 것과는 차이를 보인다. 그러나 구로사와는 그 이후 작품들을 통해 〈나쁜 놈일수록 잘 잔다〉에서 보여준 불의에 대한 좌절감, 무력감을 털어버린다. 즉 그는 사무라이 영화 〈요짐보〉, 〈쓰바키 산주로〉에서 〈나쁜 놈일수록 잘 잔다〉의 니시 역을 맡았던 미후네 도시로에게 초인적인 사무라이 역할을 맡겨 악을 휩쓸어버리게 함으로써 감독 자신과 관객들의 억눌린 감정을 풀어주고 있다. 의도적인지 몰라도, 이 두 시대 영화에서도 관리들의 독직 부정과 부패가 주요 모티브로 등장한다.

〈요짐보〉(1961)―신화적인 영웅 사무라이의 등장

이 작품은 다음 작품 〈쓰바키 산주로〉와 함께 구로사와 영화 가운데 가장 대중적이고 부담 없이 볼 수 있는 영화다. 이전이나 이후의 많은 작품들에서 보이는 인생이나 사회 문제에 대한  심각한 문제 제기는 거의 없고 단지 영화적인 재미로 '영웅 만들기'를 하고 있을 뿐이다. 그렇다고 구로사와가 이 작품의 상업성을 위해 영화적인 미학이나 구로사와적인 연출 감각을 결코 간과하거나 포기한 것은 아니다. 오히려 그는 또 다른 면에서―대중적인 차원에서―미학의 완벽성을 추구하고 있다. 탄탄한 구성, 정확한 카메라 테크닉, 인물 성격의 단순화, 극적인 재미 등을 통해 대중적인 미학을 극대화시키고 있다. 구로사와가 그다지 메시지를 강조하지 않고 있음에도, 이 작품이 당시 일본에서 걸작 텐 베스트 목록 2위에 올라갔다는 것은 흥미롭다. 그건 아마 미학적인 완성도와 우회적인 기법을 이용해 은연중에 현실을 풍자하고 있다는 점 때문일 것이다.

적대 관계에 있는 두 집단의 갈등으로 혼란스러운 작은 마을에 산주로라는 가명을 쓰는 떠돌이 사무라이(미후네 도시로)가 들어선다. 양편으로 나뉘어 싸움이 끊이지 않는 그 마을에 들어선 사무라이는 긴장감이 도는 마을의 주막집에 들어가 주인—그 마을의 혼란상에 대해 비판적이고 중립적인 유일한 인물—으로부터 마을의 실상을 듣는다. 그 마을은 비단 상인 패거리와 주류상(시무라 다카시) 패거리로 양분되어 서로가 주도권을 잡고자 으르렁거리며 대치하고 있다. 양측은 각자 칼잡이들을 고용하고 살상을 서슴지 않지만 그 마을에 상주한 관리는 힘이 전혀 없다. 멀리 떨어진 관에서 높은 관리가 와도 두 집단 사람들이 뇌물로 매수해버리기 때문에 그 마을의 혼란은 어떤 특별한 영웅이 나타나기 전에는 수습되지 않을 만큼 썩어 있다. 떠돌이 사무라이가 바로 그 영웅의 역할을 한다. 그는 뛰어난 칼잡이기도 하지만 칼을 쓰기 이전에 먼저 머리로 싸운다. 두 집단이 서로가 실력 있는 칼잡이를 고용한다는 것을 알고, 그는 그들이 보는 앞에서 순식간에 칼을 휘두르는 놀라운 실력을 보여 자신의 주가를 높인다. 그걸 본 두 집단은 서로가 그를 호위병(보디가드, 일본어로 '요짐보用心棒'라 한다)으로 끌어들이려 한다. 산주로는 비단 상인들과 손잡는 척하는 한편 주류상들과도 손잡는 척한다. 그는 양쪽 진영을 왔다 갔다 하며 교묘하게 두 집단 모두를 파괴시키려 한다. 그에게는 두 집단 모두가 악의 세력이기 때문이다.

도중에 그는 두 집단 사이에 껴 피해를 입고 있는 한 농부 가족을 구해 마을 밖으로 몰래 도피시킨다. 그 사건이 불거져 그는 붙잡힌다. 뛰어난 칼잡이인 그를 붙잡은 사람은 외부에서 영입되어 들어온 총잡이 우노스케다.

미후네는 주막집 주인의 도움을 받아 가까스로 그 마을을 탈출한 다음, 마을 근처 절간에 은신해 있다가 다친 몸이 회복되자 다시 마을로 들어간다. 그리고 주류상 패거리를 물리치고 난 후 비단상 패거리들과 최후의 결투를 벌여 그들 모두를 죽인 뒤, "이젠 이 마을이 조용해질 거야"라는 말을 남기고 유유히 떠난다. 서부 영화의 신화적인 구조에서 그 틀을 빌려온 이 작품은 무엇보다도 스토리가 재미있다. 영웅이 나타나 정의를 이루고 떠나간다는 모티브는 〈7인의 사무라이〉와 맥락을 같이한다. 구로사와는 자신의 작품이 서부 영화에서 영향 받았음을 인정하고 있다

> 인간은 약하기 때문에 정의의 인물이나 영웅을 원한다. 훌륭한 서부 영화는 모든 사람이 좋아한다. 서부 영화는 하나의 문법 틀을 여러 번 반복해왔는데, 나는 거기서 이 문법을 배웠다.[29]

특히 〈요짐보〉는 일본에서 매우 인기 있었던 조지 스티븐스의 〈셰인〉(1953)과 프레드 진네만의 〈하이 눈〉(1952)에서 크게 영향을 받았다. 〈셰인〉에서 구성과 인물의 영웅적인 이미지를, 〈하이 눈〉에서 주인공(게리 쿠퍼Gary Cooper)과 마을 사람들의 관계 및 부분적인 에피소드(가령, 장의사 설정)를 응용하고 있다. 이들 작품은 한 영웅이 불의를 물리치고 정의를 이룬다는 것과 그 이야기의 공간이 한 마을로 한정되었다는 점에서 같다. 〈7인의 사무라이〉, 〈라쇼몽〉처럼 이 작품도 세르지오 레오네에 의해 〈황야의 무법자〉라는 제목의 영화로 번안되어 상업적인 대성공을 거둔 바 있다(〈황야의 무법자〉는 클린트 이스트우드의 출세작으로, 레오네 감독은 정통 웨스턴 장르의 관습을 파괴하면서 '마카로니 웨스턴의 아버지'라는 별명을 얻기도 했다).

〈요짐보〉의 시대 배경은 〈7인의 사무라이〉와 유사하다. 즉 16세기

중반 내란 시기이고, 그때는 총을 비롯한 서구 문명이 수입된 때이기도 하다. 그래선지 〈7인의 사무라이〉처럼 구시대 문명(칼)과 새로운 서구 문명(총)의 대립이 보인다. 즉 영화 중반에 외부에서 들어와 새로운 호위병이 되는 총잡이 사내는 그러한 서구 문명의 상징이다.

그는 칼로 싸우는 사무라이들에겐 위협적인 존재인데, 나중에 뛰어난 칼잡이인 산주로와 필연적인 결투를 벌이게 된다. 처음에는 산주로가 그에게 칼을 뺏기고 붙잡히지만, 그때부터 산주로는 총과 겨루기 위해 단검 던지는 연습을 한다. 결국 마지막 전투에선 총잡이가 총을 쏘기 전에 단검으로 그를 쓰러뜨린다. 구로사와의 단골 주제인 휴머니즘은 산주로가 두 악의 집단들에 의해 인질로 잡혀 있던 농부의 아내를 구해 그의 가족과 함께 마을 밖으로 도피시키는 데서 느낄 수 있다.

이 영화를 재미있게 만드는 것 가운데 하나는 등장인물들의 강한 개성이다. 비록 악당들일지라도 다들 코믹하고 우스꽝스럽다. 특히 산주로와 마지막 결투를 벌이는 비단상 패거리들은 2미터가 넘는 거인, 약간 모자란 듯한 땅꼬마, 잘생긴 총잡이 등으로 구성되어 부조화 속의 조화를 이룬다. 구로사와 영화의 전문 비평가인 도널드 리치는 〈요짐보〉를 구로사와 영화 중 촬영이 매우 뛰어난 작품 가운데 하나라고 평하고 있다. 촬영은 〈라쇼몽〉에서 같이 작업한 적이 있는 미야가와 카즈오宮川一夫가 담당했는데, 그는 와이드 스크린의 장점을 최대한 잘 이용하고 있다. 와이드 스크린에서 중요한 것은 화면 구성이다.

긴 화면 속에 인물이나 소도구 등을 적절히 조화 있게 배치한다는 것은 쉽지 않지만 구로사와 감독이 서양 화가 출신인 만큼 화면 구성에서는 늘 자신감을 보인다. 미야가와의 카메라는 〈라쇼몽〉에서도 그랬듯이 폐쇄 공포증에 가깝다. 〈라쇼몽〉에서는 숲 속에서, 〈요짐보〉에서는 작은 마을에서 그러한 현상이 보이는데, 항상 일정한 공간 속에 갇혀 움직이는 듯한 느낌을 준다. 〈7인의 사무라이〉(나카이 아사카주幸 幸朝- 촬영)처럼 확 트인 공간은 거의 없다. 주로 망원렌즈와 트래킹 및 팬을 사용해 좁은 공간을 일관성 있게 움직인다.

구로사와는 마치 마을이라는 세팅 공간을 무대로 생각하고 있는 듯이 정밀하고, 카메라나 배우를 다루는 데 무용을 연출하는 안무가처럼 철저하다. 110분 동안 진행되는 스토리는 지휘자의 지휘봉에 따라 연주되는 오케스트라처럼 한 치의 빈틈도 없이 조화를 이룬다. 구로사와 작품 대부분이 그렇듯이 이 작품의 백미는 역시 라스트의 결투 장면이다. 모든 갈등과 응어리들이 여기서 해결되어 이야기를 끝맺는다. 이 결투 장면은 모든 형식 요소가 종합되는 부분이기도 하다. 음악, 카메라 움직임, 편집, 자연조건을 이용한 분위기 묘사, 화면 구성 등 구로사와의 모든 재능이 분출되는 지점이자, 관객 입장에서는 가장 재미있는 화면이다. 이미 주인공인 사무라이가 이길 거라는 예상을 하면서도 과연 어떻게 혼자 힘으로 총잡이와 그 많은 악당 패거리들을 이길 수 있을까 하고 긴장하게 된다. 특히 사무라이가 마을 광장에 들어설 때 그의 주위에 바람이 불고 먼지가 소용돌이치는 설정은 곧 있게 될 극적인 결투에 대한 분위기를 고조시키는 효과를 준다. 구로사와는 악당들과 결투하는 상황을 만들기 이전에 긴장감을 조성시킨다. 그는 오랫동안 상대가 서로를 견제하며 다가서는 모습을 보여주다가 순식간에 승부를 결정짓는다.

구로사와의 사무라이 영화는 젊은 세대들에게 어떤 충고를 주려고 하는 교훈적인 면이 강하다. 일례로 그는 1960년대 전후에 기성세대를 향해 일었던 젊은이들의 반항 심리를 이 작품의 초반부에서 묘사하고 있는데, 부모의 반대를 무릅쓰고 집을 나가려는 아들의 모습을 통해 그런 젊은이들에게 험난한 세상의 이면을 보여줌으로써 어떤 깨우침을 주고자 한 것 같다. 젊은이에게 기성세대로서의 그가 주는 충고와 교훈은 〈요짐보〉보다는 다음 작품 〈쓰바키 산주로〉에서 더 분명하게 드러난다.

〈요짐보〉의 가장 중요한 콘셉트는 두 범죄 집단 사이를 오가며 머리를 써 양쪽을 모두 파멸시키는 남자 캐릭터다. 그러한 주인공 캐릭터는 새뮤엘 대실 해밋Samuel Dashiell Hammett의 소설 《피의 수확Red harvest》(1929)에서 유래한다. 《피의 수확》은 한 사립 탐정이 막강한 권력을 휘두르는 조직들 사이를 오가며 이간질하고 잔꾀를 부려 두 집단 모두를 쓸어버리는 줄거리로 이루어져 있다. 소설의 주인공이기도 한 이 탐정은 사건을 맡아 총탄과 피가 난무하는 무법의 광산 도시에 들어가 암흑가에 육탄으로 돌진하는 비정의 사나이다. 그는 악인도 선인도 아니다. 아니, 어쩌면 오히려 악인에 더 가까운 인물이다. 그는 그저 해결사로 홀연히 나타나 사건을 해결하고는 마을을 떠난다.

스토리 구성과 캐릭터의 뼈대만 보면 정말 〈요짐보〉와 유사해 보인다. 하지만 구로사와가 그 소설을 정확히 원안으로 삼았다는 사실은 알려져 있지 않다. 구로사와 본인은 오히려 해밋의 다른 원작을 영화화한 스튜어트 헤이슬러Stuart Heisler 감독의 〈유리열쇠The Glass Key〉(1942)를 다소 참조했다고 한다.

미국의 소설가 해밋(1894~1961)은 하드보일드 탐정 소설과 단편 작품을 주로 썼다. 1차 대전에 위생병으로 참전했고, 그 후 탐정 일도 한 적이 있다. 특히 그가 쓴 작품 《몰타의 매The Maltese Falcon》(1930)는 하드보일드 소설의 원조로 불린다(《몰타의 매》는 1941년, 존 휴스턴John

Huston 감독에 의해 영화로 만들어졌다). 그는 그 소설에서 샘 스페이드 Sam Spade, 닉과 노라 찰스Nick and Nora Charles라는 독특한 개성을 지닌 인물을 창조하였다. 그의 소설은 이후에 나온 수많은 통속 소설과 영화에 큰 영향을 미쳤으며, 해밋 그 자신은 역사상 가장 멋진 미스터리 소설을 쓴 작가 또는 하드보일드 스타일의 개척자로 평가받고 있다. 두 갱스터 조직의 싸움을 그린 코엔 형제의 〈밀러스 크로싱Miller's Crossing〉(1990)은 그야말로 해밋의 소설 《피의 수확》과 《유리열쇠》의 영향을 크게 받은 작품이다. 그래서 그런지 그 작품의 구성이 〈요짐보〉와 비슷하다.

클린트 이스트우드가 주연한, 세르지오 레오네 감독의 〈황야의 무법자〉는 사실상 구로자와 아키라의 〈요짐보〉를 무단으로 표절해 만든 영화였다. 칼이 총으로 바뀌었을 뿐, 거의 대부분 〈요짐보〉와 대사마저 비슷하였던 것이다. 나중에 그 〈황야의 무법자〉는 구로자와 아키라를 포함한 〈요짐보〉의 제작자들에 의해 소송을 당하게 되었고, 그 결과 〈요짐보〉의 제작자들은 〈황야의 무법자〉의 일부 수익과 아시아 쪽의 배급권을 얻게 되었다. 그 일본 제작자들은 〈요짐보〉로 번 돈보다 〈황야의 무법자〉의 배급으로 훨씬 많은 돈을 벌어들였다고 한다.

〈쓰바키 산주로〉(1962)—교훈적인 사무라이 영화

원래 이 작품은 야마모토 슈고로山本周五郎의 원작 소설을 〈요짐보〉 이전에 각색해서 영화로 만들 준비를 했던 것이다. 사정이 생겨 뒤로 미루었다가 〈요짐보〉가 흥행에 대성공하자, 3분의 2 정도를 개작해서 만들었다. 그래서 그런지 〈요짐보〉의 구성과 테마, 인물 성격 등에서 크
게 벗어나지 않는다. 마치 〈요짐
보〉의 속편처럼 느껴질 정도다.
특히 주인공 쓰바키 산주로의 성
격은 〈요짐보〉와 거의 다를 바

없다. 그 역시 뚜렷한 주거도 소속도 없이 떠도는 사무라이로 등장했
다가 부패와 불의가 판치는 마을에서 정의를 이루고 홀연히 사라진다.

1) 줄거리: 떠돌이 사무라이와 풋내기 사무라이들 이야기

이야기는 어느 숲 속의 사원 안에서 시작된다. 혈기 왕성한 젊은 사무
라이 아홉 명이 독직 부정을 한 차석주신과 영지집사 문제를 상의하기
위해 모였다가 대감찰 기쿠이의 흉계로 모두 잡힐 뻔한다. 그들이 믿
었던 대감찰도 독직 부정 관리들과 한패가 되어 성대주신城代主臣을 가
두고, 독직을 눈치 챈 그들까지 없애려고 한 것이다. 그들은 때마침 나
타난 떠돌이 사무라이 쓰바키 산주로 덕분에 목숨을 구한다. 쓰바키는
정의감과 혈기는 있지만 어수룩한 젊은 사무라이들을 도와 부패 관리
들에게 잡혀 갇혀 있는 성대주신을 구하러 간다. 먼저 그들은 이미 점
령당한 성대주신의 집에 몰래 들어가 인질로 잡힌 성대주신의 부인과
딸을 구해낸다. 그리고 부패 관리 중 하나인 쿠로후지 바로 옆에 있는
데라다라는 젊은 사무라이의 집에 숨는다. 그들은 성대주신을 구해주
려고 하지만, 도무지 그의 행방을 찾지 못한다. 오히려 기쿠이를 비롯
한 부패 관리의 유인책에 속아 하마터면 잡힐 뻔하지만, 갑자기 나타
난 기마병들로 인해 목숨을 건진다. 쓰바키는 그 젊은 사무라이들이
하는 행동이 어설프고 미덥지 않자, 머리를 써서 기쿠이 패의 심복인

187

무로토라는 호위병(보디가드)을 찾아가 그들 패에 가담하는 척한다. 그렇게 해서 성대주신의 행방을 알려고 했지만 쓰바키를 의심한 몇몇 젊은 사무라이들의 어리석은 행동 때문에 그의 계획은 수포로 돌아간다. 쓰바키는 그들의 경박함을 나무란 뒤, 아직도 자신의 정체를 모르는 기쿠이 패에 다시 찾아간다. 거기서 그는 성대주신이 쿠로후지 집에 갇혀 있는 걸 확인한다. 쓰바키는 거짓 정보로 쿠로후지 집에 집결해 있던 기쿠이 패의 군사들을 밖으로 유인한 뒤 젊은 사무라이들에게 동백꽃으로 신호를 보내 쳐들어오게 한다. 그 과정에서 쓰바키는 속임수가 탄로 나 무로토 등에게 잡히지만 기지를 발휘해 살아나고, 젊은 사무라이들이 습격해옴으로써 성대주신을 탈출시킨다.

결국 쓰바키 덕분에 부패 관리들은 처단되고 성대주신도 무사히 원직에 복귀한다. 성대주신과 그의 가족은 쓰바키에게 보답하고자 하지만 그는 말없이 떠나간다. 아홉 명의 젊은 사무라이들은 그를 찾아 나선다. 그들은 성 밖 길에서 무로토가 쓰바키에게 결투를 신청하는 광경을 목격한다. 그들은 그 결투에서 쓰바키가 단칼에 무로토를 쓰러뜨리는 걸 본다. 젊은 사무라이들이 그 앞에서 무릎을 꿇고 경의를 표하지만, 떠돌이 사무라이 쓰바키는 그들에게 "좋은 칼은 칼집에 들어가 있어야 한다"는 충고를 한마디 남기고 떠난다.

2) 주제: 젊은 세대에게 주는 교훈

신화적인 구성을 따르고 있는 이 작품은 〈요짐보〉처럼 쉽고 재미있다. 주인공 쓰바키 산주로는 여기서도 머리로 싸운다. 그리고 그의 유머 또한 여전하다. 전작에 비해 지나치게 사건 중심으로 간다는 느낌은 들지만, 극적인 짜임새가 워낙 탄탄하고 와이드 스크린을 이용한 화면 구성이 뛰어나기 때문에 딱딱한 분위기가 어느 정도 보강되고 있다. 〈요짐보〉는 두 악한 집단과 혼자의 싸움이었지만, 〈쓰바키 산주로〉에선 악한 집단과 선한 집단 중 주인공이 선한 집단을 도와 그들의 호위병이 되어 싸우고 있다. 구체적인 사건의 모티브는 현대물 〈나쁜 놈일수록 잘 잔다〉처럼 독직 부정을 둘러싼 음모다. 그리고 최종적인 목적은 정의 실현이다.

이 작품은 겉보기엔 독직 부정을 한 자들과 그것을 캐고 폭로하려는 자들과의 대립인 듯이 보이지만, 실제로 구로사와가 강조하는 것은 백전노장 사무라이 쓰바키와 아홉 명의 풋내기 사무라이들 간의 갈등이다. 즉 기성세대와 젊은 세대의 대립이다. 니콜라스 레이Nicholas Ray가 감독한 제임스 딘James Dean의 〈이유 없는 반항Rebel Without a Cause〉(1955)처럼, 젊은 세대가 낡은 세대의 경직성과 몰이해에 대해 반항하는 식으로 대립하는 것과는 정반대로 경험 많고 노련한 기성세대가 어수룩하고 열정만 있는 젊은 세대를 충고하고 야단치는 식의 과정에서 일어나는 대립이 주를 이룬다.

아홉 명의 젊은 사무라이들은 실상과 허상을 구별하지 못해 불의를 정의로 착각하고 정의를 의심하기 일쑤다. 초반부에 대감찰 기쿠이를 옳게 평가했다가 오히려 당할 뻔한 일이라든지 쓰바키가 작전상 적에게 가담하는 것처럼 꾸미자 배반하는 걸로 오해하고 미행하다 일을 그르치게 만든 것 등이 그런 예에 속한다. 쓰바키는 그러한 젊은이들에게 상황을 정확하게 보며 겉만 보고 그 실상을 판단하는 오류를 범하지 않도록 가르친다. 가끔 일부 사무라이가 그에게 반발하지만 그는 몸소 행동으로 자신의 충고가 옳다는 걸 보여준다. 결국 구로사와는 젊은이들에게 정의에 대한 열정도 중요하지만, 그것이 자칫 독단일 수도 있고 현상만 보고 잘못 판단한 것일지도 모르니 너무 조급해하지 말고 신중하게 행동하라는 식의 충고를 하고 있는 것이다. 당시 일본은 좌익 학생운동과 기성세대에 대한 젊은이들의 반항이 극대화되고 있던 시기라, 구로사와가 기성세대 관점에서 그린 일련의 교훈적인 사무라이 영화들은 의미 있는 시사점을 던져준다. 그는 과거의 이야기를 통해 현재를 이야기하고 있는 것이다. 아이러니하게도 그는 일본의 보수적인 정신의 상징인 사무라이 이야기를 통해 당시 젊은이들의 반항과 좌익 성향을 비판하고 충고하는 것이다. 이런 점에서도 그는 명백히 일본적인 우익 성향을 보여주고 있다. 1960년대를 전후한 일본 젊은이들의 기성세대에 대한 반항 의식은 오시마 나기사大島渚 감독의 〈청춘 잔혹 이야기青春残酷物語〉(1960)를 보면 쉽게 이해할 수 있다. 그 작품은 당시 젊은 세대를 대변하여 크게 히트하였다.

어쨌든 교훈적인 이야기를 담고 있는 이 작품은 그럴듯한 미학과 극적인 재미로 인해 당시 일본에서 전편 〈요짐보〉를 능가하는 흥행 성적을 기록했다. 〈요짐보〉는 주로 젊은 층의 관객이 많았으나, 이 작품에선 성인 관객까지 가세했다고 한다. 역시 걸작 텐 베스트 목록에도 올랐다. 두 작품이 인기를 얻은 또 하나의 이유는 주인공의 매력 덕분인 것 같다. 그렇다면 그 떠돌이 사무라이의 영웅적인 이미지가 어떻게 그려졌기에 사람들을 사로잡을 수 있었을까?

우선 그는 카리스마가 넘친다. 또 격식을 차리지 않고 자유분방하며 마치 신처럼 홀연히 나타났다가 홀연히 사라진다. 거기에다 뛰어난 칼솜씨를 지녔고, 유머 감각도 풍부하며 항상 여유가 있다. 칼 이전에 머리로 싸운다. 칼은 최후 수단으로 사용하되 승부는 순식간에 끝낸다. 항상 정의의 편에 서고 불의를 보면 참지 못한다. 이처럼 초월적인 주인공의 이미지에 많은 사람들이 매료된 것 같다. 서부 영화적인 영웅을 그린 이 두 작품은 미국과 유럽에서도 공개되어 크게 관심을 끈 바 있다.

3) 양식미: 화면 구성

철저히 대중적인 영화를 지향하고 있는 듯한 스토리임에도 불구하고 이 작품이 나름대로 미학적인 완성도를 갖춘 것으로 평가받는 이유 중 하나는 와이드 스크린을 효율적으로 이용한 화면 구성의 독특함 덕분일 것이다. 구로사와는 이미 〈라쇼몽〉 때부터 양식화된 화면 구성을 부분적으로 시도해왔다. 그러나 모든 이미지를 그러한 양식화된 틀 속에 담지는 않았다. 주로 인물 성격이나 극적 상황에 따라 비교적 얽매이지 않고 자유롭게 화면을 구성하였다. 그런 그가 〈쓰바키 산주로〉 때부터는 오즈나 미조구치처럼 일정한 양식 속에 이미지를 맞추는 작업을 시도한 것이다. 물론 오즈처럼 극단적으로 가지는 않았지만 적어도 화면 구성에서는 그들 못지않게 양식화를 시도하였다. 그러한 시도는 이후 작품에서 자주 반복된다. 특히 그의 후기작 〈란〉, 〈꿈〉에서는 점점 더 극단적인 스타일로 흐르는 경향이 짙다.

당시 누벨바그 감독을 비롯해 젊은 감독들에게 유행한 와이드 스크린이 구로사와가 화면 구성의 양식화를 시도할 수 있도록 해주었다. 옆 사이즈가 긴 와이드 스크린은 일본의 전통극 가부키나 노能 무대의 구성과 유사해서 구로사와에게 화면 구성을 어떤 식으로 해야 할 것인가에 대한 아이디어를 떠오르게 했던 것 같다. 〈쓰바키 산주로〉에서의 양식화된 화면 구성은 사무라이들을 보여줄 때 전형적으로 드러난다. 구로사와가 구태여 젊은 사무라이들을 아홉 명이나 등장시킨 것은 그들을 모두 나란히 앉혔을 때 긴 화면에 딱 들어맞기 때문인 것처럼 보일 정도다. 그들 사무라이 아홉 명은 집단적으로 나올 때는 어떤 상황에서도 한 화면 내에서 조화를 이루고 있다. 자연스러운 듯하지만 구로사와는 그들 인물 배치의 균형을 그림 그리듯 신중하게 계산해서 해내고 있다. 특히 가장 뛰어난 화면 구성은 아홉 명의 사무라이와 스승 격인 쓰바키 산주로를 한 화면에 같이 담을 때 나타난다. 즉 구로사와는 쓰바키를 항상 아홉 명의 젊은이에 비해 우월한 위치—주로 화면 바로 앞—에 배치하여 스승과 제자의 관계를 한 화면 속에서 설명한다.

이 작품에서 그러한 양식화된 이미지와 주제적인 모티브를 일관되게 암시하는 화면 구성은 크게 세 장면이 있다. 첫째는 초반부 사원에서 젊은 사무라이들이 위기에 처했다가 산주로에게 구조받은 직후 모두 무릎 꿇고 절하는 장면, 둘째는 중반부에서 젊은 사무라이들이 어설픈 행동으로 적들에게 잡혔다가 산주로의 기지로 구출된 직후 무릎 꿇고 사죄하는 장면, 그리고 후반부 마지막 부분에서 산주로가 무로토와 벌인 결투에서 이기고 난 뒤 떠나려 하자 젊은 사무라이들이 경외하는 심정으로 무릎을 꿇는 장면. 이 세 장면이 바로 구로사와의 핵심적인 화면 구성이라고 할 수 있다. 이런 장면에서는 항상 주제 음악이 들리고 어떤 경건한 의식儀式 같은 분위기를 느낄 수 있다.

4) 뛰어난 편집: 마지막 결투 장면

〈요짐보〉에서도 그렇지만 여기서도 영화적인 묘사의 백미는 역시 마지막 결투 장면이다. 〈요짐보〉처럼 거창하거나 요란스럽지 않고 매우 단조로운 듯한 장면인데도 충격적인 효과는 더 크다. 역시 구로사와 영화의 재미는 싸움이나 결투 장면에서 느낄 수 있지 않나 하는 생각이 들게 해주는 부분이다.

그 장면은 길을 떠나려는 산주로에게 부패 관리의 호위병이었던 무로토가 결투를 신청하는 데서 일어난다. 산주로는 결투하면 둘 중의 하나가 죽는다며 사양하지만, 그가 고집하자 결국 받아들인다. 아홉 명의 젊은 사무라이들이 보는 데서 그들은 마침내 결투를 한다. 산주로는 단칼 승부로 무로토를 쓰러뜨린다. 구경하고 있던 젊은 사무라이들은 산주로의 놀라운 솜씨에 입을 다물 줄 모른다.

이같이 단순해 보이는 결투 장면이 영화적으로 뛰어날 수 있었던 것은 전적으로 편집 덕분이다. 구로사와는 결정적인 순간을 보여주기 직전에 감정적으로 최대한 긴장감을 고조시킨 후, 그것이 최고조에 달했을 즈음 칼을 휘두르게 한다. 그는 두 사람이 결투를 선언하고 자세를 잡기 시작한 후, 바로 칼을 빼도록 하지 않고 서로 한 치도 움직이지 않은 채 견제하는 모습을 30초가량 롱 테이크로 보여준다(액션 장면이 일반적으로 1초에서 5초 정도의 짧은 숏의 몽타주로 이뤄진다는 걸 감안할 때, 여기서의 30초는 무척 긴 숏이다. 상식적인 영화였다면 아무리 길어봤자 10초를 넘지 않았을 것이다). 그것은 실로 보는 관객에게—영화 속의 젊은 사무라이들에게도—숨 막히는 긴장감을 준다.

롱 테이크도 편집의 한 형태다. 만약 이 장면이 롱 테이크로 가지 않고 몽타주 형식으로 편집이 이뤄졌다면 긴장감은 대폭 감소되고 이후의 충격 효과도 약화되었을 것이다. 롱 테이크로 긴장감을 극대화시킨 다음 순간적으로 칼을 뽑아 무로토의 가슴을 베고, 이어 피가 분출되는 장면—이때 동시에 들리는 효과 음향도 충격을 강화시키는 역할을 한다—을 보인 후에야 비로소 반응 숏을 보여주기 위한 편집이 이뤄진다. 구경하던 젊은 사무라이들의 놀라는 표정과 쓰바키가 쓰러진 무로토를 내려다보며 가쁜 숨을 몰아쉬는 것을 차례로 보여주는데, 그가 그 단칼 승부에 얼마나 온 힘을 쏟았었나를 느끼게 해주는 리얼한 장면이다. 편집이라는 게 단지 다양하게 자른다고 해서 극적인 효과를 거두는 것만이 아니라는 걸 보여주는 멋진 실례다. 이 장면은 롱 테이크를 매우 효과적으로 사용한 장면 중의 하나로 기록될 수 있을 것이다. 피를 뿜는 이 충격적인 라스트신은 이후 일본의 시대 영화에 잔혹 영화 붐을 일으켰다. 일부 감독들은 왜곡된 영향을 받아 목이 날아간다거나 몸이 갈라진다거나 하는 장면을 연출하기 시작하였던 것이다. 그러한 연출은 모두 에도 말기의 가부키나 인형극에서 행해지고 있던 것으로 그 퇴폐성의 부활로 평가된다.

〈천국과 지옥〉(1963)—유괴범 이야기

이 작품의 원작은 미국의 추리 소설 작가 에드 멕베인Ed McBain(1926~)의 《왕의 몸값King' s Ransom》이다. 멕베인은 주로 경찰 소설을 많이 썼는데, 이 작품도 그런 종류 중 하나다. 원작을 볼 수 없어 비교할 수 없지만 구로사와는 이 각색 작품을 단순한 경찰 영화가 아니라 사회 구조의 모순에 대한 얘기를 하기 위한 진지한 영화로 만들려 한 것 같다. 좀 더 구체적으로 얘기하면, 현대 자본주의 사회의 불가피한 모순 구조인 부자와 빈자 간의 적대감을 유괴라는 극단적인 사건을 통해 해부하고자 했다.

흔히 유괴를 소재로 한 이야기에서 유괴범의 목적은 돈이지만, 이 작품에 등장한 유괴범의 목적은 돈보다는 부

자에 대한 적대감으로 잘사는 사람을 불행하게 만드는 데 있다. 바로 이 점이 상투적인 유괴 영화들과 차별된다. 어떻게 보면 〈천국과 지옥〉은 마르크스적인 지적 담론을 대중들이 가장 재미있게 볼 수 있는 역동적인 장르 중 하나인 범죄 영화를 통해 시각화한 작품이라고 할 수 있다. 그래서 이 영화의 핵심은 범죄 영화가 일반적으로 강조하는 '범인은 누구인가? 범인을 어떻게 잡을 것인가?' 에 초점을 맞추고 있다.

어떻게 보면 사회학적인 분석이 엿보이지만 이 영화의 장점은 그러한 진지함을 철저히 극적인 재미 속에 감춘 채 노골적으로 드러내지 않는다는 데 있다. 단지 시각적으로 느끼게 할 뿐이다. 이 작품의 피상적인 재미는 시종일관 긴장감을 부여하는 '범인은 누구인가' 와 '범인이 어떻게 잡힐 것인가' 에 있긴 하지만 그 이면에는 끊임없이 그런 범죄가 일어나게 되는 사회적인 현실을 바탕에 깔고 있다. 그 점이 바로 구로사와의 영화가 할리우드 범죄 영화들보다 한 차원 높은 이유 중 하나다.

1) 줄거리

영화의 도입부는 신발 회사의 제조 담당 사장인 곤도(미후네 도시로)와 회사의 경영권을 회장으로부터 빼앗으려는 다른 중역들의 갈등에서 시작된다. 다른 중역들은 곤도에게 연합 전선을 펴자고 하지만 곤도는 거부한다. 그들이 떠나자 곤도는, 이익만 앞세워 엉성한 신발을 만들고자 하는 그 중역들을 몰아내기 위해 오히려 회사의 주식을 사들일 계획으로 집과 재산을 담보로 은행에서 돈을 마련한다.

그때 곤도에게 한 남자로부터 전화가 온다. 그는 아들(준)을 유괴하고 몸값 3,000만 엔을 요구한다. 그 돈을 건네주면 곤도는 파산이지만 우선 아들을 구할 마음으로 요구에 응할 생각을 한다. 그런데 나중에 알고 보니 유괴된 아이는 자기 아들이 아니라 같이 놀던 운전기사의 아들이라는 사실이 밝혀진다. 즉 유괴범이 곤도의 아들과 옷을 바꿔 입은 운전기사의 아들(신니치)을 착각한 것이다. 일차적인 극적인 딜레마는 여기서 시작된다. 곤도는 자기 아들이 아니라며 지불을 거절한다. 그러나 다른 아이를 데려간 사실을 안 유괴범들은 곤도가 여전히 몸값을 내야 한다고 요구하며 만약 거절할 경우 아이를 죽이겠다고 협박한다. 결국 경찰에 신고해서 형사들이 오지만 대책이 없다. 유괴범과의 통화를 엿들으며 추적하려 하지만 범인의 주도면밀함에 발신자 추적이 쉽지가 않다. 운전기사는 자기 아들을 살려달라고 애원하고 곤도의 아내도 자기 아들 때문에 벌어진 일이니 돈을 지불하자고 한다. 곤도는 곤혹스런 딜레마에서 고민한다. 그가 돈을 지불하면 회사에서 자기에게 반감을 가진 중역들에게 쫓겨날 테고 그 자신은 파산한다. 그렇다고 몸값을 지불하지 않고 돈을 회사의 주식을 사들이는 데 쓴다면 회사를 장악하긴 하겠지만 그 때문에 한 아이를 죽게 만들었다는 도의적인 책임을 면하기 어렵다. 고민 끝에 그는 몸값을 주기로 합의하고 유괴범이 지시한 대로 경찰들과 함께 급행열차에 몸을 싣는다.

돈 가방을 들고 급행열차를 타고 가던 곤도에게 범인이 전화를 해 도중에 가방을 던지라고 지시한다. 곤도는 아이가 살아 있다는 것을 달리는 차창 너머로 확인하는 즉시 기찻길 가에 서 있는 공범에게 돈 가방을 던진다. 범인들은 돈 가방을 가지고 사라지고 뒤늦게 경찰과 곤도는 아이가 서 있던 자리에서 운전기사의 아들을 발견한다. 이제 아이는 살렸지만 범인을 잡는 게 문제다. 경찰은 단서를 추적해 요코하마 뒷골목을 돌며 범인을 추적하기 시작한다. 그러나 영리한 범인을 잡기가 쉽지 않다. 그는 빈민가에 사는 젊은 청년이다. 그의 집에서 창문을 열면 저 멀리 언덕 위에 있는 곤도의 저택이 보인다는 것을 알 수 있다. 나중에 경찰이 추적한 결과 그가 병원의 젊은 인턴임이 밝혀진다. 사건이 그렇게 진행되는 와중에 곤도는 이미 신발 회사에서 쫓겨난다. 운전기사는 곤도가 지불한 몸값을 찾아주기 위해 납치되었던 아들의 기억을 되살려 범인의 흔적을 찾으려 애쓴다.

경찰은 결국 운전기사의 아들과 함께 그 아들이 납치당해 있었던 범인들의 은신처를 찾아냄으로써 범인에게 가까이 다가간다. 그러나 공범들은 이미 마약 과다 복용으로 죽어 있다. 주범의 짓이 분명했다. 후에 경찰은 운전기사의 아들이 그린 범인의 그림(일종의 몽타주)과 몸값을 지불할 때 사용한 가방 속에 장치한 연막을 통해 범인을 찾게 된다. 그러나 경찰은 바로 범인을 잡지 않고 증거를 철저히 수집하기 위해 미행하다가 그를 공범의 집으로 유인해 결국 체포한다. 곤도는 몸값으로 치른 돈을 대부분 찾았으나 이미 집은 파산해서 차압이 들어온 상태다. 하지만 곤도는 처음부터 다시 신발 만드는 일을 시작한다. 이 영화의 에필로그는 유괴범과 곤도의 만남이다. 유괴범 청년은 결국 사형을 선고받고, 집행 직전에 성직자도 다 거부하고 유일하게 곤도를 만나고 싶어 한다. 곤도는 그를 면회 간다. 유괴범은 곤도에게 자신이 두려워하지 않는다는 걸 보여주기 위해 일부러 곤도를 불렀다고 말한다. 그리고 유괴의 동기는 창 너머로 곤도의 저택을 바라보면서 행복하게 잘사는 사람을 불행하게 만들고 싶어서였다고 말한다. 곤도는 그를 통해 부자에 대한 무조건적인 적대감을 엿보며 안타까워한다. 그 유괴범은 죽음을 앞두고도 의연한 척하지만 결국 통곡하는 모습을 보임으로써 인간으로서 연약함을 드러내고 만다.

2) 인물과 구성

〈천국과 지옥〉에서 가장 중요한 인물은 유괴에 몸값을 지불하게 되는 곤도와 유괴범인 젊은 인턴이다. 유괴범인 젊은 인턴의 시각에서 보자면 곤도는 천국에 사는 사람이고 유괴범 자신은 지옥에 사는 사람으로, 두 사람의 관계는 잘사는 사람과 못사는 사람을 대변한다. 그러나 대부분은 부자인 곤도의 시각에서 이뤄지고 있다. 그 외에 수사를 담당한 형사 반장과 그의 부하들, 그리고 곤도의 운전기사 아오키, 그리고 그들의 아들이 이 이야기를 끌고 가는 주요 인물들이다. 보조적으로 곤도의 부인, 곤도의 오른팔 격인 비서, 곤도와 대립하는 회사 중역들이 있지만 중요하진 않다. 할리우드 영화처럼 노골적으로 선악의 대립을 설정하진 않지만 다소 편파적인 인물의 대립 구도가 보이긴 한다. 즉 곤도와 경찰들은 철저히 선한 사람들이고, 뒷골목의 가난한 사람들 틈바구니에서 사는 유괴범 인턴은 나쁜 사람이다. 마지막에 곤도와 만나는 장면에서 유괴범에 대해 다소 동정적인 시각을 갖긴 하지만, 〈천국과 지옥〉은 구로사와가 의도한 것처럼 공정하게 보이진 않는다. 지나치게 곤도에 대한 동일화를 통해 사건을 보여줌으로써 사회학적 구조 분석에 대한 객관적인 시도는 다소 희석되고 만다. 그러나 그 점은 영화의 재미를 위한 어쩔 수 없는 한계로도 볼 수 있다. 진지하게 사회 구조적인 모순에 천착하다보면 영화적인 재미는 이보다 반감되었을 것이다.

곤도는 어렸을 때부터 신발 공장에서 일해온 장인이다. 그는 이익보다는 좋은 신발을 만들어 고객에게 서비스하고자 하는 진실한 사업가다. 다른 중역들이 부당한 방식으로 자기를 유혹할 때는 과감하게 거부할 줄 아는 사람이다. 그의 캐릭터는 다소 정형화되어 있긴 하지만 유괴된 아이가 자기 아들이 아니란 걸 알고 몸값을 지불하느냐 마느냐로 고민하는 부분에서 인간적인 면모가 드러나게 된다. 유괴범인 인턴은 범인이지만 단순 납치범이 아니라 나름대로 자기 철학과 주장을 가지고 범행을 한다는 점에서 그의 성격은 상투성을 벗어난다. 그에게는 전반부 전화상의 목소리와 마지막 곤도와 만날 때를 제외하고는 대사가 거의 주어지지 않는다. 후반부에서 그가 등장할 때 카메라는 마치 그를 다큐멘터리 찍듯이 따라다닐 뿐이다. 형사들에 대한 묘사는 지나치다 싶을 정도로 철저히 긍정적이고 인간적으로 묘사된다. 구로사와가 대부분의 영화에서 중요한 역할을 맡는 인물들을 항상 따뜻한 시선으로 바라보듯이 이 작품에서도 마찬가지다. 대부분의 인물들이 그렇게 묘사된다. 자기 아들 때문에 곤도가 어려움에 처하자 범인을 잡으려고 애쓰는 운전기사나 남편의 어려움에도 불구하고 운전기사의 아들을 구하고자 남편을 설득하는 곤도의 아내 등 눈을 씻고 봐도 노골적인 악인은 없다. 회사의 일부 중역이 부정적으로 묘사되긴 하지만 그 비중은 미미하다. 유일한 악인인 인턴도 사실상 다소 동정적인 시각으로 보인다. 이렇게 적나라한 인물 간의 대립 구도를 설정하지 않고도 영화를 극적으로 만들어낼 수 있다는 것이 구로사와의 능력이다. 이 영화의 장점은 무엇보다도 구성이다. 영화는 〈이키루〉처럼 크게 전반부와 후반부로 나뉘는데, 전반부는 몸값을 지불하고 유괴된 아이가 돌아오는 데서 끝나고, 후반부는 경찰들이 범인을 추적해서 찾고 그를 미행한 뒤 체포하는 데까지다. 전반부는 일종의 천국(부자)에 대한 묘사고, 후반부는 지옥(가난한 자들)에 대한 묘사다. 좀 더 디테일하게 구성을 나눠보면 다음과 같다.

1) (요코하마 시내 전경) 프롤로그.

2) (곤도의 호화 저택) 운전사 아들의 유괴와 유괴범의 몸값 요구. 일
   종의 천국으로 전반부의 대부분을 이룬다.

3) (달리는 급행열차) 유괴범에게 몸값을 던지고 아이가 돌아온다.

4) (요코하마 뒷골목) 일종의 지옥으로 유괴범을 수색하는 경찰들의
   모습과 뒷골목 풍경, 주로 가난한 사람들 이미지. 결국 경찰이 범
   인인 가난한 젊은 인턴을 잡는다. 후반부의 대부분을 이룬다.

5) (곤도와 유괴범의 만남) 사형이 확정된 유괴범의 요구로 교도소의
   면회실에서 곤도와 유괴범이 만나 대화한다.

재미있는 것은 전반부의 대부분은 철저히 곤도와 호화로운 저택 안
에서만 상황이 이뤄진다는 것이다. 유괴범의 존재도 곤도 집안의 전화
를 통해서만 알 수 있다. 1시간 5분 정도는 카메라가 전혀 밖으로 나가
지 않고 폐쇄된 공간에서만 정적인 구도와 롱 테이크에 의해 보인다.
그렇다고 결코 그러한 장면이 지루하진 않다. 마치 히치콕의 〈이창Rear
Window〉(1954)이나 〈밧줄Rope〉(1948)처럼 극히 한정된 공간에서 벌어짐
에도 불구하고 지속적인 긴장감을 유지해 시선을 붙잡는다. 그러다가
후반부로 가는 중간 다리 역할이자 이 작품 속에서 가장 극적인 설정
인 달리는 특급열차의 몸값 전달 장면이 나온다. 여기서부터는 카메라
가 역동적으로 움직이기 시작한다. 4분 가까이 진행되는 그 장면은, 앞
에서 워낙 답답한 공간에서 상황이 이뤄졌기 때문인지 달리는 기차 밖
으로 열린 공간이 보임으로써 시각적으로 극적인 카타르시스 효과를
준다. 바로 이어 범인을 찾는 후반부 장면이 나오는데, 경찰 수색 과정
을 거치며 요코하마의 너저분한 뒷골목의 싸구려 호텔, 마약 중독자들

이 드나드는 바, 환란가의 풍경들이 마치 지옥도처럼 묘사된다. 카메라는 다큐멘터리를 찍듯이 피사체를 잡아나간다. 그러한 빈민가의 묘사는 전반부의 호화로운 곤도 집과 확실하게 대비된다. 그러나 후반부의 외견상의 관심은 경찰이 유괴범을 추적하고, 그를 찾은 후에도 그를 미행하는 데 있다. 전반부에서 카메라의 주요 추적 인물이 되었던 곤도는 후반부에선 거의 보이지 않는다. 후반부에서 카메라는 범인을 추적하는 경찰을 쫓아 하층 계급의 사람들을 보여주는 데 관심이 있다.

전반부의 닫힌 공간과 후반부의 열린 공간은 철저히 구분되지만 중간의 급행열차 장면이 극적으로 두 상반된 공간을 연결시켜줌으로써 〈천국과 지옥〉의 구성은 매우 효과적이 된다. 즉 드라마의 힘이 효과적인 공간 변화를 통해 훨씬 강해진 것이다. 만약에 전반부에서 유괴범이 전화 목소리로만 등장하는 대신 요코하마 뒷골목에서 전화 거는 장면을 미리 보여줬다면 그런 극적인 효과는 삭감되었을 것이다. 후반부의 역동성과 간결성은 〈이키루〉와 같은 구성 방식을 응용함으로써 살아난다. 즉 〈이키루〉에서 주인공의 장례식을 미리 보여주고 거기에 조문 온 사람들을 통해 주인공 와타나베의 죽음의 행적을 회상 구조를 통해 보여주는 것처럼 〈천국과 지옥〉의 후반부에서 경찰들이 유괴범을 수사하는 장면은 수사팀들이 모두 모여 각자 그동안 수사했던 과정을 보고하는 과정에서 회상 방식으로 보인다. 그런 회상 방식은 자칫하면 산만하고 지루해지기 쉬운 직선적인 내러티브에 비해 수사 상황을 간결하게 요약해주고 있다.

3) 극적인 모티브

〈들개〉에서는 '권총'이, 〈이키루〉에서는 '암'이 단지 이야기를 끌고 나가는 극적인 모티브이듯이 〈천국과 지옥〉에서는 '유괴'가 바로 가장 중요한 극적인 모티브다. 부자와 가난한 자에 대한 본질적인 대립 구도를 그러한 극적인 모티브 없이 보여주고자 한다면 그저 딱딱한 교훈 영화나 선동 영화에 그치고 말 것이다. 그러나 '유괴'라는 극단적인 사건을 꺼내 그 문제를 얘기함으로써 훨씬 영화적이 될 수 있었던 것이다. 이 작품에서 '유괴'는 어디까지나 모티브인 까닭에 감독은 유괴에 대한 사회적 고찰 같은 심각한 문제에는 전혀 관심이 없다. 오히려 그는 도스토옙스키적인 문제 제기를 영화적인 시선을 통해 그려내고자 할 뿐이다.

'유괴' 외에도 이 스토리를 극적으로 끌고 가는 부수적인 모티브들이 몇 개 있다. 몸값을 담은 가방에 장착한 핑크빛 연막과 납치당했다 돌아온 운전기사의 아들이 그린 그림이다. 그 두 가지는 범인을 잡는 결정적인 단서가 된다. 특히 가방에 장착한 핑크빛 연막 장치는 아주 훌륭한 극적인 모티브 역할을 한다. 전반부에서 경찰은 곤도의 도움으로 범인에게 돈을 건네주기 위한 가방에다 물에 젖으면 독한 냄새가 나고 불에 때우면 핑크빛 연기를 품어내는 장치를 한다. 그리고 범인에게 가방이 전해지고 난 뒤 신문에 의도적으로 몸값을 담았던 가방을 공개한다. 그러자 범인은 그 돈 가방을 장롱에서 꺼내 돈을 뺀 뒤, 쓰레기장에 버린다. 경찰은 곤도 집에서 대책을 논의하던 중 쓰레기장 굴뚝에서 나는 핑크빛 연기를 발견한다. 특이한 점은 흑백 영화인 그 작품에서 그 장면만이 유일하게 컬러가 들어갔다는 점이다. 즉 그 핑크빛 연기가 유일하게 컬러로 채색되어 관객에게 보인다. 그 장면은 무척 인상적이다. 그 연기의 색깔이 그 영화가 개봉할 당시부터 있던 것인지 나중에 그려 넣은 것인지 알 수 없지만, 그 이후 흑백 영화에서 종종 결정적인 부분에 컬러를 집어넣어 효과를 본 것이 종종 있었다. 프란시스 코폴라가 1980년대 초반에 만든 청춘 영화인 〈럼블 피시 Rumble Fish〉가 그런 예에 속한다. 그 작품에선 영화의 중요한 상징물인 어항 속에 있는 금붕어를 보여줄 때 컬러를 효과적으로 사용한다. 물론 나중에 많은 CF에서도 그런 흑백 속의 컬러 모티브를 수없이 응용해 이젠 진부한 것이 되어버렸지만 당시로서는 획기적인 시각 묘사였던 것 같다. 운전기사의 아들이 그린 두 가지 그림은 범인을 추적하는데 큰 역할을 한다. 하나는 그가 납치당했던 장소를 찾는 데 단서가 되고, 하나는 범인의 윤곽을 잡는 데 단서가 된다. 소년이 그린 범인의 몽타주 같은 그림은, 어린이의 시각에서 그린 매우 서툰 그림이다. 그러나 경찰은 그림을 보고 범인이 손등을 다친 사람이라는 것을 알고는 병원의 젊은 인턴을 용의자로 포착한다.

〈붉은 수염〉(1965)—일본판 《동의보감》

이 작품은 〈쓰바키 산주로〉의 원작자인 야마모토 슈고로의 동명 소설을 각색한 것이다. 물론 구로사와는 원작을 많이 변형했는데, 가령 주요 인물 중 한 사람인 젊은 소녀는 원작에 없던 인물로 임의로 추가했다. 구로사와는 각색하면서 도스토옙스키를 염두에 두었다고 한다. 도쿠가와德川 시대 말기에 한 젊은이가 나가사키에 있는 독일 의료원에서 여러 해 공부한 후 에도로 돌아온다. 그곳에 도착한 젊은이는 '붉은 수염'이라는 별명이 붙은 시골 병원장 니데 교지오(미후네 도시로) 아래서 인턴 과정을 밟는다. 왕립 의료원에서 일하길 원했던 그는 하층민들이 주로 오는 공공 진료소에 오게 되자 불만을 품고 고의로 병원 규칙을 어기고 유니폼도 입지 않는다. 그러던 그가 우연히 금지 구역을 어슬렁거리다 작은 별관에서 아름답지만

미친 여자 환자를 만나게 된다. 그로 인해 일어나는 일련의 사건을 거치며 그는 서서히 그 병원에 적응하게 되고 가난한 사람들을 위해 일생을 헌신하는 '붉은 수염'이라는 의사의 실체를 깨닫게 된다. 그는 점차 그에게 감화되고, 그에게 진정한 의술을 배우게 된다.

《동의보감》을 쓴 조선의 명의 허준의 이야기와 유사한 이 작품은 구로사와가 이전 여러 영화들에서 보여줬던 것처럼 스승과 제자의 구도로 이루어져 있다. 가령 〈스가타 산시로〉나 〈쓰바키 산주로〉에서처럼 젊은 제자가 노련하고 깊이 있는 스승으로부터 삶이나 직업의 본질을 깨닫고 성장해나간다는 것이다. 일종의 교훈 영화이자 성장 영화인 셈이다. 여기서도 젊은 의사가 스승을 보면서 자신의 진정한 자아—거의 종교적인 차원에서—를 발견하며 성숙하게 되고 결국 성공에 이르게 되는 과정을 보여준다. 도널드 리치는 이 작품을 구로사와의 가장 뛰어난 걸작으로 평가하고 있다. 걸작에 걸맞게, 이 영화는 당시 일본에서 최고의 흥행 기록을 세웠다.

컬러 시대
─〈도데스카덴〉에서 〈마다다요〉까지

구로사와는 〈스가타 산시로〉로 데뷔한 이후 〈붉은 수염〉을 만들 때까지 23년간 총 23편을 만들어 매년 평균 한 편씩 제작한 셈이다. 그러나 〈붉은 수염〉 이후부터 1991년 작 〈8월의 광시곡〉까지는 거의 5년마다 한 작품씩을 만들어 16년간 여섯 편의 작품밖에 내놓지 못했다. 1960년대 중반 이미 세계적인 거장으로 명성을 얻었던 그도 침체기가 있었던 것이다. 그 계기는 미국 영화사로부터 일본의 진주만 공격을 다룬 〈도라! 도라! 도라!〉(1970)라는 작품의 연출을 의뢰받았다가 중도 무산되는 사건의 후유증 때문이었다. 그동안 순탄하기만 했던 그의 영화 인생에서 가장 힘들었던 시기가 그때 이후부터 10년 동안이었던 것 같다.

한 차례 진통을 겪고 난 구로사와는 환갑을 맞이하는 시점(1970)에서 자신의 영화 미학에 중대한 변화를 가져왔다. 〈도데스카덴〉에서부터 컬러를 도입한 것이다. 이미 미국에서는 1930년대 말 〈바람과 함께 사라지다Gone With The Wind〉와 같이 뛰어난 컬러 영화가 나왔고, 일본에서도 1950년대 중반에 기누가사 데이노스케의 〈지옥문〉(1954)과 같은 컬러 영화의 걸작이 나왔음에도 불구하고 구로사와는 1965년 〈붉은 수염〉을 만들 때까지 흑백 이미지를 고집해왔다. 채플린이 사운드가 도입된 뒤에도 계속 무성 영화를 고집하다 뒤늦게 사운드 영화를 시작했듯이, 구로사와도 시대의 흐름에 따라 마침내 컬러 영화를 수용하게 된 것이다.

항상 완벽한 형식 미학을 지향해오던 구로사와는 마침내 색color이라는 또 하나의 미학 요소에 도전하게 되었다. 그는 〈도데스카덴〉과 〈데루스 우잘라〉를 통해 컬러 영화를 실험한 후 〈카게무샤〉와 〈란〉, 〈꿈〉을 거쳐 색채 영화의 미학을 완성시켰다. 이제 그의 영화에서 색채는 없어서는 안 될 중요한 한 부분이 되었다. 그는 색채를 도입한 이후에 많은 변화를 시도했는데, 그중 하나가 더 이상 슈퍼맨 사무라이를 그리지 않는다는 것이다. 동시에 그는 초기 작품부터 흑백 영화를 마무리할 때까지 거의 모든 작품에서 주연 및 조연으로 등장해 자신을 대변하던 미후네 도시로와 시무라 다카시라는 배우와 작별을 고했다. 대신 그들보다 젊은 나카다이 다쓰야가 그의 페르소나가 된다. 이제부터 무엇인가 다른 모습을 보여주겠다는 의지로 보인다. 〈도데스카덴〉에서부터 시작된 구로사와 영화의 컬러 시대에 또 다른 중요한 변화는 작품의 제작 주체와 전반적인 미학의 변화다. 즉 그는 일본 내에서 제작자를 구하기 어렵게 되자 외국 자본가에게로 눈을 돌렸고 그 결과 〈데루스 우잘라〉는 러시아, 〈란〉은 프랑스, 〈꿈〉은 미국의 제작자들의 투자를 받고 완성되었다. 아이러니하게도 그의 작품은 외국 자본으로 만들면서부터 오히려 그 미학이 보다 일본적으로 변화해갔다. 흑백 시대 때만 해도 부분적인 양식화에도 불구하고 비교적 자유로운 형식을 추구하고 있었으나 컬러 시대로 들어서면서 갈수록 형식적인 엄격함과 단순성을 따르기 시작했다. 특히 그동안 드러나지 않고 은근히 감춰진 채 간혹 내비치던 구로사와의 일본적인 보수성과 우익성 그리고 자만심이 이때부터 노골적으로 드러나기 시작한다. 〈꿈〉과 〈8월의 광시곡〉에서 그러한 면이 더욱 여실히 드러난다. 구로사와의 영화적인 삶과 변신 과정을 보노라면 마치 그가 일본의 정신과 역사를 상징하는 것처럼 느껴진다면 나의 착각일까?

〈도데스카덴〉(1970)—빈민가 이야기

구로사와는 〈도라! 도라! 도라!〉*로 인한 후유증이 어느 정도 회복된 직후인 1969년 7월, 당시 일본의 거장 대열에 끼는 네 명의 감독과 함께 '욘키노카이四騎の會(네 명의 기사 모임)'

라는 독립 프로덕션을 창립한다. 구로사와를 포함해서 고바야시 마사키小林正樹, 기노시타 게이스케, 이치가와 곤 등 네 사람이 그 멤버인데, 그들은 당시 일본 영화가 점차 포르노, 야쿠자,

질 낮은 시대 영화, 가벼운 코미디 중심으로 흐르게 되자 거기에 대항할 수 있는 영화를 만들기 위해 그 같은 모임을 결성해 차례로 연출하기로 한 것이다. 그 모임의 첫 연출자로 구로사와가 나섰고, 도호 영화

*2008년 구로사와 100주년 기념을 위해 발족된 'AK 100 프로젝트 실행위원회'는 미공개 작품의 상영, 전시회 등 구체적인 사업 계획을 발표했다. 구로사와 감독이 촬영 도중 물러난 일본의 진주만 습격을 다룬 미국 영화 〈도라 도라 도라!〉(1970, 리처드 플레이셔 감독)의 약 20분 분량의 미편집 영상도 찾아내 공개할 계획도 갖고 있다 한다.

사와 공동 제작으로 〈도데스카덴〉을 만들게 되었다. 그러나 첫 기획 작품인 이 영화가 작품성을 인정받았음에도 불구하고 흥행에 실패함으로써 그들의 의욕은 쉽게 꺾이고 말았다. 아무리 거장들이라고 할지라도 돈 앞에서는 무력한 듯 그 모임은 바로 해체되는 비운을 맞게 되었다.

구로사와의 최초의 컬러 작품으로 유명한 〈도데스카덴〉은 〈쓰바키 산주로〉와 〈붉은 수염〉의 원작을 쓴 야마모토 슈고로의 단편 모음집 《계절 없는 거리季節のない街》를 각색하여 만들었다. 도쿄 근교 매립지의 빈민가를 무대로 한 단편 연작 형식으로 신문에 연재된 이 작품은 구로사와와 전속 작가들에 의해 재구성되었다. 빈민가 사람들의 일상적 삶을 에피소드 형식으로 엮어내고 있다.

항상 전차 운전사 흉내를 내며 다니는 저능아 소년('도데스카덴'이란 제목은 그 소년이 운전사 흉내를 내며 갈 때 내는 소리로서 의성어에 해당되는 말이다), 술에 취해 서로 마누라를 바꾼 채 자고도 모르는 두 남자, 마누라에게 쥐어 살면서도 감지덕지하며 사는 사내, 워낙 많은 남자와 성관계를 맺어 여러 명의 배다른 아이를 낳은 여자, 그 여자와 살면서도 만족하는 남자, 주인아줌마의 술 취한 남편에게 강간당한 꽃 만드는 소녀, 매일 상상으로 서양식 집을 짓곤 하는 거지 부자父子 등 이들이 모여 사는 빈민가의 이야기가 개별적으로, 때론 서로 조화를 이루면서 진행된다.

구로사와는 과거 고리키의 《밑바닥에서》를 각색할 때도 그랬듯이 여기서도 빈민가 사람들의 이야기를 코믹 터치로 다루었다. 어둡게 살아가는 사람들의 이야기를 진지하게 다루는 것보다 오히려 채플린이 자신의 모든 작품에서 그랬듯이, 밝은 톤(코미디)으로 보여주는 것이 효과가 클 것이라고 계산한 것 같다. 일본의 비평가 오기 마사히로는 이 작품을 '판타지fantasy의 노래'라고 칭찬하고, 《키네마 순보》에서는 "이 작품은 실제 세계의 냄새가 거의 없는 동화로서, 구로사와의 새로운 업적이다"라고 찬사를 보내고 있지만, 흑백 시절 구로사와 작품들과 비교하면 어쩐지 낯설어 보인다.

〈데루스 우잘라〉(1975)—시베리아 사냥꾼의 삶과 죽음

〈도데스카덴〉이 실패한 후 구로사와는 한때 좌절감에 빠져 자살을 시도했을 정도로 침체되어 있었다. 이상하게도 일본 영화를 세계무대에 올려놓은 그에게 아무도 제작비를 투자하려 하지 않았다. 그

러던 그에게 탈출구를 열어준 것은 러시아 영화 제작자였다. 시베리아를 무대로 영화 제작 의뢰를 받은 구로사와는 언젠가 자신이 읽은 시베리아 사냥꾼 데루스 우잘라 이야기를 영화화하기로 마음먹었다. 그것은 이미 러시아 TV에서 10여 년 전에 만든 소재였지만 개의치 않았다. 평소에 러시아 문학을 예찬하던 그는 마침내 러시아 땅에서 자신의 영화적인 이미지를 창조할 수 있게 된 것이다.

첫 장면은 1910년 전직 군인이자 탐험가인 블라디미르 아르센예프가 옛 친구 데루스 우잘라의 무덤을 찾는 데서 시작된다. 거기서 그는 데루스를 처음 만났던 1902년을 회상한다. 그는 시베리아의 우수리 지역을 탐험할 때 데루스를 처음 만난다. 아르센예프는 순수한 시베리

아 원주민인 그를 안내인으로 만난 후, 점차 그에게 빠지게 된다. 그들의 인간적인 관계는 그들 두 사람이 우수리 지역의 아름다운 호수 경치를 보러 갔다가 심한 눈보라를 만났을 때, 자연의 법칙에 익숙한 데루스 덕분에 살아나면서 절정에 달한다. 아르센예프와 그의 동료들은 그를 만나기 전까지만 해도 자연에 대한 적응력이 약했으나 그로 인해 많은 것을 배우게 된다.

그의 두 번째 회상은 그들이 우수리 탐험에서 돌아와 다시 만났던 1970년을 보여준다. 그들은 다시 탐험을 갔다가 이번엔 아르센예프가 급류에 휩쓸려 가는 데루스를 구해준다. 한편 데루스는 불가피하게 호랑이를 쏘아 죽인 뒤 근심에 싸이기 시작한다. 호랑이가 만물의 영장이라고 생각하는 그는, 호랑이를 죽임으로써 자연의 이치를 거슬렀다고 여긴다. 그 일로 인해 자신은 불행을 만날 거라고 믿는다. 그 후 아르센예프 집에서 살게 된 데루스는 점점 기력을 잃어간다. 그는 문명 세계에서 마치 철창에 갇힌 동물처럼 답답함을 느끼다가, 결국 그 도시를 빠져나가다 죽는다. 마지막 장면은 첫 장면과 유사하다. 아르센예프가 데루스의 무덤에서 조의를 표하고 있는 모습이다.

이전의 구로사와 영화를 봤던 사람들이 사전 정보나 타이틀을 보지 않고 이 작품을 본다면 아마 구로사와 작품이라고는 상상하지 못할 것이다. 그건 〈도데스카덴〉의 경우도 유사하지만, 이 작품은 특히 흑백 시대의 구로사와 영화와 다른 모습을 보인다. 일단 배경 자체가 시베리아인 데다 극적인 템포도 과거의 작품들에 비해 훨씬 느리다. 구로사와가 만든 것이라고 유추해볼 수 있는 부분이 있다면 역시 카메라 구도와 한 인물을 집중적으로 탐구(그러나 치열하진 않다)해간다는 점 뿐이다.

지나치게 정적이고 차분한 진행은 구로사와답지 않아 답답하다. 구로사와의 동적이고 활기찬 이미지에 익숙한 사람들에게는 다소 어리둥절할 만하다. 타르코프스키나 미조구치가 그런 식으로 찍었다면 그와 같은 느낌을 안 받았을지도 모른다. 인간보다는 자연의 아름다움과 우월함이 강조되고 있어 구로사와의 색다른 작품으로 기록될 만한 이 작품은 당시 유럽에서 흥행에 성공했다.

⟨카게무샤⟩(1980)— 시대 영화의 걸작

구로사와는 ⟨쓰바키 산주로⟩(1962) 이후 18년 만에 마침내 자신의 장기長技인 시대 영화로 돌아왔다. ⟨7인의 사무라이⟩ 이후 최대의 전쟁 영화인 셈이다. 구로사와를 극적으로 재기시켜준 이 작품이 기획되기까지는 많은 어려움과 사연이 있었다.

⟨데루스 우잘라⟩ 이후 구로사와는 세 가지 기획을 동시에 준비하였다. 셰익스피어의 《리어 왕》을 각색한 ⟨란⟩과 에드거 앨런 포Edgar Allan Poe의 《붉은 죽음의 가면The Masque of the Red Death》을 각색한 대본, 그리고 마지막으로 ⟨카게무샤⟩였다.

그는 세 가지 기획 가운데 ⟨카게무샤⟩가 가장 현실적이라고 여기고 제작자를 구하기 시작했다. 그러나 일본 제작자들은 방대한 스케일의 그 기획을 외면했다. 좌절한 그는 그 작품이 제작될 수 없으리라 판단하고 시나리오를 그림으로 그리기 시작했다. 그림으로라도 남겨야겠다는 생각이었다. 그러다 그는 한 가지 희망을 갖고 1978년 어느 날 번역한 대본과 그림을 갖고 유럽으로 건너갔다. 그리고 그림을 전시하면서 은근히 제작자가 나타나기를 기대했다. 소득이 없자 이번에는 미국으로 날아갔다.

거기서 드디어 기적이 일어났다. 아니 이미 예정된 것이었는지도 모른다. 오랫동안 구로사와를 찬미해왔던 사람들이 그를 기다리고 있었던 것이다. 바로 프란시스 코폴라와 조지 루카스였다. 당시 그들은 각각 〈대부〉, 〈스타워즈〉 등으로 할리우드에서 최대 전성기를 구가하고 있을 때였다. 그들은 구로사와를 스승처럼 존경하고 있었기에—구로사와가 존 포드를 스승처럼 존경해왔듯이—구로사와가 처한 곤경을 보고는 충격을 받고 당장 발 벗고 나서더니 대 메이저인 20세기 폭스 사—아이러니하게도 구로사와와 과거에 〈도라! 도라! 도라!〉 건으로 불화가 있었던 영화사다—를 연결해주었다. 그러자 이번엔 역으로 20세기 폭스 사가 구로사와의 기획을 가지고, 제작비 일부를 투자하는 대신 자신들이 일본 외에 세계적인 배급권을 갖는다는 조건으로 일본의 도호 영화사에 접근하였다. 도호는 20세기 폭스 사와 코폴라, 루카스가 세계적인 배급을 자청하고 밀고 있는 그 작품에 과감히 투자하게 되었다. 결국 구로사와는 바로 옆에 있는 제작자를 만나기 위해 지구를 한 바퀴 돌았던 것이다. 과거에 구로사와와 많은 영화를 함께한 도호가 미국인의 보증과 제작비 일부를 지원받고서야 출자했다는 것 또한 아이러니하다. 결국 〈카게무샤〉에 일본 영화사상 최대의 제작비인 600만 달러가 투자되었고, 첫 흥행에서 1,000만 달러 이상의 수익을 올림으로써 당시 일본 영화사상 최고 히트작이 되었다.

1) 창작 동기 및 작품 배경

이 작품의 배경은 그의 대부분 시대 영화가 항상 그렇듯이 전국시대인 16세기 말엽이고, 당시 오다 노부나가(1534~1582), 도쿠가와 이에야스德川家康(1542~1616) 영주와 대립하고 있던 다케다 신겐武田信玄(1521~1573)이라는 영주가 이 작품의 모티브다. 구로사와는 이 작품의 창작 동기를 다음과 같이 이야기하고 있다.

처음엔 단지 아이디어로 애매모호하게 떠올랐다. 당시 나는 《리어왕》 각색을 위해 전국시대 시기(16세기 말 내란 시기)를 조사하고 있었는데, 그때 나는 역사에서 의문점으로 남아 있는 나가시로長篠 전투에 큰 관심을 갖게 되었다. 노부나가 혈족과 도쿠가와 혈족이 하나도 죽지 않았음에 반해 다케다 혈족이 왜 전멸하게 되었는가를 아무도 만족스럽게 설명하지 못하고 있었기 때문이다. 나는 이 흥미 있는 의문에 뛰어들 방법을 생각하기 시작했다. 문득 다케다 신겐이 많은 카게무샤(대역)를 사용한 걸로 알려진 것이 생각나서, 한 사람의 카게무샤를 통해 역사적인 수수께끼에 접근함으로써 주제를 다루기 쉽게 이끌 수 있을지 모른다고 생각했다. 그래서 카게무샤를 하찮은 도둑으로 만들어보자는 보다 구체적인 아이디어가 떠올랐고 이 인물을 어떻게 신겐의 성격 속에 빠져들게 해서 실제로 신겐이 될 수 있게 할 것인가를 생각해보았다. 결국 그것은 신겐(캐릭터)의 힘에 의해 그렇게 되어야 한다고 생각했다. 또 전투에서 죽은 무사들은 신겐에 의해 마법에 걸린 듯한 사람들이어야 한다고 판단했던 것이다. 그들은 나가시로 전투에서 장렬하게 전사했다. 즉 신겐을 위해 순교했던 것이다. 그들은 신겐을 사랑했음에 틀림없다. 그래서 세 가지 스토리가 한 가지의 이야기로 자연스럽게 발전되었다. 그것은 결코 의도적인 것은 아니었다. 신겐의 죽음에 대해선 여러 가지 역사적인 관점이 있다. 어떤 사람들은 그가 결핵이나 그 외 다른 병으로 죽었다고 하지만, 나는 영화에서 저격병에 의해 살해당하는 걸로 꾸몄다. 그가 건강할 때 죽게 하는 것이 훨씬 재미있을 것이라고 생각했기 때문이다.[30]

구로사와에게 최초로 아이디어를 떠올리게 해준 나가시로 전투는 이 작품의 라스트신에서 절정으로 묘사되는 장면이다. 영화에서의 전투 장면은 카게무샤의 상황 설정을 빼고는 실제 역사 기록과 비슷하게 묘사되고 있다.

1575년 노부나가는 도쿠가와와 연합하여 삼하三河의 나가시로에서 신겐의 뒤를 이은 다케다 가쓰요리武田勝賴 군대를 결정적으로 격파한다. 노부나가는 다케다족의 기마병을 막기 위해 말을 막는 방책을 준비하고 그 뒤에 3,500명의 조총 부대를 배치하여, 공격하던 다케다군이 방책에 의해 저지되었을 때 조총 부대가 일제히 사격하여 거의 전멸시킨다. 나가시로 전투를 승리로 이끈 노부나가는 당시 전국을 통일하였으나 가신家臣에게 암살당해 죽고 이어 도요토미 히데요시가 권력을 잡는다. 그도 임진왜란을 일으킨 후 병으로 죽자, 나가시로 전투 당시 노부나가와 연합했던 도쿠가와 이에야스가 정권을 이어받게 된다.

〈카게무샤〉는 나가시로 전투에서 패한 직후, 1582년에 멸망한 다케다 혈족을 중심으로 펼쳐진다. 나기시로 전투라는 역사적인 사건을 모티브로 한 이작품의 구성과 인물 성격은 실제와 허구를 배합하여 형상화시켰다. 구로사와는 허구의 인물인 도둑 출신의 카게무샤를 제외하고는 대부분 당시 역사 인물들의 실명을 그대로 사용하고 있긴 하지만, 부분적인 사건들은 상상력에 의해 재구성하였다. 이야기의 축은 카게무샤 역을 하다가 점차 다케다 신겐이라는 인물에 빠져들어가는 도둑을 중심으로 전개된다.

2) 줄거리

이 작품의 도입부Opening scene는 다케다 혈족의 영주 신겐과 과거에 그의 카게무샤 역할을 한 적이 있는 동생 노부카도, 그리고 나중에 신겐의 카게무샤影武者, Double 역할을 하게 될 도둑—그들 세 사람은 서로 닮았다—이 둘러앉아 대화하는 장면으로 시작된다. 신겐은 자기와 꼭 닮은 도둑을 보고 나중에 유사시에 자기의 카게무샤로 쓰도록 하라고 동생에게 당부한다. 이 장면은 앞으로 전개될 이야기와 주제를 암시해주는 중요한 장면이다. 신겐과 그들 닮은 도둑의 역할은 나카다이 다쓰야라는 배우가 1인 2역을 하고 있다. 여기선 한 화면 내에 두 사람이 동시에 보이는데, 화면 합성 기법으로 특수 촬영한 것이다. 이 신은 고정된 카레마, 풀 숏, 6분가량의 롱 테이크로 촬영되었다. 이른바 원 신 원 숏One scene One Shot인 셈이다. 지극히 연극적인 이 장면은 다음에 올 연극—도둑이 신겐의 연기를 하는—을 암시한다.

다케다 혈족이 노부나가와 도쿠가와 혈족의 연합군과 싸우는 과정에서 다케다 혈족의 영주인 신겐이 적에게 저격당한다. 신겐은 죽기 직전에 주요 가신들에게 자기의 죽음을 앞으로 3년간 알리지 말고 카게무샤를 이용해 살아 있는 것처럼 하라고 유언을 남긴다. 그러자 다케다 혈족의 주요 가신들은 유언대로 부하들의 사기를 떨어뜨리지 않고 적에게 약점을 보이지 않기 위해 신겐의 죽음을 숨기고, 그와 꼭 닮은 도둑을 카게무샤로 내세워 마치 그가 살아 있는 것처럼 꾸민다.

도둑은 다케다 혈족의 장군들과 일부 호위병들에 의해 실제 신겐처럼 행동하도록 가르침을 받는다. 그가 카게무샤라는 것은 극히 일부만이 안다. 손자나 부녀자들에게까지도 속인다. 천한 신분의 도둑에겐 고귀한 신분의 영주를 흉내 낸다는 게 쉽지 않다. 어린 손자가 직감적으로 그는 자기 할아버지가 아니라고 하지만 도둑은 기지로 위기를 넘겨 나중엔 진짜 할아버지로 믿게 만든다. 노부나가와 도쿠가와 측에선 신겐의 생존을 의심하고 첩자를 보내 확인하려 하지만 워낙 감쪽같이 속고 만다. 신겐의 카게무샤 노릇을 그런 대로 해내고 있던 도둑은 어느 날 밤, 신겐의 집에서 보물이 들어 있음 직한 큰 항아리를 발견하고 몰래 그것을 깨뜨린다. 그러나 그는 그 독 안에 실제 신겐의 시신이 들어 있는 걸 보고 놀란다. 그 일이 발각되어 도둑은 카게무샤 역할을 못하고 추방된다.

다케다 혈족은 신겐의 시신을 수장하고 신겐의 죽음을 공개하려 하나, 도둑이 다시 한 번 카게무샤 역할을 하겠다고 사정해 받아들인다. 결국 신겐의 죽음은 공개되지 않고 도둑이 계속 신겐 역할을 한다. 그는 실제 전투까지 나가서 신겐의 역할을 잘 수행해낸다. 그런 과정에서 도둑은 점점 자신이 실재 신겐인 듯 착각하고 행동한다. 그는 꿈속에서 신겐을 만나는 악몽을 꾸기도 한다. 그가 신겐과 거의 흡사하게 역할을 잘 해내고 있을 즈음 신겐이 유언한 3년이 지난다. 다케다 혈족 회의에선 유언대로 신겐의 죽음을 공개하고 신겐의 장례식을 치르기로 한다. 그로 인해 더 이상 카게무샤 역할을 할 수 없게 된 도둑은 약간의 보수를 받고 쫓겨난다.

이제 그는 단지 초라한 도둑일 뿐이다. 신겐의 장례식이 끝나자 그의 뒤를 이은 아들 다케다 카츠요리는 주위 가신들의 만류에도 불구하고 도쿠가와와 노부나가의 연합군과 나가시로에서 전투를 벌인다. 도둑은 그곳 풀숲에 숨어 그 전투를 구경한다. 그 전투에서 다케다 부대가 거의 전멸하다시피 하자, 도둑은 자신이 신겐인 듯이 뛰쳐나가 노부나가 연합군 쪽을 향해 돌진해 가다가 총에 맞아 쓰러지고 만다. 그는 강물에 떠내려가고 있는 다케다 혈족의 깃발을 붙잡으려 하지만 기력을 잃고 깃발을 지나쳐 강물에 떠내려간다.

3) 시각적 이미지: 화면 구성, 색채 감각

구로사와의 〈카게무샤〉는 그동안 봐왔던 상식적인 전쟁 영화에 대한 통념을 깨고 있다. 내용과 형식에서 모두가 다 그렇다. 대부분의 전쟁 영화는 적대 세력 간의 승부와 전투를 중심으로 한 액션 및 사건에 관심이 많지만, 이 작품은 인물의 성격 변화 과정과 시각적인 이미지 묘사에 더 초점을 맞추고 있다. 이 작품에서 대립하는 두 집단은 다케다 혈족과 노부나가와 도쿠가와의 연합군이다. 그러나 이 작품의 축은 다케다 혈족을 중심으로 전개된다. 특히 다케다 신겐 영주의 카게무샤인 도둑에게 초점을 맞추고 있다. 두 집단 간의 전쟁은 단지 그 도둑의 성격 전이轉移 과정(가짜 신겐에서 진짜 신겐으로)을 보여주기 위한 수단일 뿐이다.

전투는 있지만 〈7인의 사무라이〉와 〈요짐보〉처럼 싸우는 장면은 보여주지 않고 사운드 효과나 조명 효과를 이용하여 간접적으로 보여준다. 가령 중반부에서 벌어지는 야간 전투를 표현할 때도 카메라는 카게무샤에게 고정시키고, 단지 들려오는 아우성 소리, 비명과 함성 소리, 전령들의 급박한 보고, 배경으로 비치는 붉은 조명의 명멸 등으로 전투의 처절함을 묘사하고 있다. 관객들은 카게무샤가 된 도둑의 표정과 행동 변화, 들려오는 소리, 빛만을 통해 전투 상황을 이해할 수 있을 뿐이고 실제 전투 장면은 볼 수 없다.

그러한 테크닉은 마지막 장면인 나가시로 전투에서 보다 효과적으로 사용된다. 여기서 다케다군과 노부나가 연합군과의 전투 장면은 단지 기마병이 공격하고 조총 부대가 사격하는 것만 몽타주로 보일 뿐 막상 다케다군 기마병들이 총에 맞아 쓰러지는 장면은 보이지 않는다. 대신 그 상황은 수풀 속에서 훔쳐보고 있는 도둑의 놀란 표정과 들려 오는 사운드에 의해서만 묘사된다. 그리고 최종적으로 전투가 끝나고 서야 이미 전멸된 다케다 부대의 처참한 상황을 카메라가 서사적으로 잡아간다. 관객은 시작과 결과만을 볼 수 있고, 그 중간 과정은 카게무 샤(도둑)를 거쳐 체험하게 된다.

〈카게무샤〉는 전쟁 영화면서도—실제 전투 장면은 많음에도 불구 하고—대립하는 두 집단이 한 화면 내에서 서로 뒤엉켜 싸우는 전투 장면을 직접적으로 볼 수 없는 독특한 작품이다. 다음 작품 〈란〉에서 처절한 전투 장면을 직접 묘사하고 있는 것과는 좋은 대조를 이룬다. 구로사와는 액션 장면을 직접 보여주지 않는 대신 주로 기하학적인 화 면 구성과 뛰어난 색채 감각으로 장대한 스케일을 강조한다. 그는 병 사들이 출진하는 거대한 행렬을 계산된 구도하에서 보여주고, 그들이 입고 있는 군복이나 깃발의 색깔을 이용해 시각적 이미지를 강조한다. 단순히 병사들의 이동을 보여줄 때조차도 그는 한 폭의 그림처럼 구성 과 색채에서 세심한 배려를 하고 있다.

무엇보다도 색채 감각이 잘 드러난 장면은 카게무샤가 꿈꾸는 장면 일 것이다. 단지 카게무샤일 뿐인 도둑이 점점 실제 다케다 신겐이라 는 인물 속에 동화되어가는 과정에서 보여준 그 꿈 장면의 색채 이미지는 매우 환상적이다. 그는 꿈에서 죽은 신겐을 쫓아가려 하지만, 그가 따라가면 갈수록 꿈속의 신겐은 더욱 도망갈 뿐이다. 신겐에게 동화되고자 하면서도 그러지 못하는 그의 딜레마를 효과적으로 상징하고 있는 장면이다. 이 장면은 자기가 또 다른 자기에게 쫓기는 장면을 슬로모션으로 묘사한 〈주정뱅이 천사〉와 동일한 모티브다. 그는 거기에 색채를 도입함으로써 〈주정뱅이 천사〉보다 한 차원 높은 영화를 보여주고 있는 것이다.

이 작품에서는 구로사와가 일관되게 다루어온, 휴머니즘이라는 메시지는 그다지 눈에 띄지 않는다. 단지 한 인물이 다른 인물 속에 빠져들어 나중에는 자기의 정체성identity을 잃고 점점 타자화他者化되어가는 것을 그리고 있을 뿐이다. 이 작품 속에서는 구로사와가 자주 사용하는 주제적 모티브인 실상reality과 허상fantasy 간의 관계만 볼 수 있다.

〈란〉(1985)—《리어 왕》의 영화적인 재해석

아마 이 작품을 70밀리 화면과 돌비 스테레오 사운드로 감상하지 않는다면 그 엄청난 스케일의 진수를 못 느낄지도 모른다. 구로사와는 이 작품에서 윌리엄 와일러William Wyler의 〈벤허Benher〉(1959)처럼 대작으로서의 위력을 보여주기 위해 역동적인 장면을 많이 담고 있다. 엄청난 엑스트라와 말을 동원한 전투 장면, 4억 엔이나 들여 지은 성 세트가 전투 중에 불타는 장면 등은 셰익스피어의 대작 희곡이 마치 일본이라는 실제 무대에서 거대한 스케일로 공연되고 있는 것 같은 느낌을 준다. 이상하게도 〈란〉은 매우 영화적인 듯하면서도 연극적인 느낌을 지울 수가 없다. 〈란〉을 볼 때마다 나의 감정은 항

상 이중적이 되는 것 같다. 구로사와의 거장다운 면모가 여실히 드러난 수작秀作인 것 같기도 하고, 다른 한편으론 과거의 〈7인의 사무라이〉나 〈이키루〉 등의 작품에 비하면 미흡하다는 생각도 든다. 지나치게 거장이라는 자만심으로 가득 차 있고, 영화에 도통한 체하는 그의 모습이 화면 속에 보인다는 느낌도 들었다. 특히 지극히 연극적인—보다 구체적으로 말하면 일본 전통극인 노能적인—대사와 연기, 지나치게 양식화된 화면 구성, 롱 숏 등이 거리감을 주기도 했다. 70밀리 화면을 감안해서 그랬는지 몰라도 클로즈업이 거의 없는 것이 특징이었는데, 그러다 보니 쉽게 작품 속의 인물들과 동일화가 되지 않았다. 확실한 느낌은 〈이키루〉, 〈7인의 사무라이〉에 비하면 감동이 적다는 것이다.

그럼에도 불구하고 〈란〉에 경외감을 갖게 되는 것은 상대 비교 때문인지 모른다. 적어도 현대 세계 영화계에서 구로사와보다 〈란〉 같은 전쟁 영화를 더 잘 만들 수 있는 감독은 없으며, 또한 그 이상으로 셰익스피어 작품을 자기 관점에서 해석하고 영화적으로 잘 만들 수 있는 감독은 없다고 생각한다. 오손 웰스조차도 그를 극복하지 못한다. 소위 셰익스피어 전문 영화감독이라고 불리며 〈오셀로〉, 〈햄릿〉, 〈로미오와 줄리엣〉 등의 작품을 만든 프랑코 제피렐리Franco Zeffirelli 감독도 (비록 대중에게 많이 알려져 있긴 하지만) 도저히 구로사와의 비교 대상이 될 수 없다. 제피렐리는 단지 셰익스피어 극을 직역해서 영상에 옮기는 감독일 뿐이기 때문이다. 구로사와의 〈란〉은 보면 볼수록 그 완벽성에 놀라지 않을 수 없게 된다. 조금만 긍정적인 입장에 서서 보면

한없이 그 장점이 보이는 것 같다.

1) 작품 구상 동기 및 기획 의도

〈카게무샤〉로 재기에 성공한 그는 마침내 돈에 구애받지 않고 영화감독으로서 하고 싶은 영화는 어떤 것이든 만들 수 있게 되었다. 그래서 그는 진작부터 기획해 시나리오까지 준비해놓았으나, 워낙 엄청난 제작비 때문에 만들 엄두를 못 냈던 〈란〉을 다음 작품으로 정했다. 결국 〈란〉은 프랑스 제작자(세르주 실베르망)의 전폭적인 지원(총 제작비 26억 엔) 아래 〈카게무샤〉를 능가하는 방대한 스케일로 제작되었다. 원작 희곡인 《리어 왕》은 셰익스피어 4대 비극 중에서도 워낙 스케일이 방대해 아무도 영화화할 생각을 못 했던 작품이었는데, 마침내 구로사와가 할 수 있게 된 것이다.*

구로사와 이후 고다르가 1986년에 《리어 왕》을 재해석해서 영화화한 적이 있다. 지금까지 유럽이나 미국인들에 의해 영화화된 셰익스피어 작품은 대부분 시대 배경이나 세팅 그리고 대사 등에서 원전에 충실해왔다. 그러나 동양인이 만들었을 때 그렇게 했다면 문화권의 차이로 인해 어딘가 어색해 보였을 것이다. 그렇다면 동양에서 셰익스피어를 영화화한다면 어떻게 할 것인가? 거기에 대한 답은 이미 구로사와가 《맥베스》를 각색한 〈거미집의 성〉으로 내놓았다. 철저히 일본 역사를 바탕으로 한 배경과 세팅, 재해석한 대사와 의미 등으로 만든 〈거미집의 성〉은 세계 영화사상 문학 작품을 가장 뛰어나게 각색한 영화로

---

*구로사와 못지않은 대가였고 셰익스피어 연극광이었던 오손 웰스(1916~1986)가 당시에 얼마나 부러워했을까. 그는 빈약한 제작비로 〈맥베스〉(1948)와 〈오셀로〉(1952)를 만든 이후 제작자를 잡지 못해 부진한 활동을 하다가 만년을 보냈는데, 죽기 직전까지도 《리어 왕》을 영화화하려는 욕망을 품고 있었다고 한다. 구로사와보다 여섯 살 아래인 그는 〈란〉이 완성된 직후 70세의 나이로 쓸쓸히 세상을 떠났다.

손꼽힌다. 〈란〉도 그에 못잖은 결과를 보여준 작품으로 평가해도 무리는 없을 것이다. 구로사와가 이 작품을 본격적으로 구상한 것은 러시아에서 〈데루스 우잘라〉를 만든 직후였다. 그는 그때를 다음과 같이 회상한다.

16세기에 모노타리 모리라는 영주와 그의 뛰어난 세 아들이 살고 있었지. 그는 행복하게 살았어. 그런데 문득 그의 아들들이 뛰어나지 못했으면 어떠하였을까, 하는 생각이 들더군. 바로 여기에서 역사적 사실과 내 머릿속의 《리어 왕》이 만나 뒤섞이기 시작한 거야. 일본의 16세기와 영국의 엘리자베스 여왕이 살던 세기 사이에는 공통점이 많아. 그 당시 사람들은 자유롭고 진짜로 살아 있었거든. 본능에 따르며 솔직하게 탁 털어놓고 행동하지만, 우리가 생각했던 것보다 더 높은 취향과 미학적 감각을 동시에 지니고 있었지. 그러나 나중에 봉건제도가 굳게 뿌리 내리고 관료 계급이 설치게 되면서 행동의 자유가 사라졌어. 내가 에도 시대에 관심이 없는 것도 바로 그 때문이야. 리어는 자기 딸들에게 형편없이 당했지. 그렇지만 그 자신의 과거는 어떨까? 왕위에 오르기 위하여 그는 항상 착한 짓만 하지는 않았을 거야. 그는 자기 자신이 범한 죄들을 생각했어야 해. 그런데 셰익스피어의 극에서는 그렇지가 않아. 내 영화에서 주인공은 자기가 저질렀던 짓을 뉘우치며 자신의 책임을 의식하고 원인과 결과의 관계를 알아차리지. 그의 고통은 지난날의 죄 값인 셈이야.

2) 《리어 왕》과 〈란〉 비교

구로사와는 미국의 서부 영화를 일본으로 무대를 옮겨 재해석할 때 비록 정의나 휴머니즘이라는 유사한 주제를 다룰지라도 항상 그 이면에 일본적인 이미지—사무라이 정신이라는—를 깔아놓는다. 그는 셰익스피어를 재해석할 때도 마찬가지로 철저히 일본적으로 토착화시킨다. 그때 배경은 물론 주제 의식과 결론까지도 약간씩 달라진다. 가령 아쿠타가와의 〈라쇼몽〉의 주제를 허무주의에서 휴머니즘으로 변화시켰듯이, 그는 셰익스피어 《리어 왕》을 기독교적인 사랑에서 불교적인 자비로 변화시켰다. 그렇다면 구로사와는 어떻게 희곡 《리어 왕》을 영화 형식으로, 일본적으로 변화시켰을까? 우선 두 작품의 줄거리와 성격을 비교해보자.

―《리어 왕》의 줄거리

셰익스피어의 《리어 왕》(집필 시기는 1603년에서 1606년 사이로 추정)은 그의 대부분의 작품이 그렇듯이 몇 가지 역사적인 기록과 원전에서 따왔다. 리어 왕의 이야기는 이미 12세기 초 몬머스의 제프리Geoffrey of Monmouth가 쓴 《브리튼 왕 열전Historia regum Britanniae》과 라파엘 홀린셰드Raphael Holinshed의 《연대기Chronicles》에 나와 있다. 리어 왕과 그의 세 딸에 관한 주된 플롯은 〈리어 왕과 그의 세 딸에 관한 연대기적 실화〉라는 제목의 옛 사극에서, 글로스터와 그의 두 아들에 관한 플롯은 필립 시드니 경Sir Philip Sidney의 《펨브로크 백작 부인의 아르카디아 Countess of Pembroke' s Arcadia》에서 따온 것이다.

리어 왕에게는 세 딸이 있다. 첫째인 고너릴과 둘째인 리건은 자신들의 본심을 숨기고 온갖 미사여구로 아버지에게 아부하여 재산을 상속받게 된다. 그러나 셋째 딸인 코델리아는 거짓된 말로 아부하는 대신 자식 된 도리로서 사랑할 뿐이라고 담담하게 말해 리어 왕의 분노를 사 쫓겨나게 된다. 재산을 상속받지 못한 셋째는 프랑스 왕자의 아내가 되어 떠난다. 그 사건 직후 글로스터 백작은 서자인 에드먼드의 모함에 빠져 적자인 에드거를 추방한다. 여생을 편히 보내려던 리어 왕은 믿었던 두 딸에게 배신당하고 반미치광이가 되다시피 하여 광야를 헤맨다. 그런 리어 왕을 광대와 평민으로 변장한 켄트 백작이 보살핀다. 광야에서 그들은 에드거를 만난다. 리어 왕의 두 딸의 행실을 알게 된 글로스터 백작은 리어 왕의 딸들에게 반대했다가 눈알을 뽑혀 장님이 된 뒤 리어 왕 일행과 동행한다. 이 소식을 들은 셋째 딸은 아버지를 돕기 위해 프랑스군을 이끌고 영국으로 돌아오지만, 리어 왕이 셋째 딸의 진심을 깨닫게 될 무렵 두 사람은 고너릴과 리건의 군대에 의해 포로로 잡힌다. 한편 고너릴과 리건은 글로스터 백작의 서자 에드먼드에 대한 욕정을 불태운다. 그러던 중 질투심에 사로잡힌 고너릴이 리건을 독살하고 스스로 목숨을 끊는다. 에드거는 에드먼드에게 결투를 신청해 에드먼드를 죽인다. 에드먼드는 숨이 끊어지기 직전에, 자기가 저지른 죄를 뉘우치고 자신이 내린 명령—코델리아를 죽이라는—을 거두지만, 명령이 너무 늦게 전달되는 바람에 코델리아는 사형당하고 만다. 코델리아가 죽자, 충격을 받은 리어 왕도 죽고 만다.

　—〈란〉의 줄거리

　히데토라 이치몬지 영주에게는 타로, 지로, 사부로라는 세 아들이 있다. 나이가 들어 재산을 물려줄 생각을 한 그는 자기에게 아첨을 한 두 아들에게는 재산을 분배하지만, 바른 말을 한 셋째 사부로는 오해를 해 내쫓는다. 사부로의 본심을 안 이웃 영주 후지마키가 그를 사위로 맞이한다. 큰아들에게 권력을 물려주고 그의 성에서 생활하던 히데토라 영주는 며느리인 가에테의 농간으로 추방된다. 가에테라는 여인은 과거에 히데토라에 의해 가문과 영토을 잃은 군주의 딸로 복수를 꿈꿔왔다. 히데토라는 둘째인 지로에게 가지만 그에게도 홀대받고 광대와 함께 광야를 헤매게 된다. 결국 히데토라는 사부로 소유의 성에 머무르게 되지만 두 아들의 공격을 받아 부하들을 모두 잃고 혼자 살아남는다.

정신이상이 되어 광야를 헤매던 그는 충신인 탕고와 광대의 도움으로 폐허가 된 성에서 은거한다. 그 과정에서 그는 과거에 자신이 멸망시킨 영주의 아들이 장님이 되어 떠돌아다니는 걸 보고 충격을 받기도 한다. 한편 둘째 지로는 권력욕으로 인해 형인 타로를 죽이고 권력을 잡는다. 그리고 형수인 가에테를 아내로 맞이한다. 가에테는 복수의 일념으로 지로의 아내(스에)까지 자객을 시켜 죽이지만 나중에 그녀도 지로의 부하 구로가네에 의해 살해당하고 만다. 사부로는 아버지를 구하기 위해 군사를 이끌고 이치몬지 영토에 들어선다. 전투 직전 사부로는 아버지를 찾아 만나지만 가에테가 보낸 자객에 의해 암살되고 만다. 자신의 잘못을 뉘우치고 비로소 제정신으로 돌아온 히데토라 영주는 셋째의 죽음에 충격을 받아 죽게 된다. 둘째 지로는 아야베 영주의 침공을 받고 죽는다.

구로사와는 《리어 왕》의 시대 배경을 〈카게무샤〉 이후 또 다시 16세기 내란 시기로 옮겨왔다. 이번엔 실제 역사를 바탕으로 하지 않고 철저히 허구로 꾸몄다. 구로사와가 자신의 시대 영화를 만들 때 계속 16

세기를 배경으로 하는 건 그만큼 그 시기가 극적이기 때문일 것이다.

〈리어 왕〉과 〈란〉의 인물 비교

〈리어 왕〉	〈란〉
리어와 글로스터 백작	히데토라 이치몬지 영주
세 딸(고너릴, 리건, 코델리아)	세 아들(타로, 지로, 사부로)
에드먼드(글로스터 백작의 서자)	가에데(타로의 부인)
→ 악의 화신	→ 복수의 화신
에드거(글로스터 백작의 아들)	스에(지로의 아내, 불교신자)
→ 선의 상징	쓰루마루(스에의 남동생)
켄트 백작(충신)	탕고(충신)
프랑스 왕(코델리아의 시아버지)	후지마키 영주(사부로의 장인)
광대	교아미

　〈란〉의 구성은 기본적으로 《리어 왕》과 다를 바 없으나, 앞의 표에서 보듯이 인물의 성격은 다소 변화를 보이고 있다. 가령 리어 왕의 성격에다 글로스터 백작의 성격을 합해 히데토라라는 인물을 재창조하고, 리어 왕의 세 딸을 세 아들로 대치한다. 그리고 악의 전형인 글로스터 백작의 서자 에드먼드를 없애는 대신 복수의 화신인 가에데(큰아들의 부인)라는 여인을 등장시킨다. 또한 선의 상징인 글로스터 백작의 아들 에드거 대신 스에(둘째 아들의 부인)와 그녀의 동생 쓰루마루를 만들어낸다. 구로사와는 리어 왕과 글로스터 백작의 두 가문 이야기를 위와 같은 변형을 통해 한 가문의 이야기로 집약시킨다.

　구로사와는 이처럼 인물의 성격 변형을 통해 작품 저변에 깔린 서구적인 사상을 동양적인 사상으로 전이시키고 있다. 그것은 가에데와 대립되는 인물인 스에라는 여성을 통해 묘사된다. 스에는 가에데처럼 영주의 딸로서 자신의 부모가 과거에 히데토라에게 침공을 받아 죽었지만 불교적인 자비로 모든 걸 용서한다. 구로사와는 그녀를, 같은 상황을 겪어왔지만 오히려 철저하게 복수로 일관하는 가에테와 비교하고 있다. 구로사와는 스에를 통해 셰익스피어의 기독교적 세계관을 불교적으로 재해석하고 있다. 〈란〉의 마지막 장면에서 부처상이 그려진 족자를 보여주는 데서 그의 의도가 명백히 드러난다. 스에와 불교는 구로사와의 휴머니즘적 결말을 위한 수단이다.

3) 리어 왕과 히데토라의 비극: 실상과 허상의 혼란

구로사와의 많은 작품에서 주제적 모티브로 사용되는 실상과 허상 간의 혼란 문제는 〈란〉에서도 반복된다. 사실상 그러한 모티브는 셰익스피어 작품에서도 반복해서 나타나는데, 어쩌면 구로사와가 셰익스피어의 영향을 받은 것인지도 모른다. 두 작품에서 비극의 시작은 실상(마음속의 진실)을 보지 못한 채, 허상(겉으로 드러난 모습과 말, 가식)을 실상으로 착각하고 행동했기 때문이다. 그래서 《리어 왕》의 주제를 이끄는 모티브는 진실에 눈이 먼 상태, 겉보기와 다른 사실, 논리적 사고와 상상력에 의한 파악력의 차이 등으로 설명되기도 한다. 리어 왕의 비극적인 과오는 사랑이 행위(실상) 아닌 말(허상)로 증명될 수 있다고 믿는 데 있다.

글로스터 백작이나 히데토라 역시 그러한 실상과 허상의 혼란으로 인해 자신들의 비극을 자초한다. 그들은 진실 어린 자식의 마음을 보지 못하고 거짓된 말로 아첨하는 자식의 말만 믿은 결과, 고난의 길을 걷게 된다. 리어 왕은 첫째 딸과 둘째딸의 감언이설만 곧이듣고 진정한 애정을 갖고 있는 코델리아의 말엔 분노한다. 글로스터 백작은 서자인 에드먼드의 모함을 믿고 친아들 에드거를 멀리한다. 히데토라는 진심으로 충고하는 셋째를 내쫓고, 아부하는 두 아들을 믿는다. 그들은 믿었던 자식들에게 배반당하고 나서야 비로소 그들의 과오를 자각하고 자신의 본질이 무엇인가 생각하기에 이른다. 그래서 리어 왕은 말한다. "내가 누구인지 말할 수 있는 자 누구인가?"

《리어 왕》과 〈란〉은 허상을 믿었던 인물들이 고난과 역경을 겪고 나서 점차 실상을 보게 되기까지의 각성 과정을 그리고 있다. 그들은 실체를 보는 순간 죽음을 맞이한다. 죽음에 이르러서야 진실을 깨닫고 뒤늦게 자기 과오를 후회하는 리어 왕, 글로스터 백작, 히데토라의 비극은 곧 우리 인간 자신의 본질적인 모습이라고 할 수 있다. 셰익스피어 비극에서는 고난의 향불이 신의 제단에 바쳐짐으로써 인간의 영혼이 구제되는 경우가 상례다. 이같이 한 인물이 실상과 허상을 바로 보지 못하여 고난을 겪고, 그 고난을 통해 진정한 자아를 회복한다는 이야기는 우리나라 신화에서도 발견되고 있다. 제주도 무속 신화인 삼공본풀이 '가믄장 아기'가 바로 그것이다.

4) '가믄장 아기' : 제주도 무속 신화

가믄장 아기는 거지 부모의 셋째 딸로 태어난다. 가믄장 아기가 태어난 후부터 집안이 번창하기 시작하여 부자가 된다. 하루는 그 부모가 딸 셋을 불러놓고 누구 덕에 사느냐고 묻는다. 두 언니는 "하늘님과 지하님과 부모님 덕에 삽니다"라고 대답하지만 가믄장은 "하늘님과 지하님과 제 배꼽 밑의 줄 덕으로 삽니다"라고 말해 쫓겨난다. 그녀는 자신을 쫓아내는 데 합세한 두 언니를 지네와 버섯으로 만들고 떠난다. 또 부모는 문에 눈을 부딪쳐 장님이 된다.

한편 가믄장은 마 캐는 남자를 만나 결혼하고, 마 밭의 자갈이 금은보석으로 변해 거부가 된다. 그 후 부모가 장님이 되어 걸식하는 것을 알게 된 가믄장은 100일간 거지 잔치를 베푼다. 잔치가 끝나는 100번째 날에 당도한 부모를 보고는 놀라지만 가믄장은 반기지 않고 심부름꾼에게 조용히 지시한다. "저 거지가 위쪽에 앉아 먹으려거든 아래쪽에 앉은 거지부터 음식을 내줘서 저 거지가 얻어먹지 못하게 하고, 저 거지가 아래쪽으로 옮겨 앉아 먹으려 하면 위쪽부터 음식을 내줘라." 다른 거지는 다 먹었으나 가믄장의 부모만은 이리저리 자리를 옮겨 다니면서도 얻어먹지 못한다. 잔치가 끝날 무렵 가믄장은 계집종을 시켜 부모를 사랑방에 모셔 오게 하여 직접 대하면서 그들에게 그동안 살아온 얘기를 들려달라고 한다. 그 부모는 거지 생활을 하면서 고생한 이야기와 장님이 된 사연을 구구절절이 얘기한다. 가믄장은 눈물을 흘리며 듣고 있다가 자신이 가믄장임을 밝힌다. 그러자 부모는 깜짝 놀라 술잔을 떨어뜨리며 눈을 뜬다.[31]

이 무속 신화는 사실상 극적인 모티브나 인물 구성에서 《리어 왕》과 매우 유사하다. 가믄장의 부모는 리어 왕처럼 세 딸 중 막내의 말 속에 담긴 진실을 못 보고 오히려 그 막내를 내쫓는다. 그녀의 부모는 자기 막내딸의 실체를 못 본 까닭으로 장님이 된다. 리어 왕과 히데토라가 자신들의 욕망과 오만함으로 인해 진실과 거짓을 분간하지 못하는 정신의 장님이 되었다면, 부자가 된 가믄장의 부모는 물질에 대한 탐욕으로 인해 자신들이 걸식하던 시절은 생각하지 못하고 결국 육신의 장님이 된 것이다. 글로스터 백작이 그랬듯이 그녀의 부모는 장님이 되어서야 딸의 실체를 보게 된다. 리어 왕, 글로스터 백작, 히데토라, 가믄장의 부모는 모두 자신들의 눈먼 행동으로 인해 온갖 고난을 겪고 마침내 버렸던 자식들로부터 구원을 받고서야 비로소 개안開眼을 한 것이다. 《리어 왕》이나 〈란〉이 비극으로 끝나는 반면, '가믄장 아기'는 모든 설화가 그렇듯이 해피엔딩으로 끝난다는 점에서 차이가 난다.

《리어 왕》과 〈란〉은 실상과 허상의 혼란 외에도 다양한 문제의식이 담겨 있다. 종교 문제, 선과 악의 문제, 원죄로 인한 업보, 자연의 심상 등. 특히 이들 중 원죄로 인한 업보는 구로사와에게 중요하게 언급되고 있다. 그가 글로스터 백작과 그의 두 아들을 삭제하는 대신 두 며느리 가에테와 스에 그리고 스에의 동생 쓰루마루를 등장시킨 것은 그러한 원죄로 인한 업보(불교적인)를 보여주기 위해서였던 것 같다. 히데토라는 평생 동안 전쟁을 치르면서 수많은 성을 탈환하고 그 과정에서 많은 사람을 죽였다. 첫째 며느리 가에테와 둘째 며느리 스에 그리고 장님이 되어 숨어 사는 스에의 동생 쓰루마루가 바로 그 희생자들이다. 그들은 패배한 영주의 후손들인 것이다. 히데토라는 아무 죄책감도 느끼지 않고 여생을 편히 보내고자 하지만 가에테에게 복수를 당하고 자기가 남에게 고통을 줬던 것처럼 고통을 받는다. 특히 그 자신이 과거에 저지른 죄를 구체적으로 깨달은 것은 광야를 헤매다 우연히 만난 쓰루마루 때문이다. 또한 과거에 자기가 함락시켜 폐허가 된 바로 그 성터에서 은거하며, 그는 자신의 죄악이 얼마나 큰가를 알고 참회한다. 셰익스피어에겐 중요하지 않게 다뤄진 이 복수의 개념이 일본 문화에선 항상 중요하게 작용한다. 구로사와는 그 개념을 극적 모티브로 차용함으로써 셰익스피어와 또 다른 차별성을 보여주고 있다.

5) 형식: 노能적인 양식화

구로사와가 이젠 좀 극단적으로 흐르는 것 같다. 그도 나이가 들어선지 몰라도 오즈, 미조구치처럼 점점 절제하고 양식화하는 것 같은 느낌이 든다. 결국 그는 일본인이기에 일본적인 미학을 영화에 최대한 도입하고 있다. 이미 흑백 영화 시대부터 그래왔지만, 갈수록 그러한 형식이 주를 이룬다. 〈란〉은 특히 배우들의 연기나 화면 구성, 사운드 등에서 일본의 전통극인 노의 이미지를 노골적으로 도입하고 있다. 단순화, 동작의 기호화, 미장센의 정형화 등으로 인해 가끔 화면은 노 드라마의 한 장면처럼 느껴지곤 한다. 특히 분장까지 하고 나온 히데토라와 교아미의 연기나 대사는 거의 연극에 가깝다.

〈카게무샤〉에서도 그랬듯이 여기서도 구로사와는 색채에 대해 세심한 배려를 하고 있다. 각 집단이나 중요한 개인은 그들이 입은 의상의 색깔에 의해 구분된다. 가령 히데토라와 그의 세 아들은 각자의 옷 색깔이 고정되어 있다. 히데토라는 흰 옷, 타로는 노란 옷, 지로는 붉은 옷, 사부로는 푸른 옷을 입는다. 특히 세 아들은 클로즈업으로 보이는 경우가 드물기 때문에 그들의 옷 색깔을 봐야만 구분할 수 있는 경우가 많다. 전투 장면을 봐도 마치 색과 색이 싸우는 것처럼 느껴질 정도로 색채 이미지가 강렬하게 다가온다. 이처럼 구로사와는 색을 하나의 기호로 사용하고 있다.

그가 사용하고 있는 영화적인 테크닉이 근본적으로 달라지진 않았지만 보다 양식화되고 절제되고 있음을 확연히 느낄 수 있는데, 특히 카메라 움직임에서 그는 과거보다 정적이다. 전투 장면을 제외하고는 움직임이 별로 없다. 마치 가부키나 노 드라마를 보여주는 것처럼 고정시키는 경우가 많다. 전투 장면도 트래킹이나 팬 등을 이용한 〈7인의 사무라이〉와 달리 카메라 움직임을 역동적으로 사용하지 않고 되도록 움직임 없이 커팅으로 극적인 상황을 강조한다. 카메라 대신 화면 내의 이미지들을—배우, 말, 먼지, 바람, 화살 등—역동적으로 연출하는 데 더 의미를 두고 있는 것이다.

〈란〉에서 가장 영화적이고 뛰어난 장면을 꼽으라면 역시 중반부 전투 장면을 들 수 있다. 즉 타로, 지로 연합군이 히데토라가 있는 성을 침공하여 불태우는 장면이다. 구로사와는 지옥도 같은 처절한 장면을 실 사운드를 배제하고 단지 음악—불교적인 색채가 강한—만을 사용해 묘사하고 있다. 그때 피투성이, 타오르는 불길, 시체, 나는 화살 등의 몽타주가 끔찍하다기보다는 이상하게도 아름답다는 느낌을 준다. 타로가 등에 총을 맞는 순간 그 총 소리와 함께 전쟁의 요란한 소음이 한꺼번에 몰려오면서, 그러한 감정은 사라진다. 이 장면의 효과는 매우 크다. 전투 장면이 무성으로 보일 때에는 마치 신의 관점에서 그것을 내려다보는 듯한 느낌을 받다가, 사운드가 갑자기 들려옴으로써 환상에서 깨어나 인간적인 현실로 돌아오게 된다.

〈꿈〉(1990)—자연과 인간, 애니미즘의 세계

구로사와는 이제 리얼리즘이나 극적인 드라마 구조에 지쳤는지도 모른다. 그는 자신이 어린 시절부터 현재까지 꾸어왔던 꿈의 파편들을 여덟 개의 에피소드로 나눠 한 편의 영화로 만들었다.

꿈이라는 것 외에 내용상 일관된 것은 그동안 구로사와 영화의 주제로는 생소한 '자연과 인간'과의 문제를 다루고 있다는 것이다. 현실 세계에 대한 리얼리즘이 아니라 꿈의 세계에 대한 리얼리즘을 그리고 있고, 그것을 통해 자신이 현재 품고 있는 생각을 간접적으로 전달하고 있다. 그 에피소드들 가운데는 어린 시절의 동화적인 이미지가 있는가 하면, 젊은 날 화가로서의 꿈과 노년에 느끼는 묵시록적인 악몽 등이 포함되어 있다. 그의 궁극적인 주제는 인간에서 자연, 환경의 문제로 옮아가고 있다.

　한 폭의 그림 같은 느낌을 주는 이미지들로 가득 찬 이 작품은 그동안 구로사와의 역동적인 사무라이 영화들을 즐겨 본 사람들에게는 낯설 것이다. 이제는 나이가 들어 달관한 위치에 있다는 것을 입증이라도 하려는 듯 화면은 정적이고 절제되어 있다. 이젠 관객의 흥미를 끌기 위한 극적 구성은 초월했다는 자세다.

　그의 꿈 이야기 중에서 몇 개의 에피소드를 빼고는 주로 일본적인 문화를 배경으로 서술된다. 어린 시절의 두 가지 꿈인 ‘여우비’ 와 ‘복숭아밭’ 은 자연과 인간이 영적으로 교감하는 애니미즘의 세계를 환상적으로 그리고 있다. 이 두 에피소드는 5화 ‘까마귀’ 와 함께 이 작품에서 가장 인상적이다. 한편, 4화 ‘터널’ 과 6화 ‘붉은 후지산’ 에서 일본군 패잔병의 유령과 원자력 사고에 대한 악몽을 그리고 있는 점에 유의할 필요가 있다.

　영화적으로 볼 만한 것은 화면 구성과 색채, 그리고 특수 촬영이다. 미국의 워너 브라더스의 지원으로 구로사와와 스필버그가 공동 제작한 이 작품은 1990년대를 여는 첨단 미학과 테크놀로지를 선보인다. 5화 ‘까마귀’ 에서 주인공이 인상파 화가 반 고흐(마틴 스코세이지 출연)와 만나는 장면은 이제 회화와 영화의 경계가 해체되었음을 보여준다. 고흐의 그림에 빠진 주인공은 아무 거리낌 없이 그의 그림 속에 들어가고 영상 세계는 즉시 회화의 세계와 결합된다. 영화와 회화의 극적인 만남이 시도되는 이 장면을 가능케 한 것은 일본의 전자 테크놀로지 혁명이다. 소니가 완성한 하이테크 비전은 하나의 화면 위에 수십

개의 스크린을 이중 삼중으로 겹쳐 놓은 작업을 가능케 하였던 것이다. 예술과 테크놀로지 양 극단의 결합인 것이다. 〈꿈〉의 여덟 개의 에피소드는 각각 제목이 붙어 있고, 단편간의 연결은 페이드 인 아웃^{fade} in out 로 처리된다.

제1화 여우비. 햇빛이 비치는데도 비가 내린다. 어머니는 이런 날은 여우가 시집가는 날인데 그걸 보면 큰일 난다고 말한다. 다섯 살인 나는 그런 충고는 새카맣게 잊고 큰 삼목나무 숲 속에서 여우가 결혼하는 것을 보게 된다. 집에 돌아오자 어머니는 여우가 화났다며 칼을 건네준다. 용서받지 못하면 그걸로 자살해야 한다고 말한다. 나는 용서를 빌기 위해 무지개가 뜨는 산골로 들어간다.

제2화 복숭아밭. 누나들과 함께 복숭아를 먹으려던 나는 내 눈에만 보이는 이상한 소녀를 보고 뒤쫓아 간다. 그런데 갑자기 그녀가 사라져 버린다. 나는 거기서 소녀 대신 연극에서나 나올 법한 복숭아 정령들을 본다. 그들은 나를 나무라기도 하고 우는 걸 달래기도 하더니 아름다운 음악을 연주한다. 그러자 복숭아꽃이 환상적으로 휘날린다. 이윽고 그 모든 정령들이 사라지고 꽃이 활짝 핀 복숭아 한 그루만 남는다.

제3화 눈보라. 우리들 동료 네 명은 캠프에 도착하기 전에 조난을 당해 눈보라 속에 파묻혀 잠 속에 빠져든다. 이때 아름다운 설녀雪女(유키온나로서 눈이 많이 오는 지방에서 눈의 정령이 둔갑해 나타난다는 흰 옷을 입은 여자)가 나타나 나를 깨운다. 마침내 나는 일어나 동료를 독려해 캠프에 도착한다.

제4화 터널. 전쟁에서 모든 대원을 잃고 혼자 살아온 나는 어느 길고 어두운 터널을 지나올 때 누군가 나를 따라오고 있다는 느낌을 받는다. 마침내 막 터널을 빠져나온 나는 전쟁에서 죽은 부하 병사의 유령이 따라 나오는 것을 본다. 그는 부모님이 기다리고 계신 고향에 가고 싶다고 말한다. 나는 그에게 너는 죽었으니 돌아가라고 말한다. 그가 다시 터널로 들어가자 이젠 전멸했던 나의 소대원 전원이 대오를 지어 어두운 터널에서 나온다. 나는 그 유령들을 겨우 달래 다시 터널 속으로 보내고 나서 경의를 표한다.

제5화 까마귀. 나는 전람회에서 고흐의 그림을 감상한다. 그 강렬한 이미지에 압도된 나는 어느새 그림 속에 들어가고 있는 내 모습을 발견한다. 고흐의 그림 속에 나오는 빨래하는 아줌마들에게 물어 고흐를 찾아 나선다. 넓은 밭에서 그림을 그리는 고흐를 발견하고 말을 붙여보지만 그는 바쁘다며 화구를 챙겨 가버린다. 뒤쫓아 가지만 그는 빠른 걸음으로 누렇게 익은 논길 사이로 사라져버린다. 그때 논 위로 수많은 까마귀 떼들이 소리 내어 울며 난다.

제6화 붉은 후지산. 원자력 발전소에서 사고가 나 후지산이 폭발한 것처럼 새빨갛게 용해되어간다. 수많은 사람들이 아우성치며 도망가고 나는 단지 붉은 안개 속에서 절망적으로 허둥댄다.

제7화 귀신의 울음소리. 지구가 종말을 맞이했는데도 살아남은 나, 황폐한 광야를 헤매다 또 다른 생존자를 만난다. 그는 지구를 이렇게 만든 인류의 어리석음을 한탄하면서 나를 지옥 같은 곳으로 안내한다. 거기에선 많은 사람들이 귀신같은 몰골로 비참하게 생활하고 있다. 나는 겁에 질려 그곳을 도망쳐 나온다.

제8화 물레방아가 있는 마을. 나는 배낭을 메고 아직도 물레방아를 사용하고 있는 마을에 도착한다. 나는 거기서 현대의 기계 문명을 거부하고 자연과 더불어 사는 노인을 만난다. 그는 과학 만능을 비판하고 환경오염을 걱정한다. 그리고 "요즘 사람들은 자연의 일부라는 사실을 잊고 있다"고 말하면서 자연을 예찬한다. 마침 건강하게 천수를 다하고 이키루 죽은 고인의 장례식이 온 마을 사람들의 축복 속에 전통적인 예식으로 치러지는 것을 구경하게 된다.

나는 솔직히 이 작품에 대해 시각 묘사가 탁월한 몇 장면 외에는 별다른 감동을 받지 못했다. 그러나 어떤 평론가들은 〈꿈〉을 높이 평가하기도 한다. 가령, 사토오 다다오는 "새로운 타입의 구로사와 작품이다. 80세에 이르러 신경지를 개척한 것이고, 곳곳에서 보여주는 그 활달함, 느긋함은 놀라운 것이라고 생각한다"[32]고 평했다.

〈8월의 광시곡〉(1991)─원폭 피해에 대한 강박관념

5년 만에 한 편씩 연출해오던 그동안의 기간으로 볼 때, 〈꿈〉 이후 과거처럼 1년 만에 다음 작품을 하게 된 것은 81세의 구로사와에게는 커다란 행운이 아닐 수 없다. 구로사와는 무엇보다도 물주가 생겼기 때문에 가능했다며 기뻐했다. 〈8월의 광시곡〉은 〈도데스카덴〉 이후 20여 년 만에 순수하게 일본 자본으로 제작되었는데, 아쿠타가와 수상작인 무라타 키요코村田喜代子의 《냄비 속鍋の中》이라는 소설을 각색한  영화다. 〈꿈〉을 촬영할 때부터 관심을 갖고 있던 그 소설의 영화화에 대한 기획 동기를 구로사와는 다음과 같이 말하고 있다.

소설 속에 묘사된 조그마한 사회적 유기체로서의 한 가족에 많은 감
동을 받았다. 특히 할머니로 등장하는 한 여인의 삶에 관심이 쏠려 그
녀를 중심으로 한 영화를 만들 계획을 갖고 있었다.

이 영화는 원폭의 후유증을 전쟁에 대한 기억이 전혀 없는 순진한
어린이들의 시각에서 그리고 있는 작품이다. 원폭에 대한 악몽을 다루
고 있으면서도 화면은 역설적으로 아름답고 평화롭게 보인다. 구로사
와는 〈생존의 기록〉(1955)에서 다루었고 전작 〈꿈〉(의 에피소드 중 하
나)에서도 다룬 바 있는 주제를 다시 반복하고 있다. 차이가 있다면 전
의 두 작품이 원폭 충격으로 인한 일본인들의 정서적 불안감만을 다루
고 있음에 반해, 〈8월의 광시곡〉은 거기에다 원폭 투하의 주체인 미국
을 직접적으로 언급하고 있다는 것이다.

도쿄에 사는 아이들이 여름 방학을 맞아 할머니 혼자 살고 계시는
나가사키長崎에 놀러 간다. 그 네 명의 아이들은 시골의 자연 풍경에 취
해 정신없이 즐거운 날들을 보낸다. 그러던 어느 날 할머니가 반세기
전에 원자폭탄의 피해를 입고 후유증에 시달린다는 충격적인 사실을
알게 된다. 때마침 전쟁 전에 하와이로 이민 가서 부자가 된 할머니의
오빠가 위독하다는 연락이 온다. 오빠가 그녀의 미국행을 간절히 희망
하는데도 미국은 절대 안 가겠다는 할머니, 실은 할아버지가 원폭으로
죽었던 것이다.

8월 9일 나가사키에 원자탄이 떨어진 날, 리처드 기어Richard Gere가
분한 오빠의 아들 클라크가 일본에 건너온다. 그 조카는 나가사키에

도착해 원폭 희생자들의 추도식에 참석하고 원폭 투하에 대해 미국인으로서 그녀 앞에 사죄한다. 번개 치는 어느 날 밤, 갑자기 정신착란을 일으킨 할머니는 손자들에게 원폭이 다시 시작된다고 말하고 그대로 빗속을 달려 나간다. 손자들은 뒤쫓아 가지만 그녀는 마녀처럼 어둠 속을 달려가 아무도 따라잡지 못한다.

〈8월의 광시곡〉은 붉은색과 푸른색 비로 대비한 원폭의 이미지가 인상적이고, "테마는 문제가 많지만 그의 스타일은 또 다른 면모를 보여준다"고 평가받았다. 특히 갈수록 절제되고 정적인 그의 화면은 과거에 그와 가장 대립된 스타일이라고 인식되어왔던 오즈 야스지로에 가깝다는 평까지 들었다. 그러나 이 작품은 형식을 이야기하기에는 너무 내용이 민감하다.

구로사와가 지극히 우익적이고 누구보다도 일본적인 감독이라는 건 이미 언급해왔다. 그동안은 이런 경향이 드러나지 않은 채 어렴풋이 투영되었으나 이번 작품을 통해선 노골적으로 그려지고 있다는 점에 유의할 필요가 있다. 그는 원폭 이야기를 하면서 일본의 피해만 언급했지, 전범으로서 자신들이 저지른 잔학상은 말하지 않고 있다. 1945년에 벌어진 히로시마의 원폭 문제를 철저히 일본적인 시각에서만 다룬 것이다. 그는 영화 속에서 미국 국적의 조카인 클라크의 입을 통해 미국이 일본에 원폭 투하를 한 행위에 대한 사과를 받아냈다. 1991년 칸 영화제에 개막식 작품으로 초대되어 처음 공개된 〈8월의 광시곡〉은, 예상했던 대로 구로사와가 객관적인 역사를 무시하고 자의적인 해석을 했다는 비판을 평론가들로부터 받았다. 당시 구로사와는 그 문제에 대해 기자회견에서 다음과 같이 말하고 있다.

이 영화에서 나는 어떤 메시지를 주려고 하지는 않았다. 일·미의 관계를 영화의 중심점으로 본 것은 잘못된 생각이다. 폭탄을 투하한 사람들이 나쁜 사람들이 아니며, 우리 또한 희생자가 아니다. 전쟁은 괴물이라고 나는 이 작품에서 두 번이나 얘기했다. 이 영화는 반미 영화가 아니고 일본의 역할에 대한 어떤 변명도 아니다. 나는 모든 전쟁을 규탄했을 뿐이다.[33]

비록 구로사와의 의도가 순수했을지라도 작품 속에 표현된 이미지와 내용은 명백히 오해할 수밖에 없게끔 보인다. 그러기에 위와 같은 해명은 단순한 변명으로 들린다. 일본 내에서조차도 비판의 소리가 높다는 데서 그걸 알 수 있다. 특히 일본 평론가 요모다 히누히코四方田犬彦의 비판적인 글은 구로사와의 〈8월의 광시곡〉에 대한 많은 문제점을 시사해주고 있다.

구로사와로서는 국제적인 화제를 노려서 원폭 문제를 도입했겠지만, 리처드 기어가 사죄하는 장면은 크게 논란을 불러일으켰다. 일본이 2차 대전에서 저지른 잔혹한 행위는 언급하지 않은 채 일방적으로 피해자인 척하며 달착지근한 휴머니즘으로 문제의 본질을 희석시키려는 것을 본 평론가들 대부분은 구로사와에게서 오만함을 느꼈다. 나도 동감이다. 구로사와는 일본계 미국인 2세가 지나간 전쟁에 대해서 얼마나 복잡한 감정을 가지고 있는가를 미리 알아두었을 것이라고 생각한다. 하지만 이러한 역사의식의 소박함이나 윤리적 측면에서의 문제는 별개로 하더라도, 구로사와의 연출력은 〈이키루〉, 〈7인의 사무라이〉와 비교해볼 때 분명하게 커다란 후퇴를 보이고 있다. 〈꿈〉과 〈8월의 광시곡〉은 마치 골동품처럼 국제영화제에 출품되어 생생한 필름으로서가 아니라 제물祭物로서 정중하게 취급되었다. 그것은 어디까지나 의례이지 비평적 공감의 결과는 아니었다. 아마도 구로사와는 현재의 젊은 감독들과 어떠한 문제도 공유하지 못할 것이며, 그들에게 어떠한 영향도 주지 못할 것이다.[34]

〈마다다요〉(1993)―한 수필가의 삶

이 작품은 1993년 칸 영화제 비경쟁 부문 초대 작품으로 상영되었다. 제작사는 〈조용한 결투〉와 〈라쇼몽〉을 제작한 바 있는 메이저 영화사 다이에다.

'마다다요' 란 우리말로 '아직은요' 라는 뜻이다. 일본의 유명한 수필가 우치다 하켄内田百閒(1889~1972)이라는 인물의 삶을 영화화한 것으로서, 하켄과 그의 문하생들과의 따뜻한 인간애를 다루고 있다. 순수 문학을 지향하는 노작가의 인생살이와 주변 사람과의 관계가 격조 있게 펼쳐진 작품이다.

이야기는 2차 대전이 절정에 달해가는 1943년 무렵부터 시작된다. 교단을 떠나 글쓰기에 전념하기로 한 하켄 선생은 공습으로 다 타버린 겨우 한 칸짜리 판잣집에 살면서도 밝고 아름다운 글로 사람들을 감동시킨다. 그의 주위에는 문하생들이 몰려들고 선생은 제자들에게 어려운 상황을 헤쳐 나갈 수 있는 지혜를 가르친다. 문하생들은 선생의 생일 모임을 만들어 '마다다 모임' 이라고 붙이고 매년 성대한 축하 잔치를 벌인다. 그리고 그 잔치는 선생이 작고한 뒤에도 계속되며 제자들은 선생의 죽음이 '아직은' 아니라고 생각한다.

구로사와는 하켄 선생의 영향력을 통해 예술가가 사회에 어떤 역할을 해야 하는지를 해학적으로 보여주고자 했다. 구로사와는 이 영화를 영화감독으로서의 자신에 대한 거울과 같다고 스스로 말하고 있다. 특히 풍자미가 가득한 문학 세계를 펼치는 우치다 하켄과 구로사와와의 만남은 원숙한 인생 찬가와 함께 현대 사회가 잃어가고 있는 소중한 정서들을 깨우쳐줄 것 같다. 스승과 제자의 모티브는 구로사와가 데뷔작 〈스가타 산시로〉 이후 〈붉은 수염〉에 이르기까지 많은 작품들 속에서 중요하게 다루어온 주제다. 〈마다다요〉를 통해 그는 오랜만에 그 모티브를 반복하고 있는 셈이다. 어쩌면 구로사와 그 자신도 사후에 하켄처럼 모든 사람들의 영원한 스승으로 대접받고 싶은 심정에서 그 작품을 기획한 것인지도 모른다.

〈비 그치다雨あがる〉(1999)—노년의 구로사와의 마음이 담긴 시나리오

〈비 그치다〉는 구로사와 아키라가 야마모토 슈고로의 단편을 영화로 만들기 위해 교토의 한 여관에서 시나리오를 쓰다 뇌졸중으로 사망하는 바람에 그의 조감독이었던 고이즈미 타카시小泉堯史가 대신 감독한 작품이다. 영화 내용과 스타일은 그야말로 말기 구로사와 영화들(〈꿈〉, 〈마다다요〉)과 유사하다. 오즈 영화처럼 느리고 정적이면서 인생을 깊게 관조해 들어간 작품이랄까? 소재는 구로사와의 전성기 시절 작품들의 아이콘인 떠돌이 사무라이지만

역동성은 제거되고, 오즈식의 구도와 스토리만 보인다.

영화의 시작은 에도 시대 비가 오는 어느 강가에서 시작된다. 아내를 동행한 한 떠돌이 사무라이 미사와 이헤이는 비로 인해 물이 넘쳐 강을 건너지 못하자, 비가 그치기를 기다리며 인근 연관에 숙박을 하게 된다. 이헤이는 여관에 묵고 있는 서민들이 우울하게 기다리고 있는 걸 보고는 아내와의 약속을 어기고 내기 시합에서 얻은 돈으로 술과 음식을 사서 대접한다. 이헤이는 뛰어난 칼잡이지만 별다른 손재주가 없어 일자리를 못 찾고 있다. 그럼에도 아내는 착한 남편을 더없이 사랑하고 있다. 그런데 이헤이가 혼자 숲 속에 검술 연습을 하러 갔다가 우연히 젊은 이들이 목숨을 건 결투를 하려는 것을 말린다. "칼은 베기 위해 있는 게 아니라, 자신의 바보 같은 마음을 잘라버리기 위해 쓰는 것이다"라고 충고하면서. 마침 영주가 그곳을 지나다가 이헤이의 뛰어난 칼솜씨와 인간미를 보고 반해 성에 초대한다. 그리고 그를 검술 사범으로 임명하려고 한다. 하지만 가신들이 문제 제기를 하자 그의 솜씨를 시험하기 위해 어전 시합을 열기로 한다. 예상대로 미사와 이헤이는 뛰어난 솜씨로 나오는 사람마다 목검으로 가볍게 쓰러뜨린다. 나중에 더이상 겨룰 상대가 없자 영주 자신이 직접 창을 들고 결투에 나선다. 그과정에서 영주는 이헤이의 칼솜씨에 밀려 연못에 빠지는 수모를 당한다. 영주는 정중하게 사과하는 이헤이를 냉정하게 뿌리치더니 결국 이헤이가 내기 시합으로 투전판을 떠돌던 자라며 받아들일 수 없다고 한다. 비가 그치자 이헤이와 아내는 미련 없이 강을 건너 그곳을 떠난다.

뒤늦게 후회한 영주가 가신들과 함께 그를 붙잡으러 달려가지만, 이미 사무라이 이헤이와 그의 아내는 그 지역을 떠나 바닷가에 도착해 밝은 표정을 지으며 행복한 미래를 기약한다.

영화를 보다보면 주인공 미사와 이헤이라는 중년 사무라이에게 노년의 구로사와 자신을 투영한 게 아닌가 하는 생각이 든다. 그는 사무라이면서도 그 계급 속에 용해되지 못하고, 그렇다고 서민도 아니면서 그들과 친해지려고 애쓰는 중간자적인 인물이다. 〈7인의 사무라이〉에 나오는 기쿠치요 같은 인물은 더더욱 아니다. 기쿠치요는 농민 신분임을 숨기고 사무라이인 척하려고 애쓰지만, 이헤이는 그런 욕망에서 어느 정도 초월해 있다. 이헤이라는 사무라이는 젊은 기쿠치요가 나중에 노장 사무라이가 되어 득도해가기 직전 단계라고나 할까? 구로사와는 시나리오를 쓰면서 "보고 난 후 상쾌한 기분이 드는 작품을 만들 것"이라고 했다 한다. 글쎄, 과거 구로사와의 〈7인의 사무라이〉, 〈요짐보〉 같은 역동적이고 드라마틱한 영화에 익숙한 사람이라면 이 영화는 무척 지루하고 너무 단조롭게 느끼지 않을까? 속도에 익숙한 관객에게는 불편할 것이다. 단지 예술 취향의 관객들에겐 잔잔한 감동의 여운을 줄 수 있을 것 같다. 구로사와가 평생을 두고 생각한 삶에 대한 낙관적인 태도를 미사와 이헤이라는 사무라이 캐릭터를 통해 묘사한 것 같다. 그래도 개봉 당시에 이 작품은 일본에서, 구로사와에 대한 예의로 그랬는지 몰라도, 일본 아카데미(24회) 작품상과 각본상, 남우주연상, 촬영상 등을 수상하였다.

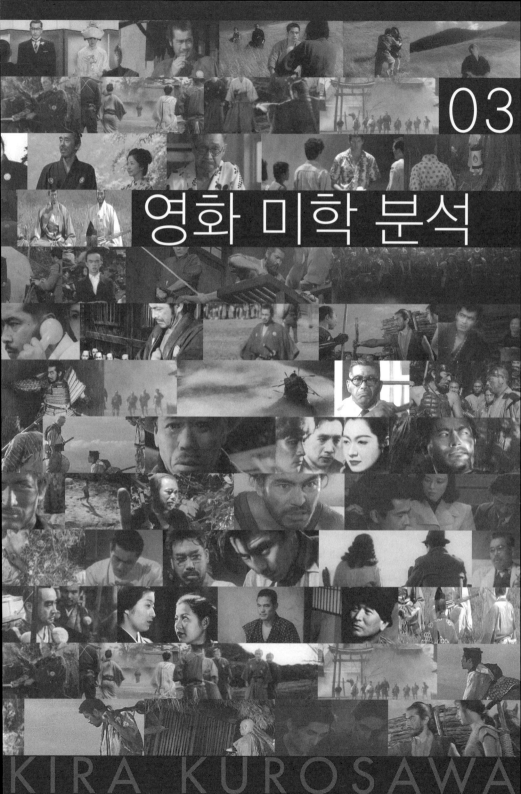

03

영화 미학 분석

KIRA KUROSAWA

구로사와 아키라의
영화 미학

최선의 경지에 이른 미학적인 완성도

구로사와에게는 무엇을 이야기하느냐도 중요하지만, 어떻게 이야기하느냐 하는 형식의 문제 역시 매우 중요하다. 그는 기존의 문법을 깨고 전혀 새로운 미학을 창조하기보다는 이미 영화 선배들에 의해 창조되고 사용되었던 것을 한 차원 더 높게 발전시키는 데 관심을 갖고 있다. 그리하여 그의 미학적인 테크닉은 나중에 자신이 가장 많은 영향을 받은 미국 영화를 뛰어넘어 최고의 단계까지 올라설 수 있게 된 것이다. 물론 완벽해지고자 하는 그의 욕망이 오히려 자신을 얽어맴으로써, 후기에 갈수록 그 미학이 지나치게 독선적이 되어 답답한 틀 속에 갇혀버린 것 같지만 말이다.

영화에서 형식은 카메라 움직임, 편집, 화면 구성, 사운드(음악 및 음향), 조명, 색채 같은 요소들에 의해 구체화된다. 또 형식은 그 요소들이 개별적으로 두드러지기보다는 상호 적절한 조화를 이룰 때 보다 이상적으로 구체화된다. 구로사와는 모든 요소들을 뛰어나게, 그러면서도 분리되지 않게 다룸으로써 형식의 최고 경지를 보여주고 있다.

　문학에서의 펜과 같은 역할을 하는 카메라는 그것이 어떻게 움직이느냐에 따라 그 의미가 달라진다. 물론 그것을 다루는 방식은 감독에 따라 다르다. 구로사와의 경우는 숏의 내용이 도망이나 추적일 경우에는 트래킹tracking을 주로 사용하고, 서스펜스 스릴러적 상황일 경우엔 팬pan을 자주 사용하는 식으로 의미에 따라 카메라 움직임이 결정되곤 한다. 구로사와의 카메라는 1960년대 초까지는 매우 역동적이지만 후기 작품으로 갈수록 정적으로 변화해간다. 그가 카메라를 다루는 기본 원칙은 '영화 속의 인물이 느끼는 것과 똑같이 관객이 느낄 수 있도록 한다'는 데 있다. 가장 카메라가 정확하고 의미 있게 사용된 작품으로는 〈라쇼몽〉과 〈7인의 사무라이〉이다.

　이 작품들에서 카메라는 정적인 것과 동적인 것이 적절한 조화를 이루고 있는데 주로 주인공들의 심리 상태에 따라 움직임이 달라진다. 그의 카메라는 〈데루스 우잘라〉이후 움직임이 최소화되어간다. 특히 〈꿈〉에서는 정적인 상태로 고정되는 경우가 대부분이다. 마치 미조구치나 오즈를 닮아가기라도 하듯이, 그는 양식화된 카메라에 집착해간다. 현대 예술에서 '단순화'가 고도의 테크닉 중의 하나긴 하지만 구로사와의 후기 작품을 보노라면 그러한 '단순화'는 때로 인간 그 자체와 사회에 대한 의식이 결여되어 지나친 형식주의로 빠져버리지 않을까 하는 우려를 느끼게 한다.

　구로사와는 다른 요소들과 마찬가지로 편집 기교에서도 탁월하다. 그는 에이젠슈테인, 프세블로트 프도프킨Vsevolod Pudovkin식의 몽타주와

장 르누아르, 윌리엄 와일러, 미조구치 겐지식의 롱 테이크 기법을 상
황에 따라 적절히 배합하는 절충주의적인 편집 스타일을 구사한다. 오
즈나 미조구치처럼 단순화된 편집 스타일에 내용을 맞춰가지 않고, 내
용의 의미에 따라 편집이 자유자재로 변한다. 그의 편집은 특히 액션
장면에서 뛰어난 면모를 보인다. 가령 〈스가타 산시로〉의 마지막 결투
장면이나 〈라쇼몽〉의 숲 속에서 강탈하는 장면, 〈7인의 사무라이〉·
〈요짐보〉·〈쓰바키 산주로〉·〈란〉 등의 마지막 결투 또는 전투 장면
의 정교한 몽타주는 다른 형식 요소인 음악·조명·카메라 움직임과
어울려 강렬한 이미지를 표출시킨다. 일반적으로 할리우드 영화에서
감독과 편집자의 역할이 철저히 분리되어온 것과는 달리 구로사와는
대본 작업에서도 그렇듯이 구식 무비올라Moviola를 이용해 직접 편집을
한다. 편집은 시나리오, 연출에 이어 또 하나의 중요한 창조 작업이기
때문이다. 그는 〈도데스카덴〉 이후에 시작된 컬러 영화에서도 카메라,
편집 외에 음악, 사운드, 화면 구성, 조명을 적절하게 조화시켜 최선의
미학을 선보인다. 그 구체적인 실례들은 이미 작품론에서 개별 작품을
논하면서 언급한 바 있기에 여기선 생략한다.

구로사와 영화 미학의 성립 배경과 그 영향

그렇다면 구로사와의
미학과 스타일은 어떻게 성립되었을까? 그는 누구의 영향으로 자신의
영화적인 미학을 완성할 수 있었을까? 아무리 위대한 감독일지라도 초
기엔 다른 사람의 영향을 받게 마련이다. 오손 웰스도 〈시민 케인〉을
만들기 위해 이전의 수많은 영화들을 보면서 분석을 시도하고, 모든

테크닉을 종합시켜 영화사상 불후의 걸작을 만들 수 있었지 않았는가? 가장 일본적이라는 오즈조차도 이 책의 1장에서 언급했듯이 미국 영화의 찬미자로 출발하였다. 마찬가지로 구로사와도 많은 사람들의 영향을 받았다. 여러 번 언급한 바 있듯이 그에게 가장 큰 영향을 준 감독은 역시 존 포드다. 구로사와 자신도 그 점을 시인하고 있다.

나는 영화를 시작할 때부터 존 포드를 존경했다. 항상 그의 작품에 관심을 가졌고 영향을 받았다. 언젠가 그를 런던 호텔에서 만난 적이 있는데, 손에 빈 술잔을 들고 있던 나에게 "어이 아키라!" 하고 소리쳐 부르며 오더니 스카치를 따라주었다. 런던에 있을 때 그는 국화를 보내주기도 하는 등 나에게 무척 잘해주었으며, 마치 나를 자기 아들처럼 대했다. 나는 그를 좋아한다. 그는 노련하다. 마치 자신의 영화에 나오는 기병대 장군처럼 보인다.[35]

구로사와는 존 포드 외에도 자신에게 영향을 준 사람들을 여러 명 거론했다.

내가 처음 인상적으로 본 영화는 아벨 강스Abel Gance의 〈철로의 장미La Roue〉(원제 La Roue Du Rail)였다. 그리고 나에게 영향을 준 영화들은 젊었을 때 본 하워드 혹스Howard Winchester Hawks와 조지 스티븐스, 프랭크 카프라, 윌리엄 와일러의 작품들이다. 미켈란젤로 안토니오니의 경우는 나에게 영향을 주진 않았지만 매우 관심 있었던 감독이었다. 물론 미조구치 겐지도 나에게 영향을 주었다. 나는 일본 감독 중 그를 가장 좋아한다. 내가 미조구치를 좋아하는 것은 향수 때문인지 모른

다. 결국 나는 일본인이기 때문이다. 그는 순수하게 일본적인 세계를 창조하고 있다.[36]

일본 영화사에서 모방과 재해석을 거쳐 새로운 형식과 스타일의 영화 미학을 창조한 대표적인 인물로 역시 오즈, 미조구치, 구로사와를 들 수 있다. 무엇보다도 일본 영화 그 자체가 그러한 과정을 겪었다. 일본은 한 나라의 영화가 고전적인 할리우드 제작의 관습들을 어떻게 흡수하고 동시에 어떻게 발전시킬 수 있는가 하는 물음에 적절한 답을 제시한다. 그 과정을 일람해보면 구로사와가 어떤 배경하에서 영화적인 성장을 해왔고, 그의 영화 미학의 토대가 무엇인지 보다 쉽게 이해할 수 있을 것이다.

일본 영화는 출발부터 외국 작품 수입에 의존했는데, 에디슨의 영화가 1896년에, 그리고 1년 후에는 뤼미에르 영화가 선보였다. 그 당시 일본은 근대화와 더불어 서구적인 관습과 지식을 받아들이려고 애썼다. 비록 일본의 연극 전통이 서구의 그것과 달랐음에도 불구하고, 초기의 일본 극영화는 다큐멘터리 영화에 초점을 맞춘 유럽의 초창기 영화와 유사했다. 1920년대에 일본은 메이저를 중심으로 이루어지는 할리우드처럼 대량 생산 체제로 전환했다. 일본 영화는 주로 쇼치쿠 영화사 주도 아래 미국 영화를 열심히 연구하고 모방하였다. 스튜디오들은 미국에 온갖 장비를 주문했으며 할리우드 방식으로 훈련받은 일본인 배우와 감독을 고용하는 한편, 경영진을 미국으로 보내 할리우드의 제작 방식을 연구하게 했다.

1930년대에 일본 영화감독은 서구의 주요한 영화 제작 경향의 토대와 관습을 마스터했다. 동시에 일본 스튜디오들은 그들의 고유한 문화적 전통에 부합하는 전문적인 장르를 개발하고 있었다. 1930년대의 일본 영화는 황금기였다. 특히 이 시기는 엄청난 변화의 시기였다. 형식과 스타일에서 1930년대의 일본 영화들은 모방과 변혁의 절묘한 혼합을 보여준다. 오즈나 미조구치가 자신들의 독창적인 스타일을 확립한 것도 바로 이 무렵이었다. 그들은 일본 영화의 독특한 규범을 활용했지만, 한편으로는 그러한 규범을 뛰어넘는 독자적인 스타일을 추구하였다.

그러나 격동의 1930년대에 시나리오 작가와 조감독으로 출발한 구로사와는 시행착오를 거쳐온 선배 오즈나 미조구치보다 한 발 먼저 서구의 영향을 효과적으로 흡수해 국제적인 무대에서 인정을 받을 수 있었던 것이다. 오즈나 미조구치처럼 독창적이지 않았음에도 불구하고 그가 미국을 비롯한 전 세계의 다음 세대 감독들에게 영향을 준 것도 결국은 뛰어난 테크닉 때문이었다. 루카스, 스필버그, 존 밀리어스John Milius 같은 할리우드 감독들이 〈스타워즈〉나 〈이티〉, 〈바람과 라이온The Wind and The Lion〉(1975) 등에서 그의 테크닉을 상업적으로 대중화시켰고, 예술 지향적인 감독들도 그의 미학적 성과를 인정하고 경의를 표하는 경우가 많았다. 가령, 에이젠슈테인 이래 최고의 러시아 영화감독으로 꼽히는 타르코프스키도 자신의 저서 《봉인된 시간》에서 〈7인의 사무라이〉와 〈거미집의 성〉을 예로 들어 순수 영상미와 미학적인 성과를 인정하고 있을 정도다. 이미 작품론을 통해 언급한 바 있듯이 〈라쇼몽〉, 〈7인의 사무라이〉, 〈요짐보〉 같은 구로사와 작품을 아예 미국판으로 번안한 작품들도 많았다. 하지만 어떤 작품도 형식미에서 구로사와를 극복하진 못하고 있다. 오히려 그들 작품은 구로사와의 영화가 얼마나 뛰어난가를 입증해주는 역할밖에 못 하고 있다.

일본 내에서도 구로사와가 다른 감독들에게 끼친 영향은 지대하다. 그가 1960년대 초에 만든 사무라이 영화 〈요짐보〉, 〈쓰바키 산주로〉가 크게 히트하자 잇달아 잔혹 사무라이 영화가 유행하였다. 미스미 겐지 三隅研次 감독의 〈베다斬る〉(1962)라든가, 도요다 시로豊田四郎의 〈요쓰야 괴담四谷怪談〉(1965), 그리고 가쓰 신타로勝新太郎 주연의 〈자토이치 이야기座頭市物語〉시리즈—1962년부터 1971년까지 만들어진 22부 연작으로 뛰어난 칼솜씨를 지닌 떠돌이 장님 칼잡이 이야기다—등이 그러한 작품이다. 이 작품들은 대개 부정적인 영향을 받은 것들이지만 고바야시 마사키 감독이 만든 〈하라키리腹切り〉—1963년 칸 영화제 심사위원 대상 수상작, 구로사와 전속 시나리오 작가인 하시모토 시노부가 각본을 쓴 작품으로, 명예와 복수를 위해 죽는 무사의 영웅적인 행동이 배우 나카다이 다쓰야의 강한 이미지 연기에 의해 이상화된 작품이다—처럼 구로사와의 영향을 긍정적으로 받아들인 작품도 가끔 나오곤 했다. 그러나 어느 누구도 〈7인의 사무라이〉를 통해 사무라이 영화의 극치를 보여준 구로사와의 영화를 한 치도 극복하진 못했다.

현대 영화일수록 내용보다는 형식에 더 비중을 두고 있다. 1980년대 이후 두각을 나타낸 대부분의 젊은 감독들과 그들의 작품을 보면 그러한 사실을 쉽게 알 수 있다. 〈파리, 텍사스Paris, Texas〉의 빔 벤더스, 〈광란의 사랑Wild at heart〉(1990)의 데이비드 린치David Keith Lynch, 〈바톤 핑크Barton Fink〉(1991)의 코엔 형제, 그리고 최초로 베를린 영화제 그랑프리를 수상함으로써 국제무대에 알려진 〈붉은 수수밭紅高梁〉의 중국 감독 장이모우張芸謨 등…. 특히 장이모우의 경우, 구로사와처럼 대중적이면서도 개성이 강한 미학 형식을 통해 국제적인 감독이 되었다. 〈붉은 수수밭〉(1988), 〈국두菊豆〉(1990) 등에서 다루는 내용은 우리 관점에서 보면 단순한 항일 투쟁이나 불륜에 의한 복수극 정도의 평범한 소재인데도, 뛰어난 형식미로 인해 그 진가를 인정받은 것이다. 실제로 장이모우 영화에 나타나는 형식미를 보면 부분적으로 구로사와의 영향을 받은 듯한 이미지를 자주 볼 수 있다. 〈붉은 수수밭〉에서의 정적인 화면과 동적인 화면의 절묘한 배합이나 정교한 인물 배치—특히 일꾼들이 술을 빚고 난 후 의식을 치를 때 서 있는 구도—등이 구로사와를 생각나게 한다. 물론 장이모우 작품의 스타일은 궁극적으로 일본 영화와는 다른 분위기를 보여준다. 황토 빛의 색감이나 강렬한 음악은 중국인 특유의 맛을 풍긴다. 구로사와가 〈라쇼몽〉으로 일본 영화를 국제적으로 알렸듯이, 장이모우는 〈붉은 수수밭〉으로 베를린 영화제 그랑프리를 받음으로써 중국 영화를 세계에 알렸다. 두 사람은 대중성과 예술성을 공유시키는 감독이라는 점에서도 비슷하다. 중국의 또 다른 거장 첸카이거陣凱歌와 후샤오시엔侯孝賢 감독이 미조구치와 오즈의 이미지에 가깝다면, 장이모우는 구로사와에 가깝다.

구로사와적인 이미지는 우리나라의 거장 임권택 감독의 작품에서도 엿볼 수 있다. 그는 〈만다라〉, 〈씨받이〉 이후 자신의 독자적인 미학과 스타일을 구축하여 한국 영화 최초로 국제적인 인정을 받았다. 비록 30여 년 전 구로사와가 〈라쇼몽〉으로 이룬 성과에 비해선 많은 한계가 있지만, 열악한 우리 영화 환경에서 볼 때 우리 영화에 끼친 그의 업적은 대단하다. 그의 작품 중 〈씨받이〉, 〈연산일기〉, 〈장군의 아들〉 등에서 보이는 치밀한 화면 구성(미장센)이나 정적인 구도와 동적인 이미지의 조화는 구로사와를 떠올리게 한다. 배창호 감독이 〈황진이〉(1986) 이후 미조구치적인 롱 테이크 카메라에 집착했다면, 임권택 감독은 구로사와와 미조구치 두 사람을 종합하여 새로운 스타일을 창조해낸 것처럼 보인다.

우리나라 감독들은 자신의 작품이 누구의 작품과 유사한지 누구의 영향을 받고 있는지를 대개 숨기려 하고 알려지길 두려워하는 경향이 있다. 실제로 많이 참조를 하고 있으면서도 말이다. 때로는 평론가들도 누구의 작품을 베꼈다는 식으로 공박한다. 감독들은 그럴 때마다 아니라고 변명한다. 그러나 나는 누구에게 영향받았다는 것이나 작품의 내용이 유사하다는 것은 전혀 숨기거나 부끄러워하고 변명할 일이 아니라고 본다. 새롭다고 알려진 누벨바그 감독들의 작품도 알고 보면 과거 대가들의 영화를 노골적으로 모방, 응용한 장면이 얼마든지 많다. 그들은 오히려 자신이 누구의 영향, 특히 거장들의 영향을 받았다는 사실을 '경의 표하기hommage' 식으로 당당하게 화면에 드러내 보이길 좋아한다. 비록 부분적으로 응용을 하고 있지만 전체적으로는 새로운 스타일이기 때문이다. 남의 것을 모방하지 않겠다고 전혀 다른 사람들의 영화를 보지 않는 사람도 종종 볼 수 있는데, 그런 사람처럼 어리석은 경우는 없다고 본다. 중요한 것은 영향받고 모방하는 데 있는 것이 아니라 얼마나 독창적으로 재해석하느냐에 있다. 결코 처음부터 새롭고 독창적인 것을 창조하기는 어렵다. 창조는 모방에서 출발한다. 한 작품이 비판받는 것은 남의 영향을 받았거나 베꼈기 때문이 아니라 제대로 해석하지 못했고 어설픈 모방으로 끝나버렸기 때문이다.

우리에게 구로사와 감독은 다소 껄끄러운 '일본인'이기는 하지만, 적어도 미학적인 측면에선 그의 영화에서 얻어낼 수 있는 부분이 매우 많다. 더 이상 모른 체하고, 알려고도 하지 않고, 모르는 것을 당연한 것처럼 여길 필요는 없다. 구로사와 외에도 미조구치, 오즈, 오시마 나기사 같은 일본 감독들이 어떻게 서구 영화를 받아들이고 재해석하여 세계무대에서 인정받게 되었는가에 대한 연구는 이제부터라도 시작되어야 한다. 심정적으로는 그들 영화를 찬탄하면서도 공개적으로는 무시하려는 경향은 이제 불식되어야 할 것이다.

구로사와는 1998년 9월 6일 89세에 세상을 떠났다. 그는 죽기 전까지도 현역 영화감독으로 활동을 하였다. 끊임없이 창조하고자 하는 열정을 가지고 있었기 때문에 가능하였던 것이다. 그러나 그의 후기의 영화 미학은 어떠한가? 항상 일정한 수준에 이르고 나면 퇴보하듯이, 감독들도 저마다 미학적인 한계를 가지고 있는 것 같다. 가령 프란시스 코폴라의 경우도 〈대부〉(1972), 〈대화Conversation〉(1974), 〈대부 2〉(1975), 〈지옥의 묵시록Apocalyps Now〉(1979) 등으로 1970년대를 화려하게 장식했지만, 1980년대에 들어선 〈아웃사이더Outsiders〉, 〈터커Tucker〉, 〈카튼 클럽Cotton Club〉 등에서 보이듯이 크게 퇴보했다.

결론적으로 말하면, 구로사와는 〈7인의 사무라이〉에서 미학의 절정에 달한 동시에 그 한계에 달했다. 〈7인의 사무라이〉에 고착되어 있는 많은 사람들은 그 이후에 작품들을 대할 때마다 항상 〈7인의 사무라이〉와 비교 평가하기 마련이다. 그러다 보니 후기 작품들은 항상 불만족스럽게 보일 수밖에 없다. 하지만 나는 적어도 〈란〉까지는 그런 대로 구로사와에게 실망하지 않았다. 그런데 〈꿈〉과 〈8월의 광시곡〉, 〈마다다요〉에서는 구로사와에 대한 매력을 잃었다. 구로사와의 진수는 역시 정적인 이미지와 동적인 '액션'의 조화에 있는데, 후기 작품에서는 비록 새로운 이미지가 있긴 하지만, 전기작처럼 화려한 액션의 조화는 찾을 수 없다. 오즈나 미조구치에게서 볼 수 있는 이미지를 구태여 구로사와에게서 보고 싶지는 않았기 때문인지도 모른다. 그런 생각은 나만의 견해가 아니었던 것 같다. 그의 말기 작품을 보고 일본 내

평단도 구로사와가 실권은 없이 상징적인 권위만을 지닌 거장이라고 평가했던 것만 봐도 그렇다.

> 오늘날 거장의 시대는 끝났다. 구로사와 아키라라는 단 한 사람이 살아남아 지금도 국제적 명성을 날리고 있긴 하지만, 보다 젊은 세대의 영화감독은 대부분 그의 현재에 무관심하다. 그들은 그들대로 어려운 상황에 부딪치고 있지만 구로사와의 필름은 전혀 그것을 해결할 수 있는 지침을 제공해주지 않기 때문이다.[37]

구로사와도 어쩔 수 없이 새로운 젊은 세대들의 대세에 밀려나고 있었던 것이다. 그는, 〈7인의 사무라이〉에서 뛰어난 칼솜씨와 리더십으로 농민들을 위해 도둑들을 물리쳐주고도 무관심 속에서 정처 없이 길을 떠나야 하는 사무라이들의 대장 감베이와 같다. 그러나 비록 구로사와 그 자신은 이제 세상을 떠났어도, 그의 과거의 작품들은 영원히 남아 다음 세대들에게 찬미의 대상이자 분석 및 극복의 대상이 될 것이다. 나 자신 역시 한 사람의 영화인으로 그가 이 시대에 남겨준 영화적인 위대한 업적에 경의를 표함과 동시에 언젠가는 그가 쌓아놓은 거대한 산을 정복하고 싶다.

구로사와 아키라 영화의
마지막 결투 장면 연출 분석
―〈스가타 산시로〉, 〈요짐보〉, 〈쓰바키 산주로〉를 중심으로[38]

들 어 가 며

       1998년 9월 6일 89세의 나이로 세상을 떠난 구로사와 아키라 감독은 1910년 3월에 태어났다. 올해가 2010년이니 그의 탄생 100주년이 되는 해다. 그는 영화 매체가 예술과 산업으로 한참 꽃 피우던 시기인 1943년 〈스가타 산시로〉로 감독 데뷔한 이후, 1993년 유작 〈마다다요〉를 만들기까지 50년 동안 30편의 영화를 만들었다.[39]

  구로사와 아키라는 독일의 표현주의 영화를 비롯한 유럽의 예술 영화들과 거대한 산업 시스템에서 만들어진 존 포드, 윌리엄 와일러, 프랭크 카프라 등과 같은 미국 영화들의 영향을 받고 감독에 입문하였다. 하지만 후에 그의 영화가 역으로 수많은 유럽 예술 영화와 할리우드 상업 영화들에 끼친 영향은 훨씬 더 컸다. 그의 많은 영화들이 할리우드를 비롯한 자국 내에서 여러 번 리메이크된 것만 봐도 쉽게 알 수 있다. 그의 영화가 전 세계 어디서나 환영받은 이유는 그의 휴머니즘

257

이라는 보편적인 주제 의식과 알기 쉬우면서도 매우 세련된 영화 언어 사용 덕분이긴 하지만, 무엇보다도 그의 영화는 결투 및 대결을 중심으로 한 시각적인 역동성과 극적인 '드라마투르기'를 갖고 있었기 때문이다.

그의 후기 작품인 〈8월의 광시곡〉(1991)이나 〈꿈〉(1990), 〈마다다요〉(1993)처럼 정적인 영화도 있지만 구로사와 전성기 시절의 많은 작품 대부분은 사무라이 액션이 그 축을 이룬다. 그동안 할리우드에서 빈번히 리메이크된 〈라쇼몽〉, 〈7인의 사무라이〉, 〈요짐보〉 등과 같은 작품이 모두 사무라이 액션活劇이 주요 모티브인 것만 봐도 알 수 있다. 결국 구로사와 영화를 이해하는 가장 중요한 코드는 사실상 '결투'나 '대결'이라고 해도 과언이 아니다. 일본의 전통 무술인 유도를 소재로 한 〈스카타 산시로〉나 사무라이 액션을 소재로 한 〈7인의 사무라이〉, 〈쓰바키 산주로〉 그리고 사회적 갈등으로 인한 대립(갈등) 구도를 다룬 〈나쁜 놈일수록 잘 잔다〉, 〈스캔들〉, 〈천국과 지옥〉, 그리고 자연 및 운명과 대립하는 〈데루스 우살라〉, 〈란〉(1985), 사제 간의 대립 구도를 다룬 〈붉은 수염〉, 〈조용한 결투〉 등 그의 작품 중 3분의 2에 해당되는 20여 편이 '결투'와 '대립 및 대결'이라는 모티브를 통해 스토리를 이끌어간다. 그래서 어쩌면 구로사와 아키라 영화 미학을 가장 쉽게 이해하는 방법 중 하나는 그의 결투 장면들에 대한 분석이 아닐까 하는 생각이 든다. 여기서는 편의상 분석의 집중력을 높이기 위해 구로사와 영화의 많은 작품 중 〈스가타 산시로〉와 〈요짐보〉, 그리고 〈쓰바키 산주로〉를 중심으로 언급하고자 한다. 물론 이러한 작품들은 구로사와의 대표작이나 다름없는 〈라쇼몽〉, 〈7인의 사무라이〉 등에 비해 메시지의 심도나 미학적인 완성도에서 저평가된다. 하지만 이 글을 통해

주로 언급하고자 하는 구체적인 액션인 '결투'가 영화를 끌고 가는 핵심 모티브로 활용되고 있기에 그 분석 대상으로 삼았다. 〈스가타 산시로〉는 유도 시합을, 〈요짐보〉와 〈쓰바키 산주로〉는 사무라이 결투를 다루고 있는데, 그 영화들은 모두 최후의 결투 장면에 영화적인 역량이 집중되고 있다. 실제로 그 결과는 매우 뛰어난 영화적 성과로 평가받고 있다. 〈스가타 산시로〉를 제작 직후 내무성 검열실에서 처음 보게 된 선배 감독 오즈 야스지로는 100점 만점에 120점이라며 축하해 주었다고 한다.[40] 그리고 일본 평론가 사토오 다다오는 일본 영화사를 쓰면서 〈스가타 산시로〉에 대해 이렇게 평하고 있다.

> 오락적 취향으로 만든 그 작품은 대단히 좋은 영화였다. 그 재미는 무엇보다도 유도 시합 장면에 있었다. 각 싸움이 각기 다른 유도 기술로 처리된다. 무턱대고 격하게 싸우는 게 아니라 처음에는 조용하게 마주하고, 기합을 재고, 적절한 시간이 되면 행동이 시작된다. 일순간의 의표를 찌르는 격한 동작이 나타나 주인공이 상대를 집어던진다. … 정靜과 동動, 그 사이, 그 되풀이의 리듬, 그 교묘한 연출이 격투 장면에 아름다운 스타일을 만들어내고 있다.[41]

한편 일본의 유명 잡지 《키네마 순보》에 의하면 〈요짐보〉와 〈쓰바키 산주로〉는 영화 개봉 당시 일본 내에서 흥행 기록에서 4위와 1위를 기록하였고, 걸작 순위에선 2위와 5위를 기록할 정도로 작품성과 대중성 양면에서 고루 인정받았다. 특히 주인공 미후네 도시로는 베니스 국제영화제에서 〈요짐보〉, 〈쓰바키 산주로〉로 두 번 연속 남우주연상을 수상할 정도로 연기력을 인정받기도 하였다.[42]

결투, 그리고 세 편의 영화 스토리

동서양을 막론하고 '결투 Duel'는 액션 영화나 스릴러 영화 등의 장르 영화에서 주로 사용되는 액션의 모티브다. 결투란 승패를 결정하기 위한 싸움으로 기본적으로는 일대일, 시각에 따라서는 일 대 집단, 집단 대 집단, 그리고 크게는 국가 대 국가의 전쟁까지 그 범주를 넓힐 수 있을 것이다. 지금이야 대부분 스포츠 형태로 승화되어 거의 사라졌지만, 서구 역사에서 200년 전 까지만 해도 일대일의 결투는 귀족이나 상류 사회 남자들이 자신의 명예를 지키기 위한 방편이었다.[43] 18세기를 배경으로 한 스탠리 큐브릭의 〈배리 린든Barry Lyndon〉(1975)을 보면 그 시대 결투의 속성이 잘 묘사되고 있듯이 서구 유럽에서 결투는 중세 때부터 분쟁을 해결하거나 명예를 지키기 위해 재판을 거치지 않고 실제로 빈번하게 사용된 사법적인 형식이었다.[44] 그와 같은 결투 형태는 봉건제도하의 일본에서도 사무라이들 사이에서 만연하였다. 이 글에서 언급하고자 하는 구로사와의 사무라이 영화 〈요짐보〉와 〈쓰바키 산주로〉는 그러한 시대를 배경으로 하고 있다. 〈스가타 산시로〉의 경우도 18세기 말을 배경으로 현재 일본의 국기인 유도를 다루고 있지만 칼만 없을 뿐이지 기본적인 결투의 모티브는 동일하다 할 수 있다.

구로사와 영화에서 마지막 결투 장면은 전통적인 기승전결의 구성 단계로 보자면, 마지막인 결말이다. 좀 더 세부적으로 접근하자면 위기와 절정에 해당된다. 대부분의 구로사와 영화는 〈라쇼몽〉이나 〈이키루〉를 제외하고는 대부분 복합적이거나 실험적인 구성 방식보다는 기승전결식의 정통 드라마투르기를 선호한다. 세 편의 영화 〈스가타 산시로〉, 〈요짐보〉, 〈쓰바키 산주로〉 역시 그렇다. 스토리가 더욱 단순해진 그런 구성에서는 장르를 불문하고 당연히 결말인 위기와 절정은 그 자체의 신만으로는 완성되지 않는다. 그 전 단계인 기와 승, 그리고 전개의 과정을 통해 철저히 이야기가 구축되고, 복선이 깔리고, 캐릭터가 잘 쌓아져야만 비로소 결말다운 마지막 장면이 완성된다. 그러기에 결말을 이야기하기 위해선 자연스럽게 그 전의 구축 단계를 반드시 짚고 넘어가야 한다. 전체 스토리의 대강을 알면 결말이 어떻게 오게 되었는지 보다 쉽게 유추할 수 있을 것이다.

1) 〈스가타 산시로〉(1943)*

스가타 산시로라는 한 젊은이가 '유도'라는 무도의 세계에 뛰어들게 되고 열심히 수련한 덕분에 뛰어난 실력을 갖추게 되나 싸움판에서 그 능력을 소진하자 스승이 호되게 질책한다. 그런 와중에 히가키라는 거친 유도인이 공식 결투(시합)를 신청해 도장 내의 다른 동료들을 넘어뜨리지만 근신 중이던 산시로는 싸울 수 없게 된다. 스승의 가르침 덕분에 진정한 무도의 세계에 새롭게 눈을 뜬 산시로는 나중에 시합에 나가게 되는데, 시합 중 상대 무도인이 죽게 되자 딜레마에 빠지게 된다. 그 후에 더 큰 시합에 출전하게 되고, 하필이면 그의 상대가 자신이 사랑에 빠진 여자의 아버지 무라이다. 하지만 갈등을 이겨내고 무라이와 정당하게 싸워 이긴다. 그러자 예전에 자신의 도장에 찾아왔던 히가키라는 실력자(알고 보면 그는 무라이의 수제자다)가 산시로에게 정식 도전해오게 되고, 둘은 산등성이에서 죽음의 결투를 벌인다. 결국은 주인공 산시로가 결투에서 이기고 사랑하던 여자도 얻게 된다.

*구로사와의 데뷔작이자, 스가타 산시로라는 청년의 일종의 성장 영화이기도 한 이 작품은 1977년 오카모토 기하치岡本喜八 감독에 의해 동명 영화로, 그리고 2007년에는 TV 영화로 리메이크되었다.

2) 〈요짐보〉(1961)

이름 없는 떠돌이 사무라이가 한 마을에 나타난다. 그 마을은 주류상과 비단상 패거리의 갈등으로 무법천지다. 상호 적대적인 두 집단의 싸움에 정부 관리도 힘을 못 쓴다. 주인공이 뛰어난 칼 솜씨를 선보이자 양 집단에선 그를 서로 자기들의 요짐보(호위병)로 끌어들이려 한다. 하지만 주인공은 어차피 둘 다 악의 집단이라 생각하고 그들을 역이용해 왔다 갔다 할 뿐이다. 그 무렵 마을에 당시로선 신무기인 총을 든 남자가 등장한다. 그 총잡이와 주인공 사무라이는 처음 만났을 때 서로를 경계하지만, 바로 대립하진 않는다. 막상막하였던 두 집단의 대립이 그 총잡이로 인해 비단상 패거리 쪽으로 기울어지게 된다. 그 와중에 주인공은 그들 두 집단 사이에서 희생당할 뻔한 농부 가족을 구해주었다가 비단상 패거리에 잡혀 죽을 위기에 처한다. 주인공은 극적으로 탈출하여 총에 맞설 대비를 한다. 그리고 비단상 패거리와 마지막 결투를 벌여 그들을 모두 죽인 후 마을을 떠난다.

3) 〈쓰바키 산주로〉(1962)*

이 작품은 〈요짐보〉의 연작처럼 떠돌이 사무라이 캐릭터가 그대로 주인공으로 등장한다. 원래 야마모토 슈고로 원작을 각색했지만, 〈요짐보〉의 대성공으로 3분의 2 이상을 개작해 다시 쓴 것이다. 한 고을에 의협심은 많지만 아직은 사리 분별이 어두운 젊은 9인의 사무라이들이 부패 관리들에 대항하기 위해 모였다가 오히려 그 부패 관리들에게 죽을 뻔한 것을 떠돌이 사무라이인 쓰바키 산주로가 나타나 구해준다.

*〈쓰바키 산주로〉는 2007년 〈실낙원〉을 연출한 바 있는 모리타 요시미츠 감독에 의해 동명으로 리메이크되었다. 주인공 미후네 도시로 역할은 〈춤추는 대수사선〉의 주인공 오다 유지織田裕二가 맡았다.

산주로는 젊은 사무라이들을 도와 부패 관리 패거리에 붙잡힌 정직한 성주대신을 구하기 위해 뛰어든다. 산주로는 여기서도 〈요짐보〉 때처럼 양측을 오가며 머리로 싸운다. 먼저 부패 관리들의 경호대장 격인 무로토를 만나 자신을 한패로 받아들이도록 한다. 하지만 산주로는 그를 이용해 부패 관리들을 궁지에 빠뜨릴 계획을 세운다. 결국 노련한 산주로는 어떻게 할지 몰라 허둥대는 젊은 9인의 사무라이들을 이끌고 부패 관리들을 처단하고 정직한 성주대신을 구한다. 그러자 부패 관리 편에 섰던 '무로토'라는 사무라이가 산주로에게 결투를 신청한다. 당연히 주인공 쓰바키 산주로는 그 결투에서 이기고 또다시 정처 없이 길을 떠난다.

마지막 결투 장면의 연출 분석

이 글의 목적은 앞에서 언급한 세 영화의 마지막 결투 장면을 연출적 관점에서 분석하여 그것이 이 작품의 완성도에 미치는 극적인 장점을 파헤치고자 하는 데 있다. "끝이 좋으면 다 좋다"*라는 셰익스피어의 말이 모든 상황에 다 적용되는 것은 아니겠지만, 영화에선 그 마지막 장면이 작품의 전체적인 완성도를 결정하는 경우가 의외로 많기 때문이다. 그야말로 처음과 중간이 다소 부족해도 끝이 좋으면 다 좋을 수 있지만, 앞이 다 좋아도 끝이 나쁜 영화는 결코 좋은 영화로 평가받기 힘들다. 구로사와의 영화들은 대부분—처음과 중간도 괜찮지만—끝이 굉장히 좋아 대중적으로나

---

* "끝이 좋으면 다 좋다All' s Well That Ends Well"는 윌리엄 셰익스피어가 1602년에서 1605년 사이에 만든 코미디 희곡의 제목으로, 애초에 성경 구절(마태복음 21:28~32)에서 인용된 구절이다.

미학적으로 높이 평가받는 경우가 많다. 특히 여기서 언급하고자 하는 세 편의 영화는 그 마지막 결투 장면에서 보이는 뛰어난 미학적 완성도로 인해 그 작품들이 액션 영화로서 뛰어난 가치를 지닐 수 있었다고 본다.

그렇다면 그러한 장면들은 어떻게 연출되었을까? 그러한 장면들의 영화적인 구성과 액션 연출, 그리고 카메라 구성과 움직임, 편집, 사운드 활용 등 총체적인 관점에서 분석을 하여 그 장면의 원리를 해부해 보고자 한다.

1) 구성 및 캐릭터

세 편의 결투 영화 〈스가타 산시로〉, 〈요짐보〉, 〈쓰바키 산주로〉는 그 구성과 주인공의 캐릭터가 매우 유사하다. 영웅이 일정한 공간에 홀연히 등장했다 사라지는 신화적인 구성이 그러하고, 기본적으로 한 사람의 분명한 영웅(산시로, 떠돌이 사무라이, 산주로)이 있고, 그에 대립하는 강자(히가키, 총잡이, 무로토)가 반드시 있다. 그리고 대립하는 강자, 소위 악당은 영화 중반쯤에 등장해서 주인공(영웅)과 일정한 긴장 관계를 유지하다가 마지막에 영웅과 극적인 결투를 벌인다. 당연히 영웅이 승리한다. 무엇보다도 주인공에게 패배란 없다. 다소의 갈등과 위기는 있지만 마지막 결투에서 항상 승리한다.

〈스가타 산시로〉의 인물 설정과 구성 원형은 무엇보다도 일본의 실존 검객 이야기를 바탕으로 소설화한 《미야모토 무사시》에서 가져왔다고 볼 수 있다. 그 소설 속에서 미야모토 무사시라는 떠돌이 사무라이는 칼을 수행의 수단으로 삼고 수많은 사람과 결투를 벌이지만 한번도 패하지 않는다. 반면에 또 다른 천재적인 검객 사사키 고지로 역시 뛰어난 칼솜씨로 수많은 유명 검객을 쓰러뜨리고 언제가 무사시와 맞대결을 예고한다. 두 검객 모두 다 뛰어난 칼솜씨에 몰입한다. 결국 소설의 결말에 가서 두 사람은 강가에서 마지막 결투를 벌이고 거기서 주인공 무사시가 승리한다.

〈요짐보〉의 기본적인 아이디어는 미국 작가 대실 해밋의 소설 《피의 수확》(1929)에서 따왔지만,[45] 그 구성과 인물 캐릭터는 할리우드 서부 영화의 영향을 많이 받았다. 〈쓰바키 산주로〉도 마찬가지다. 특히 〈요짐보〉의 마지막 장면은 존 포드의 〈역마차〉와 조지 스티븐스의 〈셰인〉과 매우 유사하다. 〈역마차〉에선 주인공 링고 키드(존 웨인)가 자신의 형제를 죽인 세 악당과 마을에서 결투를 벌이는 마지막 신이 그러하고, 〈셰인〉 역시 마을 악당들에게 고용된 총잡이와 결투를 벌여 죽인 후 떠나는 장면이 비슷하다. 〈셰인〉에서 주인공 셰인은 소년 조이에게 "엄마에게 전해라. 이제 더 이상 이 마을은 총이 필요 없을 거라고"라고 한 뒤 떠나는데, 〈요짐보〉의 떠돌이 사무라이 역시 악당들을 죽이고 나서 마을 사람들에게 "이제 이 마을은 조용해질 거야"라고 셰인과 비슷한 대사를 한 뒤 떠난다. 일정한 불법이 판치는 공간에 홀연히 나타난 영웅이 그 마을에 정의를 이루고 떠난다는 신화적인 구성이란 측면에서도 구라사와의 사무라이 영화들과 서부 영화는 상통한다.[46]

대신 서부 영화처럼 선과 악의 대립이라는 이분법적인 도식은 있지만 극단적이진 않다. 구로사와 영화에서 주인공과 대립하고 승부를 벌이는 상대들은 그들 자신이 사회에 직접적으로 해악을 끼치는 악당이라기보다는 어쩌다가 악인의 편에 서서 충복으로 일하다가 주인공과 맞부딪히게 되는 경우가 많고, 오히려 지나친 승부욕으로 인해 목숨을 걸고 승부를 벌이다 죽게 된다. 구로사와의 주인공들 역시 선행으로 자신의 이득을 취하거나 정의를 이루려고 의도적으로 애쓰기보다는 승부에서 이기는 데 더 관심이 많다고 볼 수 있다.

정의로운 자와 악당이 서로 대립 갈등을 벌이다 나중에 최후의 대결을 통해 정의로운 자가 승리하면서 끝난다는 스토리를 갖는 액션 영화는, 훗날 할리우드와 홍콩 영화에서 현대적으로 수없이 변주되어 제작된다. 이러한 구성에서는, 정의를 상징하는 주인공의 활약도 중요하지만 그와 대립하게 될 악당의 잔인함이나 강한 면모에 대한 캐릭터의 구체화도 매우 중요하다. 그래야만 마지막 결투에서 긴장감이 생기고, 악당을 물리쳤을 때 극적인 카타르시스가 올라가기 때문이다. 마지막 장면의 결투가 극적인 절정으로서 제 역할을 할 수 있게 된 것은 결국 그러한 장르의 규칙에 따른 구성과 인물의 대립 구도의 적절한 배치 덕분이다.

2) 편집

영화는 여러 숏shot이 모여 신scene(장면)을 만들고, 그리고 신들이 모여 시퀀스sequence가 만들어지고, 그 시퀀스들이 모여 비로소 한 편의 작품으로 완성된다. 여기서 중점적으로 언급하고자 하는 것은 결투로 이뤄지는 마지막 신이다. 원 신 원 숏에 의한 특별한 장면을 제외하고 대부분의 신은 여러 숏으로 이뤄지는데, 한 신(장면)의 극적인 표현은 어떻게 그러한 숏들을 잘 연결(편집)하느냐에 달려 있다. 여기서 중요한 것은 뛰어난 결투신이란 실제적인 결투 그 자체보다는 그 이전 두 사람(또는 집단)의 결투 직전에 주어지는 긴장감의 묘사에 있다는 사실이다. 초기 서부 영화나 현대 액션 영화에서는 시작부터 치고받고 싸우는 장면이 나오고, 마지막까지 액션 장면의 연속인 경우가 많다. 그러다 보니 그런 영화의 마지막 액션 장면은 그다지 강렬하게 와 닿지 않는다. 구로사와의 액션 영화에선 조금씩 차곡차곡 쌓아가는 방식이다 보니 마지막 짧은 액션의 폭발력이 강하다.

갈대숲이 우거진 들판에서 이뤄지는 〈스가타 산시로〉의 마지막 결투 신의 경우, 6분 30초 정도 진행되는데 총 50개의 숏으로 나뉜다. 〈요짐보〉의 경우 9분 동안 54개 숏, 〈쓰바키 산주로〉의 경우 4분 33초 동안 19개 숏으로 구성된다. 후기에 갈수록 결투 신에 소비하는 숏의 수는 적다. 여기서 공통적인 것은 막상 이뤄지는 결투 그 자체는 매우 짧다는 것이다. 소위 치고받는 결투 시간은 〈스가타 산시로〉의 경우는 아무래도 유도라는 특성 때문인지 몇 번의 합(서로 맞붙어 싸우는 행위)을 통해 승부가 나기까지 2분 정도 소요된다. 그런데 〈요짐보〉에선 주인공이 아홉 명의 상대를 칼로 해치우는 데 10초밖에 안 걸린다. 〈쓰바키 산주로〉에선 단칼 승부, 그러니까 거의 1초 만에 승부를 결정한다.

〈스가타 산시로〉의 경우 결투 신에서는 첫 번째 합이 이뤄지기까지 8숏으로 4분 가까이를 소모한다. 그 시간 동안 주인공은 들판에서 노래를 부르며 기다리고, 상대가 등장하고, 서로 노려보다가 결국 첫 합을 시작한다. 합이 이뤄지기 전의 그러한 시간 소요는 결정적인 승부에 대한 기대감과 조바심을 야기시키는 서스펜스의 효과를 준다. 숏은 느리게 편집이 이뤄지다가 서서히 빨라지며 결정적인 합에서 매우 빠른 커팅이 이뤄지면서 합의 극적 효과를 강하게 부여한다. 즉 편집의 리듬이 상황의 긴박성을 자연스럽게 부여하게 된 것이다. 물론 이 작품은 구로사와의 초기 작품이다 보니 어설픈 편집도 있었다. 가령 주인공이 상대에게 목이 졸린 상태에서 주인공의 시점으로 연못 속 꽃의 플래시백이 몽타주로 들어서는데, 다소 작위적이다. 주인공의 깨달음을 의식적으로 삽입하기 위한 의도였겠지만, 설명적인 숏으로 인해 결투의 리듬을 깨는 결과를 가져왔다(그 작품 이후에 구로사와는 어떤 영화에서도 그런 식의 설명적인 플래시백은 거의 사용하지 않았다). 대신 산시로가 목이 졸린 혼미한 상태에서 그의 시점으로 구름이 빠르게 흘러가는 것을 보여주는 것을 인서트로 보여주는 장면은 매우 돋보이는데, 그런 세련된 편집은 후에 〈라쇼몽〉에서도 보인다. 즉 무사의 아내가 산적에게 강간당할 때 나무 사이로 비치는 햇살 인서트가 바로 그것인데, 그러한 인서트 숏은 주인공의 심리를 시각적으로 잘 나타낸 것이다.

| 〈요짐보〉의 결투 장면

　　〈요짐보〉의 경우엔 신이 시작되고 결정적인 합이 이뤄지기 전까지 2분 24초를 유지한다. 그 대부분은 주인공의 등장과 상대 패거리들이 나타나 서로를 노려보며 서서히 거리를 좁혀가기 위해 마주 걸어가는 데 할애한다. 그들의 상호 몽타주 컷은 비록 어떤 행동이 이뤄지진 않지만 서스펜스 효과를 준다. 과연 그들의 결투는 어떻게 될 것인가? 물론 관객 입장에선 주인공의 승리를 예측할지라도 어떻게 이길까에 대한 관심도 있는 것이다. 그들이 서로 가까워질수록 편집 속도는 점차 빨라지기 시작하고 합이 붙자마자 빠른 속도로 편집이 이뤄진다. 그리고 여덟 명의 상대와 붙은 실질적인 결투(절정)는 순식간에(10여 초) 끝나버린다. 승부가 결정되면 일단 편집 속도는 정상으로 돌아간다. 이미 영화가 에필로그로 가고 있기 때문이다.

〈쓰바키 산주로〉의 산주로와 무로토의 마지막 결투는 그야말로 액션에서도 롱 테이크 편집의 효과가 얼마나 유용할 수 있는가를 입증시킨 명장면이다. 구로사와는 결정적인 순간을 보여주기 직전에 감정적으로 최대한 긴장감을 고조시킨 후, 그것이 최고조에 달했을 즈음 칼을 휘두르게 한다. 그는 두 사람이 결투를 선언하고 자세를 잡기 시작한 후, 바로 칼을 빼도록 하지 않고 서로 한 치도 움직이지 않은 채 견제하는 모습을 30초가량 롱 테이크로 보여준다. 그것도 고정 숏만으로(그 숏 자체만으로 따지면, 1분 33초 정도 되는 롱 테이크다. 여기서 30초란 두 사람이 대화를 끝내고 결투 자세에 들어가는 타이밍에서부터 계산한 시간이다). 액션 장면이 일반적으로 1초에서 5초 정도의 짧은 숏의 몽타주로 이뤄진다는 걸 감안할 때, 여기서의 30초는 무척 긴 숏이다. 상식적인 영화였다면 아무리 길어봤자 10초를 넘지 않았을 것이다. 그런데 여기서의 롱 테이크는 실로 보는 관객에게—영화 속의 구경꾼인 젊은 사무라이들에게도—숨 막히는 긴장감을 준다. 그 결투는 요즘 액션 영화처럼 질질 끌지 않고 그야말로 단칼 승부로 순식간에 끝난다. 결투 시작 전, 2분 10초 동안 단 세 개 숏으로 이뤄지던 몽타주가 결투 직후 1분 동안 10컷으로 빨라진다. 그리고 에필로그로 가면서 다시 느려진다.

롱 테이크도 편집의 한 형태다. 만약 이 장면이 롱 테이크가 아닌 몽타주 형식으로 편집되었다면 긴장감은 대폭 감소되고 이후의 충격

| 산주로와 무로토의 결투 장면

효과도 약화되었을 것이다. 롱 테이크로 긴장감을 극대화시킨 다음 순간적으로 칼을 뽑아 무로토의 가슴을 베고, 이어 피가 분출되는 장면—이때 동시에 들리는 효과 음향도 충격을 강화시키는 역할을 한다—을 보인 후에야 비로소 반응 숏을 보여주기 위한 편집이 이뤄진다. 구경하던 젊은 사무라이들의 놀라는 표정과 산주로가 쓰러진 무로토를 내려다보며 가쁜 숨을 몰아쉬는 것을 차례로 보여주는데, 그가 그 단칼 승부에 얼마나 온 힘을 쏟았었나를 느끼게 해주는 리얼한 장면이다. 편집이라는 게 단지 다양하게 자른다고 해서 극적인 효과를 거두는 것만은 아니라는 걸 보여주는 좋은 실례다.

3) 카메라 구도 및 움직임
액션 장면을 이루는 가장 우선적인 요소는 사실 편집보다 카메라 구도와 그 움직임일 것이다. 편집 이전에 촬영이 이루어지기 때문이다. 구로사와 영화에서 구도는 매우 정밀하게 계산된다. 현대 액션 영화가 흔히 클로즈업을 중요시 여기고 그런 숏을 빈번히 사용해 극적인 힘을 강하게 전달하려고 애쓰는 것과 달리 구로사와는 오히려 롱 숏이나 풀 숏을 중요시 여긴다. 결투 장면에서 대부분의 클로즈업은 롱 숏을 거쳐 서서히 들어간다.

〈스가타 산시로〉의 마지막 결투를 보자. 첫 숏은 대결할 장소인 들

| 산시로와 히가키의 결투 장면

판에서 노래를 부르며 상대를 기다리고 있는 주인공을 롱 숏의 전경으로 보여준다. 그리고 다음 숏은 구름이 흘러가는 하늘, 그리고 비로소 주인공의 풀 숏, 이런 식으로 가다가 열 번째 숏에 가서야 비로소 바스트 숏, 그리고 클로즈 숏으로 들어간다. 카메라는 모두 고정된 채 보여주다가 카메라 움직임은 결투를 시작할 때 비로소 시작된다. 하지만 그것은 극소수의 숏에 불과하고 대부분은 고정된 숏으로 액션을 잡아낸다. 극단적인 롱 숏과 클로즈 숏의 교차 사용 등, 이런 식의 구도는 고전적인 서부 영화에서 자주 사용된다. 이 작품 전반에 걸친 결투 장면이 대부분 움직임보다는 고정 숏에 의해 묘사된다. 특히 패배한 적수 히가키가 죽은 채 언덕으로 미끄러져 내려가는 모습을 쳐다보는 산시로와 심판, 그리고 산시로 연인의 모습을 롱 숏으로 보여주며 페이드아웃되는 마지막 숏은 매우 뛰어나게 표현되었다. 그 숏은 결투에 대한 모든 감정을 복합적으로 정리해주는 숏이다. 구로사와가 결투 장면에서 인물 그 자체보다 거대한 자연을 강조하는 화면 구도는 주로 서부 개척 시대를 많이 다룬 존 포드의 영향이 커 보인다.

〈요짐보〉에서도 마지막 결투 장면의 시작은 마을에 들어서는 주인공의 롱 숏에서 시작된다. 그리고 구하고자 하는 주점 노인이 묶여 있는 모습 너머로 그 주인공의 롱 숏을 다시 한 번 보여준다. 카메라는 적의 부하들의 이동에 따라 움직이다가 마침내 적의 패거리들이 나오자 다시 멀리서 동시에 보이는 주인공을 보여준다. 그리고 다시 주인공의 풀 숏. 이런 식으로 다소 길게 그리고 롱 숏 중심으로 가다가 그들이 결투를 위해 서서히 거리를 좁혀가는 과정에서 그들의 모습도 점차 미디엄, 바스트를 향해 다가간다. 이 작품에선 〈스가타 산시로〉처럼 빅 클로즈 숏은 거의 없다. 기껏해야 바스트 숏 정도다. 인물들은 풀 숏조차도 망원렌즈를 주로 사용한다. 그러다가 결투가 시작되자마자 신속하게 인물들이 움직이면서 카메라도 동시에 움직이며 역동적으로 변하기 시작한다. 순식간에 끝나는 결투 이후, 카메라는 다시 정지된다. 이런 식의 카메라 움직임의 원리는 〈스가타 산시로〉와 유사하다. 단지 숏의 크기 변화가 그때처럼 거칠거나 극단적이진 않고 보다 세련돼졌다고 할 수 있다.

〈쓰바키 산주로〉 역시 화면 구성 방식과 그 움직임은 이전 결투 장면들과 큰 차이는 없다. 대신 이 작품의 형식이 전반적으로 동작의 기호화, 미장센의 정형화, 단순화 등의 특징을 갖는 일본의 전통극인 노能의 영향을 받아선지 몰라도 주인공 쓰바키 산주로와 그를 따르는 아홉 명의 젊은 사무라이들의 인물 배치가 매우 양식화되어 있다. 마지막 결투 장면 역시 마찬가지다. 특히 산주로가 무로토를 물리치고 떠나려 할 때, 9인의 사무라이들이 경외하는 표정으로 무릎을 꿇는 장면의 화면 구성은 이 작품의 주요 콘셉트인 스승과 제자 간의 관계를 잘 드러내주고 있다. 이 신에서 도입부 팬과 라스트 팬을 제외하고 모든 결투 장면은 고정 숏에 의해 이뤄져 있다. 카메라 움직임이 필요할 경우엔 트래킹이나 크레인 숏이 매우 부드럽게 사용된다. 급박한 경우에만 스위시 팬(빠른 팬)을 사용하고 있을 뿐이다. 그럼에도 불구하고 짧은 결투의 역동성은 편집과 사운드가 조화를 이뤄 매우 강하게 표현되었다.

4) 연기 및 블로킹
한 신(장면)이 뛰어나게 표현되려면 시나리오, 편집, 카메라 등도 뛰어나야 하지만, 결투 액션을 통한 캐릭터의 구현은 결국 배우가 하는 만

큰 연기와 그 블로킹(연기의 동선)이 매우 중요하다. 〈스가타 산시로〉의 경우 후지타 스스무藤田進가 산시로 역할을 무난하게 해냈다. 비록 유도라는 무도 그 자체가 맨손으로 하는 것이기에 총이나 칼에 비해 강렬한 힘을 주기엔 한계가 있지만 이 작품에선 결투 액션 직전까지 끌고 가는 분위기 묘사에서 배우의 과장되지 않은 표정이 적절했다. 특히 산시로가 혼자 산등성이에서 상대를 기다리며 긴장을 풀려는 듯 하늘을 보며 노래를 부르는 설정은 결투 장면의 정서적인 분위기를 신선하게 만드는 역할을 하였다. 상대역 히가키의 경우, 주인공과 대립하는 악역으로 무게감을 살리는 게 중요한데, 그에게 대사를 절제시키고, 강한 표정과 무모한 액션만으로 감정을 드러내도록 연출한 구로사와의 계산이 효과적이었던 것 같다.

〈요짐보〉와 〈쓰바키 산주로〉의 주인공 역할은 그야말로 구로사와 영화의 거의 절반에 해당하는 영화에서 주인공을 맡아 그의 아이콘이나 다름없는 미후네 도시로가 해내고 있다. 어떤 승부에서도 결코 지지 않는 칼솜씨에다 지략까지 갖추고 있는 슈퍼맨 사무라이로 등장하는 그의 캐릭터는 일단 외모에서부터 서양인 못지않게 윤곽이 뚜렷하고 미남형인 데다 연륜이 깊고 카리스마가 넘친다. 거기에다 두 작품 모두에서 대립되는 상대역으로 등장한 나카다이 다쓰야 역시 당대 최고 배우 중 한 사람으로 강인한 인상과 세련된 외모로 미후네 도시로와 맞서는 데 부족함이 없다. 배우들의 이미지나 그 유연성 등으로 볼 때 〈스가타 산시로〉에 비해 훨씬 대중적이고 세련된 것이다.

구로사와가 떠돌이 사무라이로서의 캐릭터를 살리기 위해 미후네 도시로에게 설정한, 작은 나뭇가지를 입에 물고 있는 모습이라든지 가끔 어깨를 으쓱이거나 손으로 턱 주변을 만지는 습관 등은 현대 영화

에서 다른 배우들에게 종종 응용될 만큼 매우 효과적이었다.*

특히 〈요짐보〉에서 주인공 산주로와 결투를 벌이는 주류상 패거리들의 인물 구성은 무척 인상적이다. 잘생긴 총잡이, 2미터가 넘는 괴물 같은 거인, 땅꼬마 등의 묘한 대비를 이루는 그들 패거리 조합은 유머 넘치는 사무라이 액션 영화로서 제격이었다.

두 작품 모두에서 감독의 배우들에 대한 블로킹은 철저히 양식화된 구성 안에서 이뤄지고 있다. 마치 연극처럼 일정한 동선을 맞춰놓고 배우들이 움직이고 있는 것처럼 보인다. 하지만 그러한 양식성은 하나의 스타일로 영화 전반에 일관되게 표현되고 있기에 전혀 억지스럽거나 어색하게 느껴지지 않는다. 오히려 액션 장면을 새로운 미학적 차원으로 끌어올리는 역할을 하고 있다. 마지막 결투 장면에서도 인물들이 요란스레 움직이며 싸우는 게 아니라 일정한 격식을 갖추듯이 움직인다. 미후네 도시로는 그 나름의 카리스마를 유지하며 움직이다가, 막상 합이 시작되어 많은 상대를 물리칠 때 그가 칼을 휘두르는 액션은 마치 무용하듯이 부드럽고 강하게 일정한 리듬을 타듯이 움직이되 질질 끌지 않고 순식간에 승부를 결정짓는다. 특히 〈쓰바키 산주로〉에서 미후네의 단칼 액션으로 인해 상대가 피를 내품으며 쓰러지는 장면은 매우 충격적이다. 대부분 액션 영화들이 여러 합을 요란스럽게 주고받은 후 승부를 결정짓는 것과 달리, 구로사와는 한순간의 액션으로 승부를 결정짓게 하면서, 그 자체를 충격 효과가 크도록 연출하였다. 이러한 액션 연출을 요즘에는 따로 무술 감독들이 대신 하는 경우가

*홍콩 출신 우위썬吳宇森 감독은 "〈영웅본색〉에서 주윤발이 성냥개비를 입에 무는 습관을 설정한 것은 〈요짐보〉의 미후네 도시로의 캐릭터에서 따온 것"이라고 한 인터뷰에서 고백한 바 있다.

많지만, 구로사와 시절에는 대부분 감독이 이러한 배우들의 액션 블로킹을 연출하였다.

5) 분위기 설정 및 사운드
일본의 한 평론가는 구로사와 영화의 특성을 다음과 같이 평가한다.

> 구로사와 영화가 역동적이라는 말을 듣는 것은 주로 소재나 인물의 성격이나 행동을 나타내고 있는 듯하나, 실제로는 그것과 더불어서 표현 방법에 강력함이 내재해 있기 때문이라는 것을 간과해서는 안 될 것이다. 때로 그것은 섬세하기조차 하다. … 비나 바람이나 태양이 구로사와 영화에서 중요한 표현 요소가 된다. 구로사와는 극적 상황을 강조하는 수단으로서 그러한 자연 조건을 첨가하곤 한다.[47]

셰익스피어가 특정한 상황이나 인물의 심리를 극적으로 표현할 때 폭풍이나 비바람, 더위 등을 자주 활용하듯이, 구로사와도 영화에서 하나의 장면을 연출하는 데 그러한 자연 조건을 최대한 활용하곤 한다. 〈들개〉(1949)와 〈라쇼몽〉(1950)에선 '무더위'를, 〈7인의 사무라이〉(1954)에선 쏟아지는 '비'를, 〈거미집의 성〉(1957)에선 '안개'를 전반적인 분위기를 강화시키는 데 사용한 것만 봐도 그렇다. 〈스가타 산시로〉와 〈요짐보〉, 〈쓰바키 산주로〉 역시 마찬가지다. 그 마지막 결투의 완성도는 이미 언급한 여러 요소가 잘 조화를 이룬 덕분이지만, 그 장면의 미학적인 수준을 한 차원 더 끌어올린 역할을 하는 건 바로 그러한 자연 환경 활용이다.

〈스가타 산시로〉에선 결투 장소가 산등성이로 설정되어 풀과 갈대가 '바람'에 휘날리는 분위기가 연출되는 가운데 결투가 벌어지고, 주인공이 목이 졸려 위험한 상황에서 그의 시점으로 흘러가는 '구름'을 인서트로 보여주며 주인공의 심리를 간접적으로 표현한다. 구로사와는 원래 이 마지막 결투를 송풍기를 이용해 세트에서 찍으려 했다가 도저히 아닌 것 같아 제작자를 설득해 실제 산에서 바람이 세게 부는 날을 이용해 촬영할 수 있게 되었다고 한다.[48] 아마 그가 당시에 야외 촬영을 고집 부리지 않았다면 그러한 명장면을 연출해내지 못했을 것이다. 〈요짐보〉는 '바람'과 '먼지'가 주요 모티브로 활용되는데, 주인공이 마지막 결투를 위해 마을에 들어설 때 바람이 골목으로 불어오고 그로 인해 발생하는 먼지가 주인공 주변을 휘감아 돌면서 그의 등장을 신비화시킨다. 그들이 싸우는 마을 공터에서는 수시로 바람에 의해 먼지가 휘날리며 싸움의 분위기를 시각적으로 상승시키는 역할을 한다. 이와 달리 〈쓰바키 산주로〉는 햇볕이 내리쬐는 맑은 날씨 아래 마을 어귀에서 결투가 벌어진다.

　구로사와 영화의 마지막 결투 장면을 완성하는 최종적인 요소는 영화 제작 단계에서도 가장 마지막에 해당하는 사운드, 즉 음악과 음향 효과다. 구로사와는 작품의 연출을 맡는 순간부터 음악이나 음향 효과에 대해 생각하고, 촬영하기 전에 모든 것을 다 결정한다고 말한다.[49] 〈스가타 산시로〉에선 초반에 주로 현장에서 있을 법한 바람 소리가 강조된다. 결투가 시작되는 중반까지 현장 사운드만 들리다가 산시로가 위기에서 벗어나 반격하는 순간부터 음악이 나오기 시작하고 그가 승리하여 그 신이 마무리될 때까지 그 음악이 지속된다. 〈요짐보〉에선 바람 소리와 함께 인물의 감정에 따라 음향 효과가 사용된다. 그러다가 주인공과 상대 패거리들이 서로 대결을 위해 서서히 거리를 좁혀가는 과정에서 긴장을 조장하는 사운드가 들어간다. 하지만 막상 결투가 벌어지면서 음향은 사라지고 현장의 실제 사운드만 강조된다. 가장 음향 효과가 잘 사용된 작품은 〈쓰바키 산주로〉다. 이 작품의 마지막 신 역시 시작할 때는 현장에서 들릴 법한 실제 사운드만 나온다. 그들이 본격 결투 자세로 들어갈 때까지만 해도 근처에서 지저귀는 맑은 새소리가 계속 평화롭게 들려온다. 그런데 막상 둘이 결투 자세로 돌입하자마자 점차 실제 사운드는 작아지고 새소리도 사라지며 폭풍 전야 분위기가 된다. 그로 인한 긴장 효과는 매우 크다. 앞에서 언급했듯이 고정된 풀 숏에 30초의 롱 테이크가 이뤄지는 동안 두 인물이 움직이지 않다가 순식간에 칼을 휘두르는 순간 정적이 깨진다. 그리고 칼을 맞은 상대의 가슴에서 피가 분수처럼 쏟아져 나오는데, 그때 그에 상응하는 음향이 동반된다. 이때 사용된 분출을 상징하는 음향은 다소 과장되긴 했지만 충격적인 이미지를 극적으로 강화시켜주는 역할을 한다. 그리고 이내 이어지는 주인공의 가쁜 심호흡 소리도 그 결투가 얼마나 집중력이 필요한 싸움이었나를 실감나게 해준다. 이 결투 신에서 음향을 짧게 단 한 번밖에 사용하지 않았지만 그 효과가 컸던 것은 그 이전에 전혀 음악이나 인위적인 사운드 없이 새소리 같은 현장의 자연음만을 그대로 사용했다가 합이 이뤄지기 직전에 정적silent이 효과적으로 사용되었기 때문이다.

영화에서 음악과 음향은 이미지나 스토리를 정서적으로 강화시켜주는 역할을 하는 중요한 요소다. 그 자체의 질적인 완성도도 중요하지만, 그것을 어느 상황에서 적절하게 사용하느냐도 매우 중요하다는 것을 구로사와는 자신의 작품에서 증명해 보이고 있다. 그리고 사운드에서는 음악과 음향 외에도 현장에 있을 법한 있는 그대로의 소리를 활용하는 것도 중요한데, 구로사와는 그러한 현장음 중에서도 선별하여 강조할 것은 조금 더 강조하는 디테일 작업에 신중을 기했던 것 같다.

마무리하며

　　이상의 분석을 통해 〈스가타 산시로〉, 〈요짐보〉, 〈쓰바키 산주로〉, 이 세 작품의 마지막 결투 장면이 뛰어난 완성도를 보인 이유는 어떤 한 요소만 특별해서라기보다는 구성, 편집, 카메라, 사운드, 연기 등 모든 영화적 요소가 최선의 조화를 이뤄 연출되었기 때문이라는 것을 알 수 있다. 이미 언급했듯이 구로사와의 사무라이 액션 영화의 표현 기법은 그 자체로 창조적인 것은 아니다. 《미야모토 무사시》같은 사무라이 소설과 〈역마차〉, 〈셰인〉 같은 서부 영화의 영향이 지대하다고 할 수 있다. 하지만 구로사와의 다른 많은 영화가 그렇듯이 그의 작품이 역으로 할리우드를 비롯한 전 세계 영화에 끼친 영향은 더 크다고 할 수 있다. 그의 영화 중 〈요짐보〉의 결투 장면은 케빈 코스트너Kevin Michael Costner와 휘트니 휴스턴Whitney Houston이 주연한 전형적인 할리우드 상업 영화 〈보디가드〉(1992)에서 공공연히 인용될 정도였다. 특히 세르지오 레오네의 〈황야의 무법자〉(1964)의 경우는 그야말로 〈요짐보〉의 스토리와 형식을 거의 그대로 가져와 만든 표절에 가까운 각색 작품이었다.[50] 이 영화는 내용뿐 아니라 형식 및 시각적인 스타일까지 구로사와 영화를 그대로 응용해 당시 세계적으로 대성공한 작품으로 이후 수많은 아류작을 낳게 만들었다.* 당시만 해도 그 작품의 영화화는 〈요짐보〉의 무단 표절에 의한 것이었지만 후에 월터 힐Walter Hill 감독에 의해 브루스 윌리스Bruce Willis 주연의 〈라스트 맨

스탠딩Last Man Standing〉(1996)이라는 서부 영화로 정식 리메이크되기도
하였다.

일본 내에서도 구로사와 결투 장면이 끼친 영향은 컸다. 〈쓰바키 산
주로〉의 마지막 장면에서 주인공의 칼을 맞고 무로토가 가슴에서 피
를 분출하듯이 쏟아내는 장면은 이후 일본 영화에 잔혹 영화 붐을 일
으킬 정도였다. 몸이 반쪽으로 잘리는 장면을 선보인 미스미 겐지의
〈베다〉(1962)가 대표적인 경우다.[51] 특히 1962년부터 1971년까지 22
편이나 시리즈로 제작된 〈자토이치 이야기〉(가쓰 신타로 주연)의 경우
〈요짐보〉와 〈쓰바키 산주로〉의 영향을 받은 대표적인 소위 '찬바라 영
화' **다. 구로사와가 나중에 지나치게 자신의 작품이 잔혹 영화 붐으
로 악용된 것을 개탄할 정도였지만, 봉건 시대 사무라이들의 할복의
위선을 통쾌하게 고발한 고바야시 마사키의 〈할복割腹〉(1962) 같은 작
품은 매우 긍정적인 영향을 받은 좋은 실례다. 가장 창조적인 영향을
받은 현대 영화는 역시 기타노 다케시北野武의 〈자토이치座頭市〉(2003)***
라고 할 수 있다. 물론 기본 원안은 1960년대의 가쓰 신타로의 자토이
치 시리즈를 바탕으로 하고 있지만, 그 영화의 기본 구성이나 액션 장
면은 구로사와의 영화 〈요짐보〉나 〈쓰바키 산주로〉에 가깝다. 유머 감
각이나 인물 구성도 유사하다. 영화 후반에 강가에서 벌어지는 자토이

---

*클린트 이스트우드가 주연한, 세르지오 레오네 감독의 〈황야의 무법자〉(1964)가 대표적인 예다. 앞서도 언급
했지만 이 영화는 구로자와 아키라의 〈요짐보〉를 무단으로 표절해 만든 영화였고, 일본 제작자들은 후에 소송
을 걸어 재판에서 이겼다.

**찬바라란 일본어로 '칼싸움' 이란 뜻으로, 일본에서는 사무라이 영화를 찬바라 영화라고 부르기도 한다. 찬
바라는 좁은 의미로는 국제 스포츠 찬바라 협회에서 개발한 에어소프트 검을 가지고 3분 내에 상대를 먼저 쳐
서 승패를 겨루는 격검 시합이다. 〈국제스포츠 찬바라 협회 http://mooyerang.co.k〉에서 재인용.

***2003년 베니스 영화제 감독상, 토론토 영화제 관객상을 수상한 기타노 다케시 감독, 주연의 영화 〈자토이
치〉는 1960년대 자토이치 시리즈를 원안으로 하여 다케시식으로 재해석한 작품이다.

치와 상대 검객 히토리의 결투 장면은, 그 공간의 아이디어는 소설 《미야모토 무사시》에서 왔지만, 액션 기법 면에선 〈쓰바키 산주로〉에 더 가깝다. 즉 자토이치는 상대가 미처 칼을 뽑기도 전에 허를 찌르는 스피디한 공격으로 히토리를 베어버리는데, 피를 뿜으며 쓰러지는 히토리의 모습은 〈쓰바키 산주로〉의 무로토와 거의 비슷하다. 차이점이라면 그 상황에서 다케시식의 플래시백이 사용된다는 점이다. 다케시의 〈자토이치〉는 정통 드라마투르기에다 잘 구성된 교과서 같은 세련된 형식미를 갖춘 구로사와 영화를 현대적인 감각에다 자기만의 독특한 서술 방식과 표현 기법으로 응용한 모범적인 작품으로 평가할 수 있다.

구로사와의 결투 액션은 1960년대 우리 한국 영화에도 큰 영향을 끼쳤다. 특히 1966년 무렵, 구로사와 영화의 영향을 받은 홍콩 무협 영화 호금전胡金銓 감독의 〈방랑의 결투大醉俠〉와 마카로니 웨스턴 〈황야의 무법자〉가 개봉되어 성공하자 우리 식으로 재해석한 검객 영화가 대유행하기 시작했는데, 대표적으로 정창화 감독의 〈황혼의 검객〉(1967)이나 이만희 감독의 〈쇠사슬을 끊어라〉(1971)를 들 수 있다.[52] 특히 〈쇠사슬을 끊어라〉는 일제 강점기 만주를 배경으로 일본에 대항하는 독립군을 소재로 만든 만주 웨스턴으로 최근에 김지운 감독의 〈좋은 놈, 나쁜 놈, 이상한 놈〉(2008)으로 각색되기도 하였다. 이만희 감독의 〈쇠사슬을 끊어라〉는 구로사와 영향이 절대적인 세르지오 레오네의 〈석양의 무법자The Good, The Bad And The Ugly〉(1966)를 번안하다시피 해서 만든 작품이니 자연스레 최근 김지운 감독의 영화도 결과적으로 구로사와의 영향하에 있는 작품이라고 할 수 있다. 직접적인 영향은 아니겠지만, 1990년 완성되어 흥행에 대성공한 임권택 감독의 〈장군의 아들〉에서 김두한과 김동회의 맞장 승부나 조진규의 〈조폭 마누라〉

(2001)에서의 마지막 들판 결투, 그리고 이명세의 〈인정사정 볼 것 없다〉(1999)에서 안성기와 박중훈의 폐광촌 맞장 결투도 거슬러 올라가면 구로사와 영화에서 보인 마지막 결투 장면의 또 다른 변주처럼 읽힌다.

정말 '결투'는 영화뿐 아니라 대중의 일상적인 삶에서 매우 극적인 힘을 주는 모티브다. 누군가가 어디서 소위 '맞장 뜬다(결투를 벌인다)'면 얼른 뛰어가 구경하고 싶고, 그 싸움을 지켜보며 누가 이길 것인가 궁금해하거나 자기편이 이기길 바라는 마음으로 응원하면서 마음 조리는 게 사람의 기본 심리다. 현대에 와서는 대부분 스포츠라는 형태로 순화되어 큰 인기를 끌고 있지만, 어떤 형태로든 '결투', '시합', '싸움'이라는 상황은 역동적이고 재미있는 극적인 장치다. 〈스가타 산시로〉와 〈요짐보〉, 〈쓰바키 산주로〉의 마지막 결투 장면처럼 미학적으로 잘 연출될 수만 있다면 시대와 공간을 초월해 어떤 액션 영화에도 그러한 모티브의 활용은 가능하다고 본다. 문제는 그저 모방과 흉내 내기로 끝내느냐, 아니면 창조적인 재해석을 통해 그 액션 신이 전체 영화를 살려 "끝이 좋으면 다 좋다"라는 셰익스피어의 공언을 입증할 것이냐에 있는 것 같다.

이 책의 최신 개정판을 위해 교정을 보던 중 일본국제교류기금과 한국영
상자료원, 필름포럼, 시네마테크부산, 공보문화원이 공동주최하는 〈구로
사와 아키라 탄생 100주년 기념 영화제〉가 7월 1일부터 8월 29일까지 한
국영상자료원을 시작으로 무료 순회 상영회를 개최하기 시작하였다. 이
영화제는 무료로 구로사와의 주요작 20여 편이 필름으로 상영되기에 구
로사와 팬들에게는 대단한 행사였다. 그것을 입증이라도 하듯 개막작 〈라
쇼몽〉(디지털 복원 버전 상영)부터 영상자료원의 300여 석의 극장이 매진
되었다.

　7월 3일 〈7인의 사무라이〉 상영 직후엔, 〈라쇼몽〉의 스크립터로 참여
한 이후 평생을 구로사와를 보좌하고 현재는 구로사와 아카데미를 운영
하며 후진을 양성 중인 노가미 데루요 원장의 강연을 들었다. 특히 그날
밤, 〈란〉의 35밀리 영화 상영 직후 주인공 나카다이 다쓰야 씨가 참석해
필자와 대담을 하고 관객과의 대화 시간을 갖기도 한 것은 매우 의미 있었
다. 나카다이 다쓰야(1932~)는 시무라 다카시(1905~1982), 후지타 스스무
(1912~1991), 미후네 도시로(1920~1997)와 함께 구로사와 영화의 주인공
을 도맡아 했던 4인방 중 생존해 있는 유일한 분이다. 그를 통해 구로사와
의 연출 스타일이 실제로 어땠는지를 생생하게 들을 수 있었다.

　〈란〉을 과거에 비디오로 처음 봤을 때만 해도 전성기 시절의 영화에 비
해 약하다고 생각했는데, 이번 35밀리 대형 화면에다 잘 번역된 자막으로
보면서 생각이 바뀌었다. 사실 〈란〉은 클로즈업 장면이 드물어 TV 모니

터로 보면 각각의 인물을 식별하기
힘들다. 따라서 세 형제와 각각의 세
력을 식별하려면 색깔로 구분된 의
상을 통해서나 가능할 정도다. 그러
니 35밀리 극장 화면으로 봐야만 그

작품의 진수를 깨달을 수 있다. 이번 영화제에서는 비로소 인물에 대한
공감대가 이뤄져 확실히 몰입할 수 있었고, 과거엔 발견하지 못했던 디테
일까지 발견할 수 있어 즐거웠다.

하지만 개인적으로 구로사와 100주년 영화제가 반가우면서도 마음 한
구석에서는 씁쓸하고 불편했다. 그가 태어난 1910년은 우리가 일본에 의
해 강제 병합되던 해이기 때문이다. 현재 한국이나 일본 그 어디에서도
수치스런 그해를 기념하고 반성하거나 돌아보는 행사는 찾아볼 수 없다.
그런데 우리는 지금…. 구로사와가 휴머니즘을 기반으로 전 세계인을 상
대로 영화를 만든 건 사실이다. 허나 〈인간의 조건〉이나〈할복割腹〉(1962)
같은 걸작을 연출한 극단적인 휴머니스트 감독 고바야시 마사키
(1916~1996)처럼 일본의 군국주의나 사무라이 정신의 허구성을 비판한
영화는 한 번도 만들지 않았다(개인적으로 고바야시의 작품들을 좋아한다).
오히려 일련의 사무라이 영화를 통해서 장점만 미화시켰을 뿐이다. 다행
히 이번 영화제 상영 목록에는 빠졌지만, 원폭을 피해자 입장에서만 다룬
〈8월의 광시곡〉은 무척 아쉬웠다. 우리는 구로사와를 찬미하더라도 그런

점을 항상 짚고 가야 할 것 같다.

그런 의미에서, 젊은 배우 시절 극좌파(한국식으로 보자면)나 다름없는 고바야시 마사키의 대부분의 작품에서 주인공을 맡았던 나카다이 다쓰야를 만난 것은 좋은 기회였다. 사실 그와의 대담 시간에 두 감독의 비교를 통해 군국주의와 사무라이 정신에 대한 각자의 관점을 묻고 싶었다. 그러나 〈란〉 상영 직후라 관객들이 직접 그와 소통하길 원하는 사람이 많아 그만 질문할 기회를 모두 양보하고 말았다. 무척 아쉬웠지만, 다소 예민한 질문이라 어쩌면 잘된 일인지도 모르겠다.

하여간 이번 영화제 기간 동안 구로사와의 장점을 잘 흡수해서 그를 극복하는 감독이 한국에서도 나오길 기대한다. 물론 그럴 수만 있다면 그는 세계 영화 역사에 남을 최고의 감독이 되겠지만….

[부록 1]
구로사와 아키라 작품 목록

스가타 산시로 姿三四郎 Sanshiro Sugata

1943년, 도호 제작, 80분

제작: 마츠자키 케이지
원작: 토미타 츠네오
각본: 구로사와 아키라
촬영: 미무라 아키라
음악: 스즈키 세이치
편집: 구로사와 아키라, 고토 토시오
출연: 스가타/ 후지타 스스무
　　　 야노(스승)/ 오코치 덴지로
　　　 무라이/ 시무라 다카시
　　　 사요/ 토도로키 유키코

가장 아름답게 一番美し The Most Beautiful

1944년, 도호 제작, 85분

제작: 이토 모토히코
각본: 구로사와 아키라
촬영: 오하라 조지
음악: 스즈키 세이치
출연: 공장장(고로)/ 시무라 다카시
　　　 총무과장(켄)/ 스가이 이치로

속 스가타 산시로 續姿三四郎

1945년, 도호 제작, 83분

제작: 이토 모토히코
원작: 토미타 츠네오
각본: 구로사와 아키라
촬영: 이토 다케오
음악: 스즈키 세이치
출연: 스가타/ 후지타 스스무
　　　 사요/ 토도로키 유키코

호랑이 꼬리를 밟은 사나이들 虎の尾を踏む
男達 They Who Step on the Tiger's Tall

1945년, 도호 제작, 58분(1952년 개봉)

제작: 이토 모토히코

원작: 가부키 '간진쵸'
각본: 구로사와 아키라
촬영: 이토 다케오
음악: 하토리 타다시
출연: 벤케이/ 오코치 덴지로
　　　 도카시/ 후지타 스스무
　　　 가타오카/ 시무라 다카시

우리 청춘 후회 없다 わが青春に悔なし
No Regrets for Our Youth

1946년, 도호 제작, 110분

제작: 마츠자키 케이지
각본: 구로사와 아키라, 히사이타 에이지로
촬영: 나카이 아사카주
음악: 하토리 타다시
출연: 야기하라/ 오코치 덴지로
　　　 유키에/ 하라 세츠코
　　　 노게/ 후지타 스스무
　　　 이토가와/ 코노 아키타케

멋진 일요일 素晴らしき日曜日
One Wonderful Sunday

1947년, 도호 제작, 108분

제작: 모토키 소지로
각본: 우에구사 케이노스케, 구로사와 아키라
촬영: 나카이 아사카주
음악: 하토리 타다시
출연: 유조/ 누마사키 이사오
　　　 마사코/ 나카키타 치에코

주정뱅이 천사 酔いどれ天使 Drunken Angel

1948년, 도호 제작, 98분(오리지널 150분)

제작: 모토키 소지로
각본: 우에구사 케이노스케, 구로사와 아키라
촬영: 이토 다케오
음악: 하야사카 후미오
출연: 사나다(의사)/ 시무라 다카시
　　　 마츠나가(건달)/ 미후네 도시로

조용한 결투 靜かなる決闘 The Quiet Duel

1949년, 다이에 제작, 95분

제작: 모토키 소지로
원작: 기쿠타 가즈오 희곡
각본: 다니구치 센카치, 구로사와 아키라
촬영: 아이사카 소이치
음악: 이후쿠베 아키라
출연: 후지사키/ 미후네 도시로
　　　 아버지/ 시무라 다카시

들개 野良犬 Stay Dog

1949년, 신 도호 제작, 122분

제작: 모토기 소지로
각본: 기쿠시마 류조, 구로사와 아키라
촬영: 나카이 아사카주
음악: 하야사카 후미오
출연: 무라카미/ 미후네 도시로
　　　 사토 / 시무라 다카시

추문 醜聞 Scandal

1950년, 쇼치쿠 제작, 104분

제작: 고이데 다카시
각본: 기쿠시마 류조, 구로사와 아키라
촬영: 우부카타 토시오
음악: 하야사카 후미호
출연: 이치로/ 미후네 도시로
　　　 미야코/ 야마구치 요시코
　　　 변호사/ 시무라 다카시

라쇼몽 羅生門 Rashomon

1950년, 다이에 제작, 88분

제작: 미노우라 진고, 나가타 마사이치
원작: 아쿠타가와 류노스케
각본: 하시모토 시노부, 구로사와 아키라
촬영: 미야가와 카즈오

음악: 하야사카 후미오
출연: 산적/ 미후네 도시로
　　　 사무라이/ 모리 마사유키
　　　 사무라이 아내/ 교 마치코
　　　 나무꾼/ 시무라 다카시
　　　 승려/ 치아키 미노루

백치 白痴 The Idiot

1951년, 쇼치쿠 제작, 166분(오리지널 265분)

제작: 고이데 다카시
원작: 도스토옙스키
각본: 히사시타 에이지로, 구로사와 아키라
촬영: 우부카타 토시오
음악: 하야사카 후미오
출연: 가메다/ 모리 마사유키
　　　 아카마/ 미후네 도시로
　　　 다에코/ 하라 세츠코
　　　 오노/ 시무라 다카시

이키루 生きる Ikiru

1952년, 도호 제작, 143분

제작: 모토키 소지로
각본: 하시모토 시노부, 오구니 히데오,
　　　 구로사와 아키라
촬영: 나카이 아사카주
음악: 하야사카 후미오
출연: 와타나베/ 시무라 다카시
　　　 미쓰오/ 카네코 노부오
　　　 토요/ 오다기리 미키

7인의 사무라이 七人の侍 Seven Samurai

1954년, 도호 제작, 160분(오리지널 200분)

제작: 모토키 소지로
각본: 하시모토 시노부, 오구니 히데오,
　　　 구로사와 아키라
촬영: 나카이 아사카주

음악: 하야사카 후미오

출연: 감베이/ 시무라 다카시

     기쿠치요/ 미후네 도시로

     규조/ 미야구치 세이지

     가츠시로/ 기무라 이사오

     시노/ 츠시마 게이코

생존의 기록 生きものの記錄
Record of a Living Being

1955년, 도호 제작, 113분

제작: 모토키 소지로

각본: 오구니 히데오, 하시모토 시노부,

     구로사와 아키라

촬영: 나카이 아사카주

음악: 하야사카 후미오, 사토 마사루

출연: 나카지마/ 미후네 도시로

     아내/ 미요시 에이코

     하라다/ 시무라 다카시

거미집의 성 蜘蛛巢城 The Throne of Blood

1957년, 도호 제작, 110분

제작: 모토키 소지로, 구로사와 아키라

원작: 셰익스피어 《맥베스》

각본: 하시모토 시노부, 오구니 히데오,

     기쿠시마 류조, 구로사와 아키라

촬영: 나카이 아사카주

음악: 사토 마사루

출연: 와시즈/ 미후네 도시로

     아사지/ 야마다 이스즈

     미키/ 치아키 미노루

     오다구라/ 시무라 다카시

밑바닥 どん底 The Lower Depths

1957년, 도호 제작, 137분

제작: 모토키 소지로, 구로사와 아키라

원작: 고리키 희곡 《밑바닥에서(밤 주막)》

각본: 오구니 히데오, 구로사와 아키라

촬영: 야마자키 카즈오

음악: 사토 마사루

출연: 스테키치(도둑)/ 미후네 도시로

     오스기(여관 주인)/ 야마다 이스즈

     로쿠베이(남편)/ 나카무라 간지로

숨은 요새의 세 악인 隱しの三惡人
The Hidden Fortress

1958년, 도호 제작, 139분(수출판 126분)

제작: 후지모토 사네즈미, 구로사와 아키라

각본: 하시모토 시노부, 기쿠시마 류조,

     오구니 히데오, 구로사와 아키라

촬영: 야마자키 카즈오(와이드 스크린)

음악: 사토 마사루

출연: 마카베 장군/ 미후네 도시로

     유키 공주/ 우에하라 미사

     이즈미 장군/ 시무라 다카시

     타도코로 장군/ 후지타 스스무

나쁜 놈일수록 잘 잔다 惡い奴ほどよく眠る
The Bad Sleep Well

1960년, 구로사와 필름 제작, 도호 보급, 151분(수출판 135분)

제작: 다나카 토모유키, 구로사와 아키라

각본: 하시모토 시노부, 오구니 히데오,

     기쿠시마 류조, 구로사와 아키라

촬영: 아이자와 유즈루(와이드 스크린)

음악: 사토 마사루

출연: 니시(비서)/ 미후네 도시로

     이타쿠라(친구)/ 가토 다케시

     모리야마/ 시무라 다카시

     이와부치/ 미하시 타츠야

요짐보 用心棒 Yojinbo

1961년, 구로사와 필름 제작, 도호 배급, 110분

제작: 다나카 토모유키, 구로사와 아키라

각본: 기쿠시마 류조, 구로사와 아키라

촬영: 미야가와 카즈오(와이드 스크린)

음악: 사토 마사루

출연: 산주로/ 미후네 도시로

　　　 도쿠에몬(주류상)/ 시무라 다카시

　　　 우노스케/ 나카다이 다쓰야

　　　 오린/ 야마다 이스즈

쓰바키 산주로 椿三十郎 Sanjuro

1962년, 구로사와 필름 제작, 도호 배급, 96분

제작: 다나카 토모유키, 기쿠시마 류조

원작: 야마모토 슈고로

각본: 기쿠시마 류조, 오구니 히데오,

　　　 구로사와 아키라

촬영: 고이즈미 후쿠조(와이드 스크린)

음악: 사토 마사루

출연: 산주로/ 미후네 도시로

　　　 무로토/ 나카다이 다쓰야

　　　 쿠로후지/ 시무라 다카시

천국과 지옥 天國と地獄 High and Low

1963년, 구로사와 필름 제작, 도호 배급, 143분

제작: 다나카 토모유키, 기쿠시마 류조

원작: 에드 멕베인 《왕의 몸값》

각본: 기쿠시마 류조, 오구니 히데오,

　　　 구로사와 아키라

촬영: 나카이 아사카주(와이드 스크린)

음악: 사토 마사루

출연: 곤도/ 미후네 도시로

　　　 유괴범/ 야마자키 츠토무

　　　 형사 토쿠라/ 나카다이 다쓰야

　　　 수사과장/ 시무라 다카시

　　　 레이코/ 카가 쿄코

　　　 가와시니(운전기사)/ 미하시 타츠야

붉은 수염 赤ひげ Red Beard

1965년, 구로사와 필름 제작, 도호 배급, 185분

제작: 기쿠시마 류조, 다나카 토모유키

원작: 야마모토 슈고로

각본: 기쿠시마 류조, 오구니 히데오, 이데 마사토,

　　　 구로사와 아키라

촬영: 나카이 아사카주,

　　　 사이토 타카오(와이드 스크린)

음악: 사토 마사루

출연: 쿄지오(병원장)/ 미후네 도시로

　　　 노보루/ 카야마 유조

　　　 광녀/ 카가와 쿄코

도데스카덴 どですかん Dodesukaden

1970년, 욘키노카이 · 도호 공동 제작, 도호 배급, 244분

제작: 마츠에 요이치

원작: 야마모토 슈고로

각본: 오구니 히데오, 하시모토 시노부,

　　　 구로사와 아키라

촬영: 사이토 타카오(스탠더드, 이스트맨 컬러)

음악: 타케미츠 토루

출연: 로쿠찬/ 즈시 요시타카

　　　 시마/ 반 준자부로

　　　 타로/ 토노무라 토시유키

데루스 우잘라 デルス ウザーラ … Derusu Uzalra

1975년, 러시아 모스 필름 제작, 141분

제작: 니콜라이 시즈프, 마츠 요이치

원작: 블라디미르 아르센예프

각본: 구로사와 아키라, 유리 나기빈

촬영: 나카이 아사카주, 유리 간트만,

　　　 포도르 도브론라포프

출연: 아르센예프/ 유리 솔로민

　　　 데루스/ 막심 문주크

카게무샤 影武者 Kagemusha

1980년, 구로사와 필름, 도호 제작, 179분(국제판 162분)

제작: 구로사와 아키라, 다나카 토모유키

각본: 구로사와 아키라, 이데 마사토

촬영: 감독 사이토 타카오,
　　　나카이 아사카주(파나비전, 이스트맨 컬러)
음악: 이케베 신이치로, 국제판 서브 타이틀
감독: 도널드 리치
국제판: 프로듀서 프란시스 코폴라,
　　　조지 루카스
출연: 신겐 및 카게무샤/ 나카다이 다쓰야(1인 2역)
　　　노부카도/ 야마자키 츠토무
　　　노부나가/ 류 다이스케
　　　카츠요리/ 하기와라 켄이치
　　　마사카게/ 오오타키 히데지

란 亂 Ran

1985년, 프랑스 제작, 158분

제작: 세르쥬 실베르망, 하라 마사토
원작: 셰익스피어 희곡 《리어 왕》
각본: 구로사와 아키라, 오구니 히데오, 이데 마사토
촬영: 사이토 타카오, 우에다 마사하루,
　　　나카이 아사카주
음악: 타케미츠 토루
출연: 히데토라/ 나카다이 다쓰야
　　　타로/ 테라오 아키라
　　　지로/ 네즈 진파치

꿈 夢 Dream

1990년, 미국 워너 브라더스 제작, 118분

제작: 구로사와 아키라, 스티븐 스필버그
각본: 구로사와 아키라
촬영: 사이토 타카오, 우에다 마사하루
음악: 이케베 신이치로
출연: 나/ 네즈 진파치
　　　나(소년)/ 이사키 미츠노리

8월의 광시곡 八月の狂詩曲 Rhapsody in August

1991년, 쇼치쿠 제작, 98분

원작: 무라타 키요코

각본: 구로사와 아키라
촬영: 사이토 타카오, 우에다 마사하루
출연: 할머니(카네)/ 무라세 사치코
　　　타다오/ 이가와 히사시

마다다요 まだだよ Madadayo

1993년, 다이에 제작, 134분

각본: 구로사와 아키라
촬영: 사이토 타카오, 우에다 마사하루
출연: 다카야마/ 이가와 히사시
　　　하켄/ 마츠무라 타츠오
　　　사모님/ 카가와 쿄코

비 그치다 雨あがる After the Rain,Ame Agaru 1999

(각본만 참여)
18세 이상 / 91분 / 드라마 / 일본

별칭: 비 그친 후
원작: 야마모토 슈고로
각본: 구로사와 아키라
감독: 고이즈미 타카시
출연: 이헤이/ 테라오 아키라
　　　타요/ 마야자키 요시코
　　　시게아키/ 미후네 도시로
　　　오쿠가타/ 단 후미
　　　키헤이/ 이가와 히사시

사토오 다다오 감수, 《THE KUROSAWA 黑明全作品集》, 도호 주식회사, 사업부출판사, 1990, 연보 편역

1910

3월 23일, 도쿄 부 에바라荏原 군 오이大井 마을 1150번지에서 태어났다. 아버지 黑明勇은 아키타秋田 현 나카센中仙 마을 출신. 睦軍 戶山 학교를 나와 체육 교관으로 근무, 나중에 교육계로 옮겼으며 체육 분야에 공적이 있음. 구로사와가 태어날 무렵 그는 에바라 중학의 이사理事였음. 어머니 시마는 오사카 출신. 구로사와는 4남 4녀의 막내였음.

1917

일곱 살, 도쿄 品川의 森村學園 尋常 소학교에 입학.

1918

여덟 살, 小右川구의 大曲으로 이사함. 전년에 입학한 森村 학원에서 黑田尋常 소학교로 전학. 이 소학교 시절의 立川精治라는 선생님으로부터 그림 그리는 즐거움을 배우고, 검도·서도·미술을 배우게 됨. 부친은 그를 영화관이나 기석寄席─야담 등을 들려주는 대중적 연예장─에 자주 데려가곤 함.

1928

열여덟 살, 神田의 京華 학교 중학교를 졸업. 화가에 뜻을 두고 도슈사同舟社라는 미술학교에 다니면서 세계 문학전집과 일본 문학전집을 읽음. 築地 소극장의 신극新劇에 경이로움을 느끼고, 신교향 악단의 연주를 자주 들음.

1929

열아홉 살, 일본 프롤레타리아 미술동맹에 참여하고, 프롤레타리아 미술전에 유화, 수채화, 포스터 등을 출품함(중학을 나와도 직업을 구하기 힘든 불경기 시대라 젊은이들 대부분이 좌익화된 시기임). 이즈음 이과전二科展 등에서 입선하기도 함. 나중에 좌익의 비합법 활동에도 참가했으며 1932년 봄까지 계속됨.

1933

스물세 살, 7월에 네 살 위인 형 헤이고丙午가 자살함. 문학청년인 헤이고 형은 영화 변사로서 주로 외국 영화를 담당함. 구로사와는 영화와 문학에 관해 이 형의 영향을 많이 받음.

1936
스물여섯 살, PCL영화제작소(도호 전신)의 조감독 모집에 응시해서 합격. 주로 야마모토 카지로 밑에서 조연출을 맡음.

1941
서른한 살, 3월 야마모토 감독의 〈말馬〉이 공개됨.
1939년부터 촬영이 시작된 이 작품은 동북지방의 사계四季를 그때그때 로케이션 촬영으로 담은 걸작임. 당시 야마모토 감독은 다른 작품을 같이하고 있어서 편집과 로케이션 촬영은 주로 조감독인 구로사와가 맡아 함. 이 로케이션 촬영이 뛰어나 구로사와는 영화사 내에서 명성을 얻음. 같은 해, 잡지 《영화평론》 12월호에 시나리오 〈달마사의 독일인〉을 게재, 영화화는 안 되었지만 작품성을 인정받음. 그 작품은 일본에 와서 일본 건축을 연구하고 있는 독일인을 주인공으로 한 것.

1942
서른두 살, 구로사와가 쓴 시나리오 〈靑春의 氣流〉, 〈翼의 凱歌〉가 伏水修 감독 등에 의해 영화화됨. 〈조용해지고靜かなり〉가 정보국 국민영화 각본 공모에 입선, 《일본영화日本映畫》 2월호에 게재됨, 〈유키雪〉도 일본 영화 잡지협의회의 국책영화 각본 모집에서 입선되어 《신영화新映畫》 4월호에 게재됨. 모두 전시하의 과학자, 기술자를 주인공으로 한 것으로 영화화되지는 않음. 감독 데뷔가 결정되어 몇 가지 기획을 세웠으나 내무성의 검열로 인해 계속 지연됨.

1943
서른세 살, 3월, 데뷔작 〈스가타 산시로〉가 공개됨. 그가 쓴 시나리오 〈土俵祭〉가 3월 다른 감독에 의해 영화로 공개됨.

1945

서른다섯 살, 2월 21일, 가토 기요코加藤喜代子와 결혼, 그녀는 야구치 요코矢口陽子
라는 예명으로 〈가장 아름답게〉에서 주연을 한 바 있음.

5월, 〈속 스가타 산시로〉 공개.

8월, 패전 전후에 걸쳐 〈호랑이 꼬리를 밟은 사나이들〉을 연출함. 구로사와는 그
작품을 완성한 후에도 점령군의 검열에 제출하지 않고 상영을 미룸.

12월, 도쿄 有藥座의 新生新派가 구로사와의 희곡 〈지껄이다〉를 공연.

1946

서른여섯 살, 3월, 도호 영화사 1차 파업, 이후 조합이 기획한 〈내일을 만드는 사
람들〉을 야마모토 카지로, 關川秀雄 감독과 공동으로 연출했지만, 구로사와는 그
것을 자신의 작품이라고 말할 수 없다고 함.

10월, 〈우리 청춘 후회 없다〉 공개. 도호 2차 파업 시작됨.

1947

서른일곱 살, 3월, 그가 쓴 시나리오 〈네 개의 사랑 이야기〉 제1화 '초연' 이 豊田
四郎 감독에 의해 영화화됨.

6월, 〈멋진 일요일〉 개봉.

8월, 그의 시나리오 〈은령銀嶺의 종말〉이 타니구치 센키치谷口千吉 감독에 의해 영
화화됨. 그 작품은 산 속으로 도망친 3인조 은행 강도와 산 속의 오두막집 노인,
소녀들의 인정이 넘치는 산악 액션 드라마로서 가작임. 편집을 담당한 구로사와
는 이 작품에서 젊은 갱 역을 한 미후네 도시로에게 주목함.

1948

서른여덟 살, 도호의 쟁의가 심각해지고, 3월에는 촬영소가 일시 폐쇄됨. 구로사
와는 조합 활동에 직접 참여진 않고, 예술가 그룹의 일원으로서 회사 측을 비판
하는 입장을 취함. 그러나 조합의 정치주의적 편향에도 비판하면서 끝까지 예술
활동의 독자성을 주장함. 그리고 야마모토 카지로, 타니구치 센키치 등과 영화예
술 협회를 결성해 다른 영화사에서도 일을 함.

4월, 〈주정뱅이 천사〉 개봉, 각종 영화상을 독점함.

8월 그의 시나리오 〈肖像〉이 木下專介 감독에 의해 영화화됨.

1949

서른아홉 살, 3월 다이에에서 만든 〈조용한 결투〉 개봉. 또 西龜元貞과 공동으로 쓴 각본 〈지옥의 귀부인〉이 小田基義 감독에 의해 영화화 됨.

10월, 신 도호에서 만든 〈들개〉 개봉. 이 해에 제정된 '예술제의 영화 부문' 에서 최초로 문부대신상을 수상함.

1950

마흔 살, 1월 타니구치 센키치와 공동으로 쓴 시나리오 〈새벽의 탈주〉가 타니구치 센키치 감독에 의해 영화화됨. 중국 전선에서 포로가 된 일본병이 일본군에 의해 살해된다는 비극을 묘사한 작품. 강렬한 러브 로맨스도 담긴 반전 성격의 멜로드라마로 흥행에 대성공함.

4월, 쇼치쿠에서 만든 〈추문〉 개봉.

8월 25일, 〈라쇼몽〉이 데게키帝劇에서 특별시사회를 통해 공개되고 다음날부터 일반에 공개됨.

1951

마흔한 살, 1월, 그와 공동으로 시나리오를 쓴 타니구치 센키치 감독의 〈애정과 증오의 그들에게로〉가 개봉됨.

5월, 쇼치쿠에서 만든 〈백병白病〉 개봉. 그 뒤 〈데루스 우잘라〉의 번안을 시도하고 久板榮二郎에게 시나리오를 의뢰했지만 영화화되지는 못함.

9월, 〈라쇼몽〉으로 베니스 영화제 그랑프리 수상.

도호가 재건되고 이에 따라 구로사와도 도호로 복귀함.

1952

마흔두 살, 1월, 그의 시나리오 〈결투건옥決鬪鍵屋의 길가〉가 森一生 감독에 의해 영화화됨.

4월, 미군 점령 종결과 함께 그동안 공개를 보류했던 〈호랑이 꼬리를 밟은 사나이들〉을 개봉.

10월, 〈이키루〉 개봉. 〈라쇼몽〉의 그랑프리 수상 후인 만큼 기대가 컸는데, 구로사와는 그 기대를 상회하는 걸작을 발표함. 다음해에 그 작품으로 베를린 영화제 은곰상 수상.

1954

마흔네 살, 4월, 〈7인의 사무라이〉 개봉. 베니스 영화제 은사자상 수상.

1955

마흔다섯 살, 1월 井手雅人의 소설을 각색한 〈사라진 중대〉가 三村明 감독에 의해 영화화됨. 만주에 있는 관동군의 무모한 책모에 희생된 수비대를 묘사한 반전 영화로 가작으로 평가받음.

10월, 그의 시나리오 〈아스나로 이야기〉가 호리카와 히로미치堀川弘通 감독에 의해 영화화됨. 한 소년이 성장 과정에서 알고 있던 세 명의 연상의 아가씨에 대한 그리움을 묘사한 작품. 구로사와는 야마모토 시절부터 알고 지내던 후배를 위해 편집을 담당함.

11월, 〈생존의 기록〉 개봉

1957

마흔일곱 살, 1월, 〈거미집의 성〉 개봉.

10월, 런던 내셔널 필름 극장의 개장식에 초대되어 감. 여기서 제1회 런던 영화제를 경험하였는데, 세계에서 가장 예술에 공헌한 감독들인 존 포드, 르네 클레르, 비토리오 데 시카 등과 함께 초대됨. 이 영화제의 오프닝 작품으로 〈거미집의 성〉이 상영됨.

9월, 〈밑바닥〉 개봉.

1959

마흔아홉 살, 전년도 12월 말에 개봉한 와이드 스크린 대형 오락 영화 〈숨은 요새의 세 악인〉이 흥행에 성공함.

4월, 구로사와 프로덕션 설립.

1960

쉰 살, 9월, 구로사와 프로덕션의 제1탄 〈나쁜 놈일수록 잘 잔다〉 개봉.

1961

쉰한 살, 4월, 〈요짐보〉 개봉. 베니스 영화제에서 미후네 도시로가 남우주연상 수상.

1962

쉰두 살, 1월, 〈쓰바키 산주로〉 개봉. 흥행에 크게 성공함.

1963

쉰세 살, 3월, 〈천국과 지옥〉 개봉. 역시 흥행에 크게 성공함. 당시 의뢰받았던 올림픽 기록영화 감독을 사퇴함.

1965

쉰다섯 살, 4월, 〈붉은 수염〉 개봉. 당시 영화상을 독점하여 흥행에 크게 성공함.

8월, 필리핀의 막사이사이상 저널리즘 문학 부문상 수상.

1966

쉰여섯 살, 미국 프로듀서 조지프 레빈이 구로사와 감독의 〈폭주기관차〉 기획을 발표, 그러나 무산됨.

1967

쉰일곱 살, 미국의 20세기 폭스 사와 구로사와 프로덕션에서 〈도라! 도라! 도라!〉의 기획을 발표함. 그러나 난항 거듭.

1969

쉰아홉 살, 〈도라! 도라! 도라!〉 감독으로 완전주의를 관철하려 했으나, 난항 거듭하고 마침내 미국 영화 제작자와 손을 뗌.

7월, 고바야시 마사키, 기노시타 게이스케, 이치가와 곤과 '욘키노카이(네 명의 기사 모임)'라는 독립 프로덕션을 창립.

1970

예순 살, 10월, '욘키노카이' 작품인 〈도데스카덴〉—구로사와의 첫 컬러 작품—을 개봉. 흥행 실패함.

1971

예순한 살, 7월, 모스크바 영화제에서 〈도데스카덴〉이 러시아 영화인동맹상을 수상.

8월 구로사와가 감수한 TV 다큐멘터리 〈말馬의 시詩〉 방영.

1973

예순세 살, 소련 모스 필름 및 전 소련영화공단과 〈데루스 우잘라〉 제작 협정 조인. 감독을 맡음.

1975

예순다섯 살, 8월, 〈데루스 우잘라〉 개봉.

9월, 러시아에서 개봉. 모스크바 영화제에서 금상 수상. 다음해 아카데미 최우수 외국어영화상 수상.

10월, 영화인으로서는 최초로 문화공로상 수상.

1979

예순아홉 살, 1월 20일, 〈카게무샤〉 촬영을 위해 촬영자를 신문에 공모. 응모자 수 1만 4,788명 중에서 70명의 배역을 결정.

10월, 한 달 반에 달하는 홋카이도 로케 시작. 해외판 편집을 담당한 프란시스 코폴라와 조지 루카스가 견학 옴. 이 촬영을 NHK가 취재해 '구로사와 아키라의 세계'라는 제목으로 TV에 방영함.

1980
일흔 살, 4월 23일, 〈카게무샤〉가 有藥座에서 국제적인 시사회를 통해 상영됨. 윌리엄 와일러, 프란시스 코폴라, 아서 펜Arthur Penn 등 국제적인 영화감독들을 초대. 〈카게무샤〉 개봉. 배급 수익 27억 엔으로 일본 영화사상 흥행 신기록 수립. 그 해에 칸 영화제에서 그랑프리 수상.

1982
일흔두 살, 5월, 칸 영화제 35주년 기념에서 영화제 실행위원회에 의해 "세계의 10대 영화감독" 중 한 사람으로 뽑힘. 9월, 베니스 영화제 50주년 기념 회고 상영에서 〈라쇼몽〉이 역대 그랑프리 작품(황금사자상) 중 최고의 작품, 즉 '사자 중의 사자'로 선출되어 특별 표창됨. 10월, 아벨 강스 감독의 무성 영화 〈나폴레옹〉 재공개에 즈음하여 프란시스 코폴라와 공동으로 감수.
11월, 〈란〉 제작 발표. 영국 영화 계간지 《사이트 앤 사운드》가 10년마다 선정하는 세계 영화 역사상 10대 영화에 〈7인의 사무라이〉가 〈시민 케인〉, 〈게임의 규칙〉에 이어 3위로 선정.

1985
일흔다섯 살, 5월 31일, 〈란〉이 제1회 도쿄 국제영화제의 오프닝 작품으로 상영. 6월 1일, 〈란〉 개봉. 11월 3일, 문화훈장 수상.

1989
일흔아홉 살, 1월, 〈꿈〉이 크랭크인, 루카스와 스필버그가 영화 실현에 협력, 워너브라더스에 의해 전 세계에 배급됨.

1990
여든 살, 3월 26일, 일본 영화인으로서는 처음으로 아카데미 특별 명예공로상을 수상. 찰리 채플린 이후 네 번째의 영예였음.

1991

여든한 살, 〈8월의 광시곡〉 제작, 공개. 칸 영화제 오프닝 작품.

1992

여든두 살, 영국 영화 계간지 《사이트 앤 사운드》에서 주관한 세계 영화 역사상 10대 영화에 〈라쇼몽〉과 〈7인의 사무라이〉가 동시에 선정됨.

1993

여든세 살, 〈마다다요〉 완성. 칸 영화제 비경쟁 부문 초대작으로 상영.

1998

여든여덟 살(우리 나이로는 89세), 교토의 여관에서 넘어지고 영화 활동 중단. 9월 6일 숙환 뇌졸중으로 별세. 구로사와가 죽자 일본 오부치 게이조 총리는 그에게 '국민영예상' 시상을 검토. 프랑스의 시라크 대통령과 조스팽 총리는 이례적으로 애도 성명을 발표함. 당시에 베니스 영화제가 개최 중이었는데, 그의 사망 소식을 듣고 모든 청중이 3분간 기립 박수를 하고 애도를 표함.

당시 구로사와는 〈쓰바키 산주로〉, 〈붉은 수염〉의 원작자인 야마모토 슈고로의 《공무원의 일기》 소설을 〈방탕한 자의 가면〉이라는 제목의 시나리오로 각색 (1969년도에 쓴 시나리오)하여 영화화를 준비 중이었음. 〈비 그치다〉를 유작 시나리오로 남김.

1999

유작 시나리오 〈비 그치다〉를 조감독이었던 고이즈미 타카시가 감독하여 개봉함.

2006

9월, 도쿄에 고故 구로사와를 기려 그의 영화 기법을 가르치는 '구로사와 숙塾' 이

창설. 학원학장은 나카다이 다쓰야, 원장은 노가미 데루요野上照代가 맡음. 평소 구로사와 스태프들이 강사를 맡아 감독, 스태프, 배우를 양성하기로 함.

2010

7월, 한국영상자료원에서 구로사와 아키라 탄생 100주년 기념 영화제 개최. 23편을 필름 상영함. 〈카게무샤〉, 〈란〉의 주인공 나카다이 다쓰야 방한. 대담 및 관객과의 대화에 참여. 〈라쇼몽〉에서 스크립터로 참여한 이후 평생 구로사와를 보좌한 노가미 데루요도 함께 방문하여 구로사와에 대해 강의함.

주

1) Northwestern University, Prentice-Hall, Inc, Englewood Cliffs, New Jersey, 1979. 이 책은 '이론과 실천' 출판사에서 번재란에 의해 번역된 바 있다.

2) 〈The Top Ten 1982〉, 《사이트 앤 사운드》 1982년 가을호, 242~246쪽. 이 계간지는 1952년부터 매 10년 주기로 전 세계 평론가들 100여 명을 대상으로 역사상 가장 위대한 영화 10편과 위대한 감독 열 명을 선정하는 작업을 해왔다. 1982년 네 번째 행해진 시기였는데, 이때 선정된 10대 감독에 대한 투표 결과는 다음과 같다. 오손 웰스(미) 71, 장 르누아르(프) 51, 찰리 채플린(영) 33, 존 포드(미) 34, 구로사와 아키라(일) 33, 루이스 부뉴엘(스페인) 33, 페데리코 펠리니(이탈리아) 32, 알프레드 히치콕(영) 32, 장 뤽 고다르(프) 30, 버스터 키톤(미) 30.

3) 이 표는 월간 《스크린》 1989년 8월호부터 10월호까지 연재된 〈일본 영화의 해부—일본 영화 평론가인 스누가사 마사코의 글〉이라는 기획 기사에 실린 자료를 참조해 구로사와 영화 부분만 따로 정리한 것이다.

4) 사토오 다다오左藤忠男, 유현목 옮김, 〈2장 영상표현의 확립〉, 《일본 영화 이야기》, 다보문화사, 1993, 56쪽 참조. 원본의 내용은 이 책의 원저인 일본 이와나미 쇼텐 출판사의 《강좌 일본 영화》 8권과 《일본 영화》에서 발췌한 것임.

5) Donald Richie, *The Films of Akira Kurosawa*, University of California Press, Berkeley and Los Angeles, 1965, 198쪽.

6) 니시무라 유이치로西村雄一郎, 《거장의 메티에—구로사와 아키라의 스텝들》, 1988. 구로사와와의 인터뷰 중에서.

7) 니시무라 유이치로, 《거장의 메티에—구로사와 아키라의 스텝들》.

8) 사토오 다다오, 《일본 영화 이야기》, 284쪽.

9) Donald Richie, *The Films of Akira Kurosawa*, 79쪽 참조.

10) 김용옥, 《새춘향전》, 통나무, 1987, 65쪽에서 재인용.

11) Donald Richie, *The Films of Akira Kurosawa*.

12) 노인화, 〈영화 '라쇼몽'의 연구〉, 중앙대 대학원 석사 학위논문, 1990, 55쪽 참조.

13) Keiko I. McDonald, *Cinema East*, Associated University Presses, Inc., 1983, 23쪽.

14) 니시무라 유이치로, 《거장의 메티에—구로사와 아키라의 스텝들》.

15) 구로사와 아키라, 오세필 옮김, 《감독의 길—구로사와 아키라 자서전》, 민음사, 1994, 321쪽.

16) Richard Brown, *Modern Film Scripts, Ikiru*, Lorrimer, London, 1968, 7쪽 참조.

17) 《사이트 앤 사운드》, 244쪽. 영국 평론가 페넬로프 질리엇Penelope Gilliatt, 존 콜먼John Coleman, 스웨덴의 한세리크 에르텐Hanserik Hjerten 등은 〈이키루〉를 'Top Ten' 영화로 꼽고 있다.

18) Richard Brown, *Modern Film Scripts*, 6쪽.

19) 알베르 카뮈, 이휘영 옮김, 《이방인/ 표리》, 삼중당, 1970, 188쪽 해설 참조.

20) 사토오 다다오, 《일본 영화 이야기》, 〈5장 휴머니즘의 시대〉, 285쪽.

21) "고용된 사무라이들이 처음 마을에 들어올 때 마을 사람들이 딸과 여자들을 감추는데, 그것은 꼭 패전으로 점령군을 받아들일 때 일본인들이 취한 태도를 보는 것 같다"고 평론가 사토오 다다오는 말한다. 사토오 다다오, 《일본 영화 이야기》, 286쪽.

22) Georges Sadoul, *Dictionary of Films,* University of California Press, Berkeley and Los Angeles, 1972, 202쪽.

23) 김용옥, 〈번역에 있어서의 공간과 시간〉, 《동양학 어떻게 할 것인가》, 통나무, 1986, 153쪽에서 재인용.

24) 안드레이 타르코프스키, 김창우 옮김, 《봉인된 시간》, 분도출판사, 1991, 136쪽.

25) 吳華燮, 《셰익스피어》, 민음사, 영미어문학 총서, 셰익스피어의 비극 참조.

26) 오스카 G. 브로케트Oscar G. Brockett, 김윤철 옮김, 《연극개론》, 한신문화사, 1989, 388~394쪽.

27) Donald Richie, *The Films of Akira Kurosawa,* 117쪽에서 재인용.

28) fuggy@cine21.com. 2008-09-09. 제2회 충무로국제영화제에 참석한 히구치 신지의 인터뷰에서 인용.

29) Donald Richie, *The Films of Akira Kurosawa,* 147쪽에서 재인용.

30) 〈Film Quarterly〉, 《사이트 앤 사운드》 1981년 여름호, 토니 레인스Tony Rains와의 인터뷰, 171~174쪽.

31) 현용준, 《제주도 신화》, 서문당, 1977.

32) 사토오 다다오, 《일본 영화 이야기》, 532쪽.

33) 林安子, 《영화예술》 1992년 4월호, 74쪽. "〈8월의 광시곡〉을 통해 본 구로사와의 작품 성향"에서 재인용.

34) 四方田犬彦, 《영화예술》 1991년 8월호, 59~60쪽. "90년대의 일본 영화" 참조.

35) Donald Richie, *The Films of Akira Kurosawa.*

36) Donald Richie, *The Films of Akira Kurosawa.*

37) 四方田犬彦, 《영화예술》, 1991년 8월호.

38) 이 글은 한국영화학회지인 《영화연구》 2010년 3월호에 게재된 바 있는 논문이다.

39) 문예춘추 편, 김유준 옮김, 《(구로사와 아키라의) 꿈은 천재이다》, 도서출판 현재, 2000, 283쪽. "구로사와가 그의 스승인 야마모토 카지로, 그리고 세키가와 히데오와 공동 감독한 〈내일을 만드는 사람들〉(1946)이 한 편 더 있으나 제작 과정상 그의 목소리를 내지 못한 부분이 많아 그의 작품 리스트에선 대부분 제외된다."

40) 구로사와 아키라, 《감독의 길-구로사와 아키라 자서전》, 233쪽.

41) 사토오 다다오, 《일본 영화이야기》, 224~225쪽.

42) 월간 《스크린》, 〈일본 영화의 해부〉 참조.

43) 제임스 랜달, 채계병 옮김, 《결투-명예와 죽음의 역사》, 이카루스미디어, 2008.

44) 〈한국 브리태니커 온라인〉, 〈http://preview.britannica.co.kr〉, (2009. 12. 13. 기사).

45) by Roger Ebert, April 10, 2005, 〈www.imdb.com〉, "It's said Kurosawa's inspiration was Dashiell Hammett's novel Red Harvest, in which a private eye sets one gang against another".

46) 이정국, 《시나리오 창작기법》, 지인사, 2002, 131쪽.

47) 토나와 나오키, 조소라 옮김, 《구로사와 아키라》, 시네마테크 부산 2002(자료집). 《세계의 영화작가》 챕터 중 '구로사와의 시각언어' 중에서 재인용.

48) 구로사와 아키라, 《감독의 길—구로사와 아키라 자서전》, 226쪽.

49) 앞의 책, 342쪽.

50) 〈www.imdb.com〉, Ironic, that having borrowed from the Western, Kurosawa inspired one: Sergio Leone' s "A Fistful of Dollars" (1964), with Clint Eastwood, is so similar to "Yojimbo" that homage shades into plagiarism.

51) 사토오 다다오, 《일본 영화 이야기》, 391쪽.

52) 이효인 펴냄, 《한국영화카탈로그》, 한국영상자료원, 비매품. "한국액션영화전II: 만주의 무법자" 프로그램 리플렛, 한국영상자료원, 2004. (출처: 〈한국영상자료원 홈페이지 www.koreafilm.or.kr〉)